"

Grand Corea Vision
남북통일, 민족통일, 천하통일 이룩하여
동방의 등불국가 건국

2017 내가 대통령이라면!!!
修身齊家治國平天下

"

내가 대통령이라면

초판 1쇄 발행 2016년 1월 11일

지 은 이   정호선
발 행 인   권선복
편   집   김정웅
디 자 인   박남희, 이현자
마 케 팅   정희철
전 자 책   신미경
발 행 처   행복한 에너지
출판등록   제315-2013-000001호
주   소   (157-010) 서울특별시 강서구 화곡로 232
전   화   0505-613-6133
팩   스   0303-0799-1560
홈페이지   www.happybook.or.kr
이 메 일   ksbdata@daum.net

값 20,000원

ISBN 979-11-86673-31-7   03340

Copyright ⓒ 정호선, 2016

행복한 에너지는 독자 여러분의 아이디어와 원고 투고를 기다립니다. 책으로 만들기를 원하는 콘텐츠가 있으신 분은 이메일이나 홈페이지를 통해 간단한 기획서와 기획의도, 연락처 등을 보내주십시오. 행복한 에너지의 문은 언제나 활짝 열려 있습니다.

내가 대통령이라면

전자공학박사, Chaos Artist
정호선 지음

남북통일, 민족통일, 천하통일 ·····

행복한에너지

남북통일, 민족통일, 천하통일
동방의 등불국가 건국을 꿈꾸면서!!!
修身齊家治國平天下

　현재 우리나라를 호랑이에 비유해 보면 호랑이 허리는 두 동강이 난 중병 환자요, 역사와 조상이 누구인지 모르는 치매 환자로서 4대 강대국은 호랑이 가죽이나 고기를 탐내고 있어 언제 죽을지 모를 상태입니다. 세월호처럼 대한민국의 배가 침몰하고 있는 것은 아닐까요?

　국제투명성기구에서 발표한 2014년 우리나라 부패지수는 43위, OECD국가 중에서 자살률 1위로 국민은 매우 불행합니다. 〈부정부패로 정의가 사라진 썩어빠진 대한민국〉, 〈경제침체에서 벗어나야 할 절체절명의 대한민국〉, 〈외교 부재로 강대국이 호시탐탐 노리는 대한민국〉,〈남북한 이념과 사상 논쟁으로 일촉즉발의 대한민국〉으로서 정신 차리지 않으면 큰일 날 것입니다. 우리에겐 정말 대통령 복이 있는가? 없는가? 다시 생각해 보아야 하겠습니다.

좋은 대통령이란 자기 정당이나 본인의 출세를 위한 정치가 아니라 국민과 나라를 위해 좋은 정책을 추진하는 대통령입니다. 현재 우리나라는 친박, 비박, 친노, 비노로 갈라져 천박한 패거리 정치, 그들만의 붕당정치로 큰 위기에 직면해 있습니다. 로마제국이나 통일신라가 멸망한 것은 외부 침략 때문이 아니라 국민들에게 희망찬 비전을 제시하지 못했기 때문입니다.

세월호 사고, 성완종 게이트, 메르스(MERS) 사태 등 이 난세를 구하고 우리 민족의 숙원인 남북통일, 민족통일, 천하통일을 이룩하기 위해 조선을 건국할 당시처럼 제2의 건국팀(이성계, 정도전, 무학대사)이 다시 결성되기를 국민들은 기대하고 있습니다. 2017년에는 세종대왕보다 더 훌륭한 대통령을 선출하여 신라 김춘추 대왕, 고려 태조 왕건에 이어 세 번째 남북 평화통일을 완수해야 합니다.

이제 우리 민족의 역사와 문화를 되찾아 혼을 살려줄 홍익대통령, 홍익사상으로 남북 평화통일을 이룩할 통일대통령이 나와야 할 때입니다. 시대는 올바른 지도자(救世主, 彌勒佛, 鄭道領)를 기다리고 있습니다. 2017년 차기 대통령은 새로운 종교관, 세계관, 우주관으로 사상과 이념을 초월하여 ▲남북통일 ▲민족통일 ▲천하통일을 이룩하여 동방의 등불국가를 건국해야 하겠습니다.

그동안 아날로그(Analog)식 사고의 대통령들은 철학, 종교, 과학을 서로 상극으로 생각하며 3D(Difficult, Danger, Dirty)와 3S(Sex, Sports, Screen) 정책을 펼쳐왔습니다. 하지만 차기 대통령은 디지털(Digital) 개념의 생각으로 철학, 종교, 과학이 서로 상생하는 3D(Digital, Design, DNA)와 3S(Space, Spirit, Soul) 시대를 열어야 합니다. 또한 지구촌 평화를 위해 홍익사상인 카오스 우주 철학과 프랙털생명사상으로 세계 지도자를 선도할 수 있어야 합니다.

그동안 국가정책을 연구하면서 대통령에 관한 세 권의 책을 출간했습니다. 『우리 대통령!: Analog대통령?, Digital대통령?』(진한M&B, 2008)이란 책과 전국 초·중·고등학교 회장 153명과 함께 『내가 미래통일대통령이라면!』(진한M&B, 2009), 그리고 『좋은 대통령? 나쁜 대통령?』(도서출판 진영사, 2012)입니다.

이번에 출판한 『내가 대통령이라면』은 실의에 빠진 대한민국 청년들에게 꿈을 심어주고 넘쳐나는 행복에너지로 남북통일, 민족통일, 천하통일을 반드시 이룩하여 동방의 등불국가(Grand Corea Union)를 건국하고자 함입니다. 졸저이지만 칠십 평생 국가와 민족을 항상 생각하면서 정리한 내용입니다. 대통령, 국회의원, 장·차관, 판·검사, 언론인, 기업인, 교수와 대학생 등이 읽고 참조했으면 합니다.

책을 펴내주시느라 수고 많으셨던 도서출판 행복에너지 권선복 사장님의 노고에 진심으로 감사드립니다. 또한 그동안 지구별에서 인연을 맺어 왔던 많은 분들의 조언과 도움에 감사드리며, 격려와 성원을 보내주신 가족, 친구, 동료, 선후배 여러분, 특히 홍익단체와 통일단체 회원 여러분께 마음속 깊이 감사드리며, 저의 영적 성장에 도움을 주신 여러 스승님께 경배드립니다.

아름다운 인왕산 선(禪)바위를 생각하면서!
天秘 정호선(鄭鎬宣) 올림

저자 정호선 박사 소개

◆ 성   명: 정호선 · 鄭鎬宣 · CHUNG, Ho-Sun
◆ 생년월일: 1943년 1월 29일(음)
◆ 핸 드 폰: 010-3067-5053
◆ 본   적: 전라남도 나주시 금천면 석전리 454
◆ 현 주 소: 경기도 용인시 수지구 신봉2로 72
         LG자이 2차 208동1001호
◆ E-mail: hosun5115@hanmail.net
◆ http://cafe.daum.net/hosun2010

1. 학력

1969 인하대학교 전기공학과 공학학사

1975 서울대학교 대학원 전자공학과 공학석사

1980 프랑스 툴루즈공과대학(ENSEEIHT) 전자공학과 공학박사

2. 주요 경력

1962~1965 해군 수병 만기제대

1968 동양 TV방송국 기술국 기술감독(8년)

1976 경북대학교 공과대학 전자공학과 교수(20년)

1991 미국 테네시공과대학 교환교수

1996 제15대 국회의원(나주)

1998 인하대학교 총동창회 제19대 회장

2000 대한민국 사이버국회 의장

2000 바이오크리에이트 사장

2002 무소속 광주시장 출마

2004 민주당 인천 남구 갑 국회의원 출마

2007 세계 학생UN 본부장

2008 대한민국 사이버국회 민의원 의장

2012 ㈜CAB국회방송 회장

2013 CMB한강방송 〈정호선시사원도우〉 사회자

2013 좋은정치인추대연대 상임대표

2014 카오스아트피아㈜ 회장

2014 경대카오스아트협동조합 이사장

2015 참좋은국회의원세우기국민운동 수석상임대표

3. 저서

1) 알기 쉬운 신경망컴퓨터(전자신문사, 1991)

2) 제6세대 신경컴퓨터(Ohm사, 1993)

3) 뉴로, 퍼지, 카오스(대광서림, 1994)

4) 뇌와 카오스(Ohm사, 1994)

5) 카오스 응용(Ohm사, 1995)

6) 정 교수님, 신문에 났네요(도서출판 중앙, 1996)

7) 21세기 정보화사회 지도자를 위한 국가정책방향(1997)

8) 나는 오늘도 하이테크 정치를 꿈꾼다(한문학, 1998)

9) 사이버세계로의 초대(한반도정보화추진본부, 1999)

10) 국가경쟁력 강화 중장기 비전(지식정보사회기획단, 1999)

11) 不老不死의 비밀(Biocreate, 2000)

12) 돈을 잘 만드는 시장(도서출판 신광사, 2002)

13) 우리 대통령!: Analog대통령?, Digital대통령?(진한M&B, 2008)

14) 내가 미래통일대통령이라면!(전국 초·중·고 학생회장 공동저서) (진한M&B, 2009)

15) The Great Mother MAGO(위대한 어머니 마고) (정호선·노중평, Clover, 2012)

16) 좋은 대통령! 나쁜 대통령!!(도서출판 진영사, 2012)

17) 응답하라! 청춘 2030(천현진·이윤화·류현수·정호선, 진한M&B, 2012)

18) 전자국가 혁신 5개년 계획(11명 공동 저자, 전자국가혁신위원회, 2013)

19) 22인의 지성, 내일의 대한민국을 말하다(정호선 외 22명), (㈜휴먼컬처아리랑, 2014)

20) 내가 대통령이라면!!!(도서출판 행복에너지, 2016)

4. 연구 논문 및 특허

1) 연구 논문 : 반도체 칩 설계, 컴퓨터 CPU 설계, 음성인식, 문자인식 신경회로망칩, 퍼지칩, 카오스칩 분야 논문 250여 편

2) 특허 : 총 109건
  - 국제특허 : 59건(미국, 일본, 프랑스, 독일)
  - 국내특허 : 50건

5. 수상 경력

제2회 한국 소프트웨어 공모전 은상(1988)

제27회 발명의 날 기념 상공부장관상 수상(1992)

자랑스런 서울대 전자동문상(서울대학교 공대 전자과 동창회, 1996)

인하대 비룡대상(인하대학교, 1997)

평등 부부상(제2정무장관실, 여성신문사, 1997)

6. 디지털 아트(카오스아트)작품 활동

1) 개인전 10회

1999 : 서울(국회의원회관), 부산(건축사회관 전시실), 대구

　　　　(소헌갤러리), 광주(광주학생회관), 나주(나주문화예술회관)

2000 : 서울갤러리(서울 프레스센터)

2001 : 일본 나가사키 시립미술관(브리크홀 갤러리)

2009 : 카오스아트 작품전(대구 디자인센터)

2009 : 카오스아트 작품전(KBS 본사 전시장)

2) 정호선·박남희(현 경북대학교 미술과 교수) 부부전(5회)

2001 : 이탈리아 로마(이탈리아—헝가리 문화원)

　　　　서울 갤러리(서울 프레스센터)

2002 : 광주(광주 한국통신 갤러리)

　　　　광주(예술의 거리, 야외 전시대)

　　　　광주(예술의 거리, 성재예술관)

목 차

제1장 정호선 인생 여정

제2장 동방의 등불국가 비전과 목표

제3장 동방의 등불국가 핵심정책

제1장

정호선
인생 여정

| 제1장 |

정호선 인생 여정

01 나의 유년 시절

나는 1943년 1월 29일 전라남도 나주군에서 7형제 중 둘째 아들로 태어났다.

아버지는 일본 전문대학에서 토목공학을 전공한 엔지니어 출신이시다. 일제 강점기에 일본에 유학을 가서서 동경의 한 전문대학에서 고학으로 토목공학을 공부하셨다.

어머니는 저를 낳기 전 태몽을 꾸셨는데 집 뒤 큰 대나무에 태극기가 높이 달려 있더라고 하셨다. 특히 어머니는 아들 7명을 키우시면서 마음이 따뜻하고 정신이 강하신 분이었다.

아버지는 귀국하여 토목사업을 하셨는데 농촌 저수지 공사를 하시다 실패하신 뒤로는 줄곧 농사를 지으셨다. 그러나 아버지는 여느 농사꾼과는 달리 농사짓는 방법부터 남달랐다.

토마토와 고추 모종을 키우기 위해 기름을 바른 창호지를 씌워 채소를 기르는 온상재배, 지금으로 말하면 비닐하우스 원리를 이용해 사철 채소를 먹을 수 있는 방법을 연구하셨다.

나주에서 가장 먼저 벼 이모작을 시도했고 바가지를 만드는 박 모종에 어린 수박 묘를 접붙여 재배하기도 하셨다. 창조과학적인 사고, 남들이 하는 대로 따라하지 않고 늘 새로운 것을 시도하셨다.

내가 초등학교 1학년 때 6·25 전쟁이 일어났다. 난리통에 학교에 들어갔으니 학교생활이 불규칙할 수밖에 없었는데, 그럼에도 나는 6년 개근상을 받았다. 어떤 일이 있어도 학교는 꼭 가야 하는 줄 알았었는데 그것이 다 아버지의 가르침 때문이었다.

이름을 날리지는 못했지만 과학 영농의 선두주자였던 아버지, 성실함으로 세상을 사셨던 아버지는 비록 내게 금전적으로 많은 재산을 물려주신 것은 아니었지만 돈으로는 환산할 수 없는 커다란 유산을 남겨 주셨다.
지금도 타성에 젖거나 매너리즘에 빠질 때면 늘 청년 같은 정신으로 새로운 일을 모색하고 방법을 찾던 아버지를 생각한다.

아버지는 1996년, 내가 국회의원이 되던 해보다 4년 전에 돌아가셨다.
내가 대학에서 학생들을 가르치는 일을 할 때도 흐뭇해하셨지만, 생전에 내가 아버지의 삶의 터전이었던 나주와 나라를 위해 한 국회의원 활동을 보셨어도 많이 좋아하셨을 것 같아 마음 한 구석이 허전하다.
이제 청년이 다 된 두 아들의 아버지가 되었지만 아버지가 늘 그립고 생각이 난다. 그리고 말없이 자신의 삶으로써 자식들에

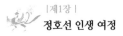

게 귀감이 된 아버지처럼, 나도 내 아이들에게 그런 존재가 되기 위해 열심히 세상을 사는 모습을 보여주려고 노력한다.

물질적인 유산은 자칫 자녀를 나약하게 만들지 모르지만 정신적인 유산은 아무리 많이 물려줘도 자식을 망치는 법이 없기 때문이다.

중학교를 졸업하고 나서 나주시 금천면에 있는 호남원예고등학교에 들어갔다. 원예고등학교는 특수농업고등학교로서 과수, 채소, 화훼, 정원을 전문적으로 가르치는 곳이다. 이론 학습도 하지만 실기 위주여서 몸으로 익히고 배우는 것이 많았다.

나는 지금도 봄에는 호박잎처럼 둥근 시네라리아라는 꽃을, 가을이면 국화 기르기에 여념이 없던 그때가 떠오른다. 시네라리아는 온몸이 흰 솜털로 덮이고 초여름에서 초가을에 걸쳐 분홍, 자주, 남색 등 여러 가지 색깔의 꽃을 피우곤 한다.

또 국화는 미리 철사로 우리나라 지도나 태극기 모양을 만들어 놓고 국화 줄기가 모양에 따라 자라도록 하는 재배법을 배우기도 했는데 우리나라 지도며 태극기 모양의 국화를 정성껏 키웠었다.

이렇게 정성껏 키운 꽃은 직접 나주와 영산포 읍내에 내다 팔기도 했다. 학교에서 읍내까지는 약 8킬로미터 정도 되었는데

리어카에 직접 가꾼 꽃들을 싣고 포장도 안 된 길을 따라 땀을 뻘뻘 흘리며 시장실이나 읍장실, 우체국에 가서 팔았다.

꽃을 판 돈은 주로 학비에 보탰는데 손에 돈이 쥐어지니 좋기도 했지만 그동안 정성을 다해 키운 꽃을 두고 올 때는 왠지 모를 허전함도 느껴졌다. 지금 생각하면 모두 아련한 추억이다. 내가 고등학교에 다닐 때는 4H 운동이 활성화됐던 시기였다.

4H는 머리(Head), 손(Hand), 마음(Heart), 건강(Health)을 의미하는 것으로 당시 농촌의 발전을 위한 청년운동이었다. 또한 지(智), 덕(德), 노(努), 체(體)의 정신으로 보다 나은 지역사회 개발을 하자는 계몽운동이었다. 나는 4H 나주군 회장이었는데 수원 서울농대에서 주최하는 중앙 대회에 나가 기술대상을 받기도 했다.

02 해군 통신병 시절

사람들을 만나다 보면 가끔 내가 원예고등학교를 나온 것에 의문을 갖는 사람들이 있다. 원예고등학교를 나와서 어떻게 공과대학을 가게 됐느냐는 것이다.

그럴 때마다 나는 얼른 대답을 할 수가 없다. 물론 내가 선택해서 한 일이지만 때로는 어떤 운명의 힘에 이끌린 것이 아닌가 하는 생각이 들 때도 있기 때문이다. 지나온 날들을 뒤돌아보면 내 인생에 몇 번의 터닝 포인트(turning point)가 있었다.

그 첫 번째 터닝 포인트를 맞이한 것은 다름 아닌 군대에서였다. 호남원예고등학교를 졸업한 나는 요즈음 같으면 수능시험인 국가고시에 좋은 성적으로 합격하여 축산업이 유망할 것이라는 판단 아래 서울에 있는 건국대학교 축산학과에 특채 입학서류를 냈다. 그런데 안타깝게도 우편 배달사고로 내 서류가 마감일 안에 제대로 들어가질 못했다. 가정 형편상 재수를 할 수도 없었다. 좌절감과 상실감이 컸지만 어쩔 수 없는 일이었다.

나는 해군에 자원입대했으며 훈련소에서 시험을 통해 10여 명 중 하나로 선발되어 미 8군 소속 통신병으로 근무하게 된 것이다. 간단한 모르스 통신 교육을 받고 나서 단파 수신기를 통해 북한의 통신 내용을 감청하여 타이핑하는 일이 내게 주어진 임무였다.

 그동안 보고 배웠던 것이라곤 시골에서 아버지의 농사일을 돕고, 고등학교에서 꽃과 나무를 가꾸었던 일이 전부였던 내게 해군에서 접한 통신의 세계는 거의 신대륙의 발견이나 마찬가지였다.
 '아– 농사짓고 소 키우는 일 말고도 할 일이 많구나!'

 거의 충격에 가까운 일이었다.
 게다가 함께 훈련을 받던 군인 중에 당시 한양대학교 공대에 다니다 입대한 동료가 있었다. 그 친구는 내게 그동안 어디에서도 들어본 적이 없는 공업화의 전망과 통신의 세계에 대한 이야기를 해주었다.
 '바로 이거다, 공대에 가야겠다.'
 나는 마음속으로 다짐했다. 진로가 정해지자 하루가 아깝게 여겨졌다. 마음먹은 그 날부터 입시공부를 시작한 것이다.
 사실 군대 생활이라는 게 규칙에 따라 생활하는 것만으로도 벅찬 일이다. 다행히 내가 있었던 곳은 특수 업무를 취급하던 곳이라 일반 군대보다는 시간에 얽매이지 않는 편이긴 했다.
 하지만 그곳도 규율이 엄격하고 정해진 업무와 훈련을 수행해야 하는 대한민국 군대였다. 상사의 눈치를 봐야 하는 것은 물론이고 때로는 동료들의 눈치도 봐야 했다.

내 할 일을 다 하고 나서야 공부할 시간이 생기는 것이므로 자연히 잠자는 시간도 줄여야 했다. 여하튼 그 어떤 어려움도 배움에의 열정을 꺾지는 못했다.

과목 중에 가장 어려운 것은 영어와 수학이었다.

내가 다녔던 원예고등학교에서는 영어와 수학을 많이 배우지 않기 때문에 처음부터 다시 시작하는 기분으로 임했다. 힘들었지만 군대를 제대한 이후에 대학생이 될 모습을 머릿속에 그리면 저절로 입가에 미소가 번졌다. 이렇게 해서 백령도에서 나의 군 생활은 하루하루가 보람찬 날들이었다.

입학시험을 보도록 부대장이 흔쾌히 허락해주고 군 수송기까지 타도록 배려해 주었다. 나는 어렵고 힘들게 공부한 실력 발휘를 마음껏 할 수 있었다. 인하대학교 전기공학과에 합격한 것이다.

나는 늘 마음 한구석에 늦공부를 시작한 한 병사에게 비행기를 내 주었던 그 상사에 대한 고마움을 잊지 않고 있었다. 국회의원에 당선된 이후 '해군출신 정치인 모임'에 나가 해군 참모총장에게 그 상사 이야기를 했고 그분을 찾아 감사의 마음을 전했다. 운명의 갈림길에서 좋은 후원자 역할을 해주신 분이다.

대학에의 꿈을 접고 군대에 자원입대할 때 나는 말할 수 없이 착잡하고 괴로웠었다. 하지만 그것을 기회로 삼고 전환점(turning point)으로 바꿔 나는 어엿한 대학생이 되어 제대하게 된 것이다.

03 대학(원)생 시절

1965년 드디어 대학생이 되었다. 그토록 원했던 공대생이 된 것이다. 체계적인 강의를 통해 동경심을 키우던 분야를 익혀 가는 즐거움은 다른 어디에도 비할 수 없었다.

고등학교를 갓 졸업하고 대학에 들어온 남학생들은 호기심에 차서 술과 담배를 배우고 당구를 치러 다니거나 미팅에 나갔지만 그런 일에 나는 별 흥미가 없었다. 군대를 마치고 남들보다 뒤늦게 들어간 학교인지라 공부 이외에는 그다지 관심이 생기질 않았던 것이다. 오로지 공부와 아르바이트, 그것이 내 대학 생활의 전부였다.

집안에서 학비와 생활비를 대 줄 형편이 아니었으므로 4년 내내 아르바이트를 해야 했다. 교내 장학금과 5·16 장학금을 탄다고 해도 생활비를 벌어야 하기 때문이었다. 첫 학기 등록금과 6개월치 하숙비는 군대에서 특별 비밀 수당으로 준 돈을 모아 충당했다.

공부와 아르바이트로 지낸 대학 4년의 세월은 정말 빠르게 흘러갔다. 이제 사회에 나가 그동안 배운 지식을 활용해야 할 때가 온 것이다. 지금과 같은 대기업이 많지가 않았던 터라 그 당시 공대 졸업생들의 진로 선택권은 그리 다양한 편은 아니었다.

한국전력과 방송국, 그리고 모토로라 같은 외국 계열의 회사가 전부였는데, 나는 동양TV 방송국 엔지니어 시험을 쳤다. 그동안 공부만 해왔던 터라 학점도 좋고 필기시험도 잘 봤는데 혹 면접시험에 떨어지면 어쩌나 걱정이 되기도 했다. 삼성그룹에서 호남 출신은 배제한다는 풍문이 돌았기 때문이었다.

다행히 졸업도 하기 전 1968년에 TBC 동양방송국에 엔지니어로 취직이 되었다. 첫 근무지가 TBC 부산방송국이었는데 야간근무를 마치고 어느 겨울날 자취방에서 자다가 연탄가스에 중독되어 죽을 뻔했던 기억이 되살아난다.

지나고 나니 정보통신에 관한 실용기술과 현장 경험을 습득할 수 있는 좋은 기회이기도 했지만 시간이 흐를수록 현실에 안주하려는 나 자신에게 불안해지기 시작했다.

학비를 대야 한다는 압박감도 없고 공부에 대한 부담감도 없었다. 꼬박꼬박 월급이 나오니 생활에 대한 걱정도 없어졌는데 점점 여기에서 머무르면 안 되겠다는 생각이 들었다. 평탄하고 안정된 길이 펼쳐져 있었지만 나는 또 다른 전진을 꿈꾸기 시작했다.

미국에 유학 가고 싶었지만 친척이 없어 직접 갈 수가 없었다. 그래서 브라질로 기술 이민을 가서 미국으로 가려고 해외개발공사에 이민 신청을 하고 브라질어를 3개월간 배운 후 비자를 기다렸다. 하지만 비자가 하도 늦어져 브라질어와 비슷한 불어에 관심이 쏠려 불어 학원에 다니면서 불어 공부를 했다.

방송국에 근무하면서 서울대학교 대학원 준비를 하기 시작했다. 대학원 시험에 제2외국어가 필수이기 때문에 불어를 배운 게 도움이 되었다. 군대에 있으면서도 대학 입시 공부를 했던 내게 직장은 대학원 준비의 걸림돌이 될 수 없었다. 이미 큰 고비와 어려움을 극복한 사람에겐 웬만한 어려움은 문제될 것이 없었다. 서울대학교 전자공학과 대학원 시험에 합격한 것이다. 내게는 또 한 걸음의 전진이었다.

그때는 텔레비전 방송이 오후 5시부터 시작되던 때였다. 오후 5시부터 밤 12시까지가 집중적인 근무시간이어서 낮에는 대학원 공부를 하고 저녁에는 방송국에서 일을 했다. 낮에 일하고 밤에 공부하는 '주경야독'이 아니라 거꾸로 '주독야경'인 셈이다.

한 계단을 오르고 나니 다음 계단에 욕심이 생겼다. 여기서 멈추지 말고 좀 더 넓은 곳에서 좀 더 깊이 있게 공부를 해봐야겠다는 생각을 하게 된 것이다. 프랑스 유학에의 꿈을 꾸게 된 것은 바로 이즈음이었다.

04 나의 연애스토리

아 내를 처음 만난 건 서울대학교 전자공학과 대학원에 다닐 때였다.

나는 대학 졸업 후 TBC 방송국에서 엔지니어로 일하면서 대학원에 진학을 하여 일과 학업을 병행하고 있었다. 그 당시 서울대학교 대학원이 태릉, 지금의 산업대학교 자리에 있었는데, 아내가 다니던 서울대학교 미술대학도 태릉으로 이사를 온 직후였다.

공대 대학원생들과 미술대생들이 주축이 되어 만든 '파이'(philosophy)라는 학내 서클에서 우리는 처음 만났다. 파이 클럽 내에는 불어를 공부하는 소모임이 있었는데, 프랑스 유학을 꿈꾸고 있던 지금의 아내도 그 모임에 나왔다. 둘 다 불어를 좋아하고 공부하였기에 파이 클럽 속의 서브 클럽으로 불어 서클의 회원이 되었다.

매주 한 번씩 경복궁, 덕수궁을 다니면서 『80일간의 세계여행』, 『이방인』, 『적과 흑』 등의 책을 독해하면서 같이 공부하기 시작했다. 그중에서도 특히 기억나는 건 『적과 흑』이다.

불어로 된 검은 활자 아래에 빨간색 모나미 볼펜으로 우리말 해석을 써넣다 보면 어느새 책장은 검은색 한 줄, 빨간색 한 줄로 그야말로 '적과 흑'이 되었다. 그래서 우리는 공부를 마치고 난 모든 책은『적과 흑』이 된다는 농담을 주고받곤 했다.

3개월에 한 권의 책을 끝내는 강행군이 계속됐는데 6명의 모임에선 책 한 권의 강독을 끝내고 나면 책거리를 한답시고 서해안의 대천 해수욕장으로 몰려간 적도 있었다. 한층 가까워진 우리는 겨울 바다의 낭만에 취해 모래사장을 한없이 걷기도 했었다.

흔히 부부는 자라온 환경이나 취미, 성격이 비슷해야 잘 산다고 하지만 처음 만났을 때 아내와 나는 다른 점이 더 많았다. 먼저 나는 딱딱하고 원리 원칙대로인 공대생이었고 아내는 예술을 하는 사람이었다. 사물을 보는 눈도 다를 수밖에는 없었다.

또 한 가지 우리 부부의 다른 점은 출신지이다.

나는 전라남도 나주가 고향이고 아내는 대구에서 나고 자란 대구 토박이로 바로 영호남 부부인 것이다. 우리 부부와 좀 사적으로 친해지고 나면 사람들은 영호남 부부이기 때문에 일어나는 부부 싸움은 없는지 넌지시 물어오곤 한다.

사실 영남 지방과 호남 지방은 자연환경과 지리적 특성부터가 많이 다르다.

전라도는 평야가 넓고 산이 완만해 일찍이 농업이 발달하였고 경상도는 토양이 척박하고 평야가 적어 자연이 주는 혜택이 적으며 공업화가 빨리 진전된 곳이다. 이러한 환경의 차이가 사람들의 성격뿐만 아니라 지역 문화와 예술의 성향을 다르게 만들었을 것이다.

그런 의미에서 경상도가 '입는 문화'라면 전라도는 '먹는 문화'이다. 특히 대구는 섬유 예술이 발달한 도시로 여자 둘, 셋이 모이면 옷에 관한 이야기를 하는 반면, 전라도는 농사지은 풍성한 먹을거리를 가지고 어떻게 하면 더 맛있는 음식을 해 먹을까를 궁리한다는 것이다.

영남과 호남의 분위기 차이 때문에 오히려 우리 부부는 이야 깃거리가 더 많을 뿐, 처음 만났을 때나 지금이나 꺼림칙한 부분은 없다.

05 프랑스 유학 시절

나는 서울대학교 대학원 전자공학과를 마치고 1976년 프랑스 정부 장학생으로 선발되어 유학길에 올랐다. 아버지가 되었다는 설렘과 기쁨을 누릴 시간도 없이 나는 첫 아이가 태어난 지 한 달 만에 프랑스행 비행기에 올랐고 아내는 나보다 4개월 늦게, 출산한 지 5개월 만에 나와 그레노블이라는 곳에서 합류했다. 그곳에서 어학 공부를 마친 뒤 툴루즈공과대학(ENSEEIHT) 대학 박사과정에 입학한 것이다.

그 당시만 해도 외국 생활에 대한 사전지식이 없던 때였다. 프랑스는 첨단 유행의 도시이니 사람들의 옷차림도 화려하고 사치스러울 것이라고 생각했는데, 실제로 가서 보고 느낀 프랑스인은 굉장히 검소하고 구두쇠며 실리적이었다.

유행을 창조해서 각 나라로 수출은 해도 일반 사람들은 전혀 유행을 의식하지 않는 나라가 프랑스다. 남의 눈을 의식하지 않고 자신이 편리한 대로 입으면 그만인 것이다. 특히 학생의 신분이면 청바지에 티셔츠로 1년을 보내는 이들이 대부분이었다.

아내와 내가 4년간 유학생활을 보낸 곳은 프랑스 남서부의 중심도시인 툴루즈라는 곳이다. 파리에서 남쪽으로 약 680킬로미터 떨어져 있는데 우리나라로 치면 부산에서 신의주까지에 해당하는 거리다. 툴루즈는 '장밋빛 도시'(Ville rose)라는 이름으로도 불린다. 붉은빛 지붕과 붉은 벽돌의 옛 건축물들이 많아서 붙여진 것이라고 한다.

툴루즈라는 지명은 그 지역을 다스린 백작의 이름에서 따온 것인데, '물랭루주'라는 카바레에서 그림을 그렸다는 화가 툴루즈 로트렉의 선조 할아버지가 대대로 다스리던 곳이었다. 그래서인지 툴루즈의 전체적인 분위기는 고풍스런 멋과 예술적인 정취가 물씬 풍긴다.

툴루즈 주변에는 크고 작은 문화 예술 유적지가 많은데, 가까이 '알비'라는 도시에는 "툴루즈 로트렉" 박물관이 있다. 그곳은 그의 생가뿐만 아니라 지팡이까지 유리관 속에 보관돼 있어 화가의 삶과 작품 모두를 한곳에서 볼 수 있었다.

프랑스의 대학은 전공 분야에 따라 특성화된 곳이 많고 대부분의 대학이 국립대학으로 평준화되어 있다. 반드시 수도인 파리에 있는 대학만이 명문대학이라는 인식은 없다. 우리나라처럼 서울 소재 대학과 지방 대학에 대한 차별 의식이 없고 학과보다는 학교를 보고 지원하는 경향도 훨씬 덜하다.

자기가 원하는 전공과 학문 분야, 혹은 저명한 교수를 찾아 전

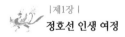

국의 대학 중에서 다닐 학교를 선정하는 것이다. 그래서 1·2학년은 이 도시에서, 3·4학년은 다른 도시에서 공부하거나 혹은 학사과정, 석사과정에 따라 학교를 바꾸어 공부하는 일이 드문 일이 아니다.

툴루즈 I 대학은 법률과 사회과학 계통, 툴루즈 II 대학은 인문대학, 툴루즈 III 대학은 자연과학대학으로 이루어져 있다. 나는 툴루즈 III 대학에서 공부했다.

툴루즈는 예술적인 분위기가 물씬 풍기는 곳이지만 한편으론 과학과 관련이 깊은 도시이기도 하다. 미술을 전공하는 아내와 전자공학을 전공한 내가 툴루즈를 선택한 것도 이 같은 이유에서였다.

유럽 인공위성을 발사하는 우주항공센터와 콩코드 비행기 제조공장이 있고, 전자, 전기, 수리학 관계의 전문 요원을 양성하는 그랑데꼴이 있다. 인공위성을 띄우는 모습을 지켜볼 때는 감격스러운 마음과 부러운 마음이 교차했다.

70년대 낙후된 고국의 과학기술 수준을 생각하며 우리나라도 당당히 인공위성을 띄울 그날을 머릿속으로 그려보기도 했다. 우리나라가 세계 속으로 발전해 나가는 길도 결국은 과학기술의 발전이 밑바탕이 되지 않고는 어려운 일이라는 것을 깨달은 것도 유럽의 선진적인 과학기술을 접하고서였다.

없는 시간을 내고 빠듯한 생활비를 쪼개서 여행을 다니곤 했는데 잠시라도 유럽의 문화를 접하며 여유를 가졌던 추억의 시간이었다. 프랑스는 어떠한 산간벽지나 농촌을 가더라도 오래된 성당과 미술관, 혹은 박물관을 볼 수 있다. 어느 곳을 가더라도 그 지역 사람들은 자기 역사에 대한 깊은 자부심을 가지며 그 유적과 현장을 정성스럽게 보존하고 있는 것이 인상 깊었다.

그래서 역사에 이름을 남긴 명사(名士)가 태어난 허름한 시골의 농가나 오두막집도 박물관으로 만들어 그 안에 그가 입었던 옷이며 신발, 일기장, 노트 등을 전시해 놓고 있었다. 또 거리나 광장의 이름, 대학 기숙사 건물 이름에 그 도시를 빛낸 음악가나 화가, 정치가의 이름을 따서 지은 것도 자신들의 역사를 존중하고 보존하려는 그들의 마음이 담겨있는 듯했다.

내가 본 프랑스는 지나칠 만큼 형식이 생략되어 있는 사회다. 유학 시절 입학식도 없고 졸업식도 없는, 졸업 가운이나 사각모자는 더더욱 존재하지 않는 대학문화를 대하고 놀라움을 금치 못했던 기억이 난다. 학기 초에 교수와 학생이 대면하는 날 하루, 학과에 대한 정보와 시설에 대한 이용 안내를 하고 나면 다음날부터 바로 실질적인 수업에 들어가는 것이다.

이러한 점은 학업이 끝날 때도 마찬가지다. 논문 통과 후 간단한 칵테일파티로 목을 축이고 나면 그것으로 끝이다. 졸업장을 들고 기념사진 한 장 찍는 모습을 볼 수가 없다.

이런 프랑스의 대학은 입학하기는 수월하나 졸업이 어렵다.

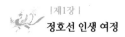

학기 도중이라도 까다로운 테스트가 계속되어 성적이 부진한 학생은 도중에 탈락시키기도 한다.

또 겉으로 보기에는 형식적인 것이 없으니 제약이 없을 것 같지만 그런 만큼 실제적인 면에 있어서는 냉정하기 짝이 없다. 형식이나 명분에 얽매이지 않는 대신 철저하고 분명하게 학업에 전력해야만 하는 것이다. 진실로 학문에 매진하겠다는 강한 의지가 없으면 낙오될 수밖에 없는 무서운 곳이기도 했다.

하지만 우리 유학생 부부에게 공부보다 더 어려운 것은 바로 육아 문제였다.
유학길에 오를 때 겨우 백일이 지난 첫 아들을 장모님께 맡기고 온 우리 부부는 한동안 마음의 갈피를 잡지 못했다. 프랑스 정부 장학생 시험은 이미 치러 놓은 상태였고 국비 장학생으로 가는 것이었기 때문에 미룰 수도 없는 노릇이었다.

어쩔 수 없이 아이를 떼어놓고 감행한 유학길이었지만, 겨우 얼굴을 알아보고 방긋방긋 웃는 아이를 떼어놓은 부모의 심정은 말로 표현할 수 없었다. 유학 생활 초기엔 유모차를 타고 가는 아이만 봐도 마음이 찡하고 아내 눈엔 눈물이 글썽거리곤 했다.
장모님이 이런 부부의 마음을 헤아리시고 아이가 커 가는 모습을 사진으로 찍어 보내주시면 그것을 보며 위로를 삼았다. 어느 정도 유학 생활에 적응이 될 때쯤 둘째 아들을 낳게 되었다. 아이를 낳았어도 생각만큼 경제적으로 큰 타격을 입지는 않았다.

　정부 장학생으로 선발되어 간 것이기 때문에 학비 걱정은 안 해도 되었고, 무엇보다 사회보장제도가 철저한 나라였다. 특히 프랑스 정부가 학생에게 베푸는 혜택, 또 국가가 외국인의 가정까지 철저하게 보호해 주는 제도는 거의 프랑스를 '외국인 학생 천국'이라 불러도 좋을 만큼 완벽한 것이었다.

　인구가 감소하는 추세에 있기 때문에 임산부와 어린이는 특별히 국가에서 보호를 해준다. 인도주의적 입장에서 외국인에게도 법적인 혜택, 사회보장제도의 혜택을 베푼다. 그래서 아기가 엄마 배 속에 있을 때는 임신수당, 분만하고 나면 특별 분만 보너스, 그 다음에는 육아수당이 지급된다.
　경제력이 없는 외국인 유학생 부부에게 이런 제도가 없었다면 아이 낳을 엄두를 내지도 못했을 것이다.

　두 번째 아이는 제 엄마와 아빠가 공부만 하기에도 벅차다는 걸 알았는지 퍽 유순했다. 시간 맞춰 우유 먹이고 기저귀만 갈아주면 되어서 별 어려움이 없었다. 그런데 6개월이 지나자 아이가 말썽꾸러기로 변하는 것이었다. 학업의 양도 많고 아이도 어느 정도 커서 오후 1시에서 6시까지 시청에서 경영하는 무료 탁아소에 아이를 보냈다.
　공부를 마치고 저녁에 아이를 찾아오면 30분 정도 같이 놀아

주고 각종 장난감과 함께 아이를 침실에 넣고 문을 닫아 버린다. 다음 날 수업 준비를 하기 위해선 가슴 아프지만 어쩔 수 없는 노릇이었다. 그리곤 거실 양쪽 끝에 놓인 두 개의 책상에 각각 등을 돌리고 앉아 공부를 하기 시작한다.

집중적으로 서너 시간 공부를 하다가 문을 열어보면 아이는 벽지도 뜯어먹고 라디에이터 밑의 먼지를 천연덕스런 얼굴을 하고 앉아 파먹기도 했다. 아이가 불쌍하기도 하고, 그렇다고 해서 공부를 안 할 수도 없는 그야말로 딜레마였다.

하지만 둘째 아이는 저녁 시간이라도 부모와 함께 있으니 다행이었다.

둘째가 태어나기 전까지는 그저 한국에 있는 첫째 아들이 보고 싶은 마음뿐이었으나 막상 현지에서 아이를 낳아 키워보니 그게 아니었다.

한 인간으로서의 모든 것이 형성되는 유아기에 부모의 얼굴도 모르면서 3년을 보낸다는 것은 아이에게나 부모에게나 너무 큰 고통이라는 것을 알게 된 것이다.

우리 부부는 고심 끝에 귀국을 반년 앞두고 한국의 큰아이를 데려왔다. 아이를 데리러 갈 형편이 못 되어 가슴에 이름표를 달고 혼자 온 아이를 파리의 오를리 공항에서 맞이했다.

처음엔 두 아들 모두를 부모가 직접 데리고 키운다는 생각에 마음이 뿌듯했다. 그런데 하나도 아니고 개구쟁이 아들 둘이 번갈아 가면서 보채고 울고 말썽을 피우니 도무지 정신이 하나도 없었다. 4년간의 학업을 마무리 짓는 논문을 준비해야 하는 시간은 점점 다가오는데 공부도 생활도 그야말로 엉망이 된 것이다. 우리 부부는 심각한 고민에 빠졌고 무슨 좋은 방법이 없을지 상의했다.

어쨌든 이대로는 부부 모두 논문도 못 마치고 아이들도 제대로 돌볼 수 없다는 것만은 확실했다. 우리 부부는 며칠 동안 고민한 끝에 결론을 내렸다. 아내가 먼저 논문을 쓰는 동안 나는 잠시 학업을 중단하고 아이를 전적으로 맡아 돌보는 것이다. 그리고 아내의 논문이 끝나면 나의 논문을 마무리하자는 것으로 결론이 났다.

그때부터 아내는 전적으로 공부에만 매달리고 나는 두 아이의 우유 먹이기, 기저귀 갈기부터 목욕시키기, 재우기 등 확실한 보모 역할을 해냈다. 드디어 아내가 힘겨운 논문을 모두 끝내고 툴루즈II대학에서 미술사 박사학위를 따냈다. 이제 절반의 성공은 이루어진 셈이었고 이제는 내 차례가 되었다. 아내는 숨 돌릴 틈도 없이 혹시 나의 공부에 방해가 될까 봐 서둘러 두 아이를 데리고 귀국했다.

내가 논문을 마친 것은 아내와 아이들이 귀국한 지 꼭 6개월

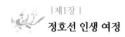

만이었다. 나의 절반의 성취가 더해져 우리 부부는 하나의 완전한 성공을 이룬 것이다.

논문이 통과된 날 지난 4년간의 유학생활이 머리를 스쳐갔다. 물론 유학생활이라는 것이 결코 쉬우리라고 예상했던 것은 아니었지만 가난한 유학생 부부가 두 아이를 키우며 공부하는 동안 헤쳐 나가야 할 어려움이 너무 많았었다.

하지만 부부가 함께 4년 동안 애 둘을 키우면서 박사학위를 취득할 수 있었던 건 프랑스의 교육제도와 복지제도 덕분이었다. 반값 등록금이 아니라 아예 등록금이 없고 부부학생들에게도 임대 아파트를 제공하며 임신수당, 출산수당, 학생부부수당 등 각종 혜택이 있었기 때문이었다. 또한 출생한 지 3개월이면 낮 동안 도맡아 키워주는 탁아소가 있었기에 공부가 가능했다.
우리나라도 프랑스 시스템을 본받아야 할 것 같다.

경북대 교수 시절

1980년 태양전지에 대한 연구로 공학박사 학위를 받은 후
귀국하여 경북대학교 공과대학 전자공학과 교수로 20여
년간 교육과 연구를 하고 80여 명의 석사와 박사를 배출하면서
후진 양성을 해 왔다.

귀국 후 5년간 광전자 분야와 기존의 반도체 칩 설계, CAD 프
로그램 개발에 대해서 연구하였다.

그 후 1986년부터는 인간의 두뇌를 닮은 컴퓨터를 개발하고
자 새로운 분야로 신경회로망칩, 퍼지칩, 카오스칩에 대한 연구
를 시작하게 되었다. 새로운 뇌신경회로를 제안하고 이를
CMOS 회로로 구현하여 A/D 변환기, 새로운 개념의 CPU 회로
를 개발하고 음성 인식과 문자 인식에 응용하여 특허 109건(국제
59건, 국내 50건)을 획득하였다.

삼성, 금성, 현대, ETRI 등 기관과 산학협동과제를 많이 하였
으며 일본 상지대학 전자공학과 K. Shono 교수와 연구 교류를
하면서 1년에 두 번씩 대학원생 교류 세미나를 개최하여 학생들
의 국제화 마인드를 키워 주었다. 그 결과 연구 논문도 250여
편을 쓰게 되었으며 많은 책을 집필하게 되었다.

경북대학교 공과대학 전자공학과는 정부에서 특성화한 학과로서 교수는 80여 명이고 학생 수는 2,000여 명 정도로 큰 학과이다. 학과장, 공과대학 학생과장을 맡았고 한국 최초로 대학 내의 사단법인 연구기관 〈공학설계기술원〉을 설립하여 초대 원장을 맡아 행정경험을 쌓으며 '인공지능 로봇 경진대회', '소프트웨어 전시회' 등을 유치하였다.

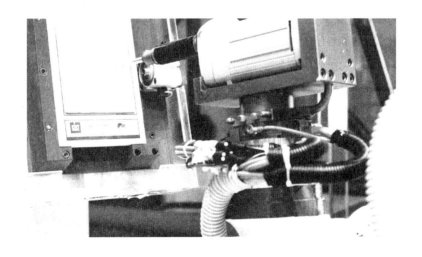

07 평등 부부상 수상

전 생에 적어도 천 번의 만남이 있어야 비로소 현실에서 부부의 인연으로 맺어진다고 하니 참으로 소중하고 귀한 것이 부부 사이라 하겠다. 오랜 시간 살을 맞대고 살다보면 아내는 남편의 소중함을, 남편은 아내의 고마움을 간혹 잊고 지내는 경우가 있다.

20여 년간의 짧지 않은 교수 생활을 하면서, 4년간 국회의원으로서 살아가면서 고맙고 감사하게도 여러 가지 표창이나 상을 많이 받아 왔다. 이제까지 받은 상 중에서 나를 가장 쑥스럽게 했고, 또 두고두고 마음에 부담이 되는 상이 바로 '평등부부상'이다. 평등부부상은 여성신문사에서 평등부부의 조건을 설정해 놓고 매년 거기에 부합되는 부부를 선발해 수여하는 상이다.

의례히 평등부부 하면 여성해방을 부르짖는 강한 목소리의 아내와 페미니스트인 부드러운 남편을 연상하기 마련이다. 조금 더 과장된 표현을 해보자면 아내의 발언권이 남편보다 큰, 아내가 남편을 제압하고 남편은 그런 아내에게 기를 못 펴고 동조하며 사는 모습이랄까.

하지만 시상식에 가보니 나의 상상은 거의 일치하는 바가 없었다. 그래서 평등부부상을 계기로 결코 짧다고 할 수 없는 40여 년의 결혼생활을 자연스럽게 돌아보게 되었다. 기자는 먼저 내게 본인이 생각하기에 어떤 점 때문에 평등부부상을 타게 된 것 같으냐고 물었다.

돌이켜 보면 평등부부로서의 삶은 결혼식장에서부터 시작된 것 같다. 우리의 결혼사진을 보면 신랑인 나와 신부인 아내가 주례선생님을 향해 동시 입장을 하는 사진이 있다. 아버지가 신부의 손을 잡고 먼저 식장으로 걸어 들어가 신랑의 손에 신부를 건네주는 것은 다분히 여자의 삶은 어려서는 아버지에게, 결혼해서는 남편에게 의지하는 걸 의미한다고 한다. 그런 까닭에 남녀평등이 많이 진전된 요즘 젊은이들 사이에선 신랑, 신부 동시 입장이 그래도 좀 있는 편이라고 한다. 그러나 우리 부부가 결혼한 것은 1975년, 당시로서는 보기 드문 일임에 틀림없었다.

이러한 시작은 지금까지도 어깨를 나란히 하고 발을 맞춰가며 걷는 우리 부부의 삶으로 계속 이어지고 있다.

또 한 가지 여느 부부들과 달랐던 점은 프랑스 유학을 막 끝낼 즈음에 있었다. 아이 둘을 키우면서 부부가 함께 공부를 한다는 것이 말처럼 쉬운 일은 아니었다.

우리와 함께 유학길에 오른 다른 부부들이 1년이 채 못 돼서 아내 쪽에서 공부를 포기하는 경우가 종종 있었는데 처음에는 이해가 잘 되질 않았었다. 물론 생활비 부족, 출산과 육아 문제

등이 걸려 어쩔 수 없이 아내 쪽에서 공부를 뒤로 미루거나 포기한다고는 하지만, 남자, 여자를 떠나서 함께 시작한 것이니 어려움이 있어도 같이 끝내야 한다고 생각했던 것이다.

우리 부부는 탁아시설의 도움과 가사 분담으로 힘들었지만 처음 4년여의 유학기간을 차질 없이 지낼 수 있었는데, 문제는 졸업논문이었다. 아내가 먼저 논문을 쓰고 그동안 내가 전적으로 아이들을 돌보기로 했다. 나는 아내가 아이들 걱정과 집안 살림에 될 수 있으면 신경 쓰지 않도록 나름대로 최선을 다했다.

우리의 계획대로 아내가 무사히 논문을 마치고 두 아이들을 데리고 귀국한 후에 나도 논문을 마치고 아내보다 6개월 뒤에 한국으로 돌아왔다.

먼저 귀국한 아내는 은행 대출을 받아 집과 살림살이를 장만해 놓았다. 덕분에 나중에 들어온 나는 별 어려움 없이 한국 생활을 시작할 수 있었다. 이렇게 우리는 아내 역할, 남편 역할을 구분하지 않고 상황에 맞춰 역할 분담을 해나갔다.

•• 기자와의 인터뷰 장면

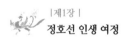

08 국회의원에 도전

내가 국회의원에 출마하겠다는 말을 가족들에게 꺼내자
예상했던 대로 놀랍고 의외라는 반응이 나왔다.

"아빠 하고 정치는 왠지 어울리지 않아요. 차라리 엄마라면 모
를까……."

아내는 대학교수를 하면서 대구 지역사회에서 강연이나 행사
참여 등 사회활동을 많이 해 왔기 때문에 아이들은 외향적이고
활동적인 엄마가 더 정치와 어울린다고 생각한 모양이었다.

나주 공천 경합에 있어 힘들었는데 공천 발표 10일 전에 DJ
총재님을 대구 영남호텔 중앙당 행사에서 처음 뵙고 전격적으로
공천을 받게 되었다.

나는 3가지 정치 출마 이유를 대면서 말씀드렸다. 영·호남 화
합과 미래 정보화 시대에 전문 정치인으로서 IT강국 건설, 그리
고 총재님께서 대통령이 되시려면 대구, 경북 지지를 좀 더 많
이 받아야 한다는 점이었다.

• • 김대중 대통령과 함께

　사실 우리 부부는 지난 1996년 4.11 총선 때 나는 나주에서, 아내는 대구에서 각각 공천신청을 했었다. 영호남 부부로서 지역갈등 해소에 앞장서겠다는 의미였는데, 아무래도 한쪽으로 집중하는 게 좋겠다는 DJ 총재님의 건의에 따라 아내는 공천을 포기하고 나의 선거 운동을 돕기로 나선 것이다.

　육체적으로 힘든 것도 힘든 것이지만 경상도 여자가 전라도에 와서 선거활동을 하는 데 있어 행동이며 말투 하나하나까지 신경이 곤두서 있었다.

　원래 아내는 경상도 사투리를 쓰지 않는데도 혹 대중 연설 중에 사투리가 튀어나오지나 않을까 하는 걱정에 식은땀까지 흘리는 것을 보고 속으로는 미안하기도 하고 안쓰럽기도 했다. 그러면서도 아내는 선거를 통해 다른 데 가서는 배울 수 없는 아주 값진 것을 배웠다고 흐뭇해했다.

치열했던 선거전이 끝나고 아내는 다시 아이들의 어머니로서, 대학교수로서의 일상으로 돌아갔다.

또한 새정치국민회의 여성 특별위원회의 부위원장에 임명받았고 그해 가을 당시 김대중 총재와 가진 대구지역 교수 간담회, 문화예술인과의 간담회 행사들을 소위 TK 지역에서 성황리에 치르는 데 일조하면서 아내는 정치적 능력과 추진력을 인정받게 되었다.

그러면서 1997년 3월에는 대구 수성 갑 지구당 위원장을 맡게 되었는데 여기에는 1996년 4.11 총선 때 우리 부부를 인상적으로 보았던 당시 김대중 총재의 의견이 많이 반영되었다.

정치인의 길과 예술가로서의 길 사이에서 고민을 하던 아내는 몇 개월의 고사 끝에 결국 뜻을 받아들였다. 우리 부부 자체가 영호남 부부로서 화합의 상징이고, 양 지역의 지구당을 부부가 맡음으로써 해낼 수 있는 역할들이 많다는 걸 모를 리 없는 아내였다.

실제로 아내가 지구당을 맡고 있는 대구시 수성구와 나의 지역구인 나주시는 자매결연을 추진했으며 '영호남 음악회'나 '영호남 한마음 전시회', 또는 '나주 배, 대구 사과 교환 행사'와 같은 일들을 지속적으로 해나갈 수 있었다.

그것은 아내와 내가 양 지역의 지구당 위원장이기 때문에 가능한 일이 아닌가 싶다. "의정 사상 첫 부부 지구당 위원장" 아내가 지구당 위원장을 맡게 되자 언론에서는 우리 부부를 이렇게 표현했다.

그리고 현역 의원의 아내가 다른 지역의 지구당 위원장을 맡는 것도 처음이지만, 영, 호남에서 나란히 지역구를 관리하는 것도 이례적인 일이라는 말로 의미를 부여했다.

하지만 아내는 지구당 위원장이 됐다고 해서 꼭 정치인이라고 하기보다는 대구에서 나고 자란 전문직 여성으로서 지역의 여성문화 발전에 기여하고 싶다는 바람을 갖고 있었다. 자신이 배운 학문과 강단에서 쌓은 전문지식을 여성문화운동을 통해 현실에 적용하겠다는 것이다.

내가 과학 전문 정치인이라면 아내는 예술 전문 정치인이다.

가정에서는 부부로, 대학에서는 동료로서, 이제 정치계에서는 뜻을 함께 하는 동지로서 같은 길을 가고 있는 아내와 나는 영원한 동반자라는 생각을 하면서 살아왔다.

09 전라도와 경상도의 화합정치

모두가 아는 것처럼 대구광역시는 사과의 고장이고 전라남도 나주는 배로 유명한 곳이다. 양 지역민들이 사랑하고 아끼는 특산물을 우정의 사절단으로 서로의 지역에 파견하자는 것이었다. 이렇게 해서 나주의 배나무와 대구의 사과나무는 크고 깊은 뜻을 품고 교환되어 심어지게 되었다.

얼었던 땅을 뚫고 어린 싹들이 움트는 3월의 어느 봄날, 대구시 수성구민운동장에서는 나주에서 온 배나무 묘목을 심는 행사가 벌어졌다. 촉촉한 봄비까지 내려 나무 심기에는 더없이 좋은 날씨였다. 나주에서부터 대구까지 자신이 직접 기른 배나무 묘목을 가져온 나주시 작목반 관리인은 '신고', '추황' 등 배 묘목 50주를 대구시민들과 함께 심으며 관리 요령을 상세히 설명해주었다. 마치 잘 키운 딸을 시집보내는 심정과도 같이 조심스럽고 기대에 찬 표정으로 말이다.

"두 지역에서 가장 상징적인 과실나무가 교환된 지역에서 깊숙이 뿌리를 내리고 꽃이 피며 열매를 맺을 즈음 양쪽 지역민들도 서로가 진정한 한겨레임을 느꼈으면 좋겠다."

구민운동장에 나와 직접 묘목 심는 작업에 참여한 수성구청과 나주시청 관계자들은 이마에 송골송골 맺힌 땀을 닦으며 말했다. 이튿날 나주 남산공원에서는 대구에서 가져온 '왕실'이라는 사과 묘목 50주를 심었다.

남산공원은 나주시민들이 아침 운동을 하거나 가족끼리 휴식을 취하러 오는 쉼터다. 엄마, 아빠 손을 잡고 온 어린아이부터 정자 아래서 환담을 나누거나 바둑이며 장기를 두시는 할머니, 할아버지들까지 남녀노소 오가는 사람들이 많은 곳이다.
그곳에 대구의 사과나무가 뿌리를 내리게 된 것이다.

나주 시민들의 터전에 대구의 사과나무가 자라게 된다는 것은 생각만 해도 흐뭇한 일이다. 영호남 화합의 기념식수는 그 이후에도 몇 차례 계속되었다. 대구 수성 유원지에는 대구와 나주의 JC 회원들이 함께 배나무 꽃길도 조성해 놓았다. 봄이면 화사하게 핀 배꽃길을 걷고 배가 열리게 될 가을이면 누구나 배를 따먹을 수 있다. 또 나주 시민공원엔 사과꽃 향기가 은은하게 배어나고 가지마다 탐스런 사과도 열릴 것이다.

각기 토양이 다른 곳에서 자란 나무들이 물설고 낯선 타향에서 뿌리를 내리고 꽃을 피우고 튼실한 열매를 맺기 위해서는 많은 어려움이 따를 것이다. 혹 환경에 적응하지 못하고 고사하는 나무도 있을지 모를 일이다. 그래서 더 세심한 주의가 필요했고 나 또한 더 많은 관심을 쏟았다. 영남과 호남, 양 지역의 주민들이 이 나무를 정성껏 잘 키워 서로에게 남아있는 앙금과 감정을 풀어내고 타향에서 뿌리내리는 사과나무, 배나무처럼 그렇게 서로의 마음에 뿌리내릴 수 있기를 간절히 소망한다.

나는 바쁜 일정 중에도 나주와 대구에 가게 되면 꼭 배나무와 사과나무가 자라는 곳엘 들러본다. 지금 이 순간도 애정과 기원을 담아 서로의 고향에 그 뿌리를 내린 나무들이 잘 자라고 있는지, 혹 향수병으로 고생하고 있지는 않은지 자못 궁금해진다.

1996년 21세기 한국 과학기술 정책은 물론 첨단 시대의 한국경제를 망라하고 정보화 시대, 국제화 시대를 대비하는 전문 정치인, 과학기술자 정치인이 요구되는 시대성에 부응하며 정치에 입문하기로 결심하였다. 특히 대구에서의 20년간 교수 생활을 정리하고 국민 화합 차원에서 교수에서 정치인으로 변신하여 나주에서 15대 국회의원으로 당선되었다.

•• 국회의원 시절

그 후 공학자 정치인으로서 "과학기술 육성 특별법"을 과학 분야 교수들과 함께 제정하여 과학기술부안을 대폭 수정하여 통과시켰다.

또한 인간의 뇌에 필적하는 컴퓨터와 로봇 개발, 그리고 치매 연구에 기여하는 "뇌 연구 촉진법", 정보화 시대의 "지식·정보 자원 관리법"을 제정하여 통과시켰다.

한편 "정신과학 육성법"도 제정하여 상임위원회에까지 회부시켰으나 어느 의원의 반대로 통과시키지 못한 것이 제일 아쉽게 생각되었다.

그리고 과학기술과 정보통신 관련법 50여 건을 개정시켜 이 분야 발전에 많은 도움을 주었다.

그리고 (사)한반도정보화추진본부를 설립하여 앨빈 토플러, 빌 게이츠, 손정의 등 국제적 인사들을 초청하여 국회 강연회를 개최하였으며 국회의원회관 대강당, 소회의실, 로비에서 많은 토론회와 전시회를 개최하여 강당과 회의실을 사용한 횟수가 행사 관련 시설 사용의 1/4에 달할 정도였다.

또한 KT 지역본부와 체신청을 순회하면서 정보화 강연을 하였다. 국가 정보화 정책집으로 『21세기 정보화 사회의 지도자를 위한 국가정책 방향』(1997)과 21세기 지식·정보화 사회를 위한 『국가경쟁력 강화 중장기 비전』(1999)이라는 책을 발간하였다.

또한 영호남 부부모임인 (사)영호남 한 가족 화합추진본부를 만들어 영호남 사투리 대회, 음악회, 미술 전시회를 개최하면서 양 지역의 벽을 허무는 데 노력하였다.

그리고 Cyber 국회를 세계 처음으로 만들어 정치를 개혁하고
자 하였으며 앞으로 초·중·고 그리고 대학교 총학생회를 네트
워크화하여 미래 지도자를 키우는 일을 하고자 한다. 또한 세계
학생UN을 창설하여 한국이 사이버 세계에서 중심이 되도록 할
것이다.

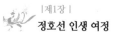

11 빌 게이츠, 앨빈 토플러, 손정의 회장 초청

과학대통령–IT총리 시대를 열어야 국민이 행복해질 것!

15대 국회의원 시절, 새정치국민회의 정보통신특별위원회 위원장직을 맡으면서 앨빈 토플러 박사 외에 마이크로소프트의 빌게이츠 회장, 일본 소프트뱅크의 손정의 회장 등을 초청하여 DJ 대통령과 많은 만남을 주선했었다.

앨빈 토플러 박사의 저서 『제3의 물결』을 옥중에서 탐독하신 김대중 대통령께서는 미래 정보화 사회에 대한 관심을 표명하는 것은 물론 우리나라를 정보대국으로 만들겠다는 의지를 확고하게 말씀해 주셨다.

• • 손정의 소프트뱅크 회장과 함께

앨빈 토플러 박사는 자신도 한때 실업자였던 적이 있다는 말을 진솔하게 털어 놓으면서 한국의 정보화에 대한 조언을 많이 해 주셨다. 더욱이 김대중 대통령과 한국에 대한 깊은 애정을 표시한 앨빈 토플러 박사의 메시지가 우리에게 시사한 바가 커 청와대에서 기록한 회담 내용을 여기에 소개하고자 한다. 필자가 15대 국회의원에 출마하였을 때 선거기간 중 김대중 대통령과 필자와의 인연이 이야기되어 화기애애한 분위기가 조성되기도 했었다.

/중략/

앨빈 토플러: 한국에게 IMF 위기는 기회가 될 수 있습니다.
한국이 가지고 있는 발전된 정보통신 기술로 한국이 세계경제에서 선두적인 국가가 될 수 있지 않겠는가 생각합니다.
저는 그간 방한하여 한국의 경제 전망을 조명해보고, 기술 분야뿐만 아니라 사회, 문화, 교육 등 여러 면에 걸쳐서 종합적으로 의견을 나누었습니다.
그래서 한국에 보다 효과적인 도움을 주기 위해서 국제적으로 각국의 저명인사로 이루어진 자문단을 구성하는 것도 생각하고 있습니다.
이러한 움직임이 어려움에 처한 한국 국민들에게 희망과 용기를 줄 것으로 기대합니다.

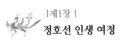

대통령: 지금 한국의 현실은 외환위기로 인해 대량 실업이 발생하고 있는 상황입니다.

매일 1만 명씩 발생하여 지난 3월 말까지 약 1백 50만 명이 일자리를 잃고 고금리로 인해서 기업들이 어려움을 겪고 있습니다. 특히 중소기업이 하루에 1백 개 이상 도산하고 있습니다.

이런 상황을 어떻게 해결할 수 있겠습니까?

앨빈 토플러: 저 자신도 실업자였던 적이 있습니다.

미국의 경험에 비추어 보면, 지난 10년 동안 대기업들은 고용규모를 감축하는 추세였습니다. 이에 반해서 중소기업들은 고용을 많이 늘렸습니다. 그래서 결과적으로 중소기업에서 늘린 고용이 대기업에서 줄인 고용보다 많아 결국 고용이 창출되는 결과를 낳았습니다.

재벌의 구조 조정도 수직적 통합보다는 재벌 내부의 연결고리를 끊어주도록 하는 방안과 아웃소싱(Out Sourcing, 외주)이 중요합니다. 그러한 정책의 결과로 미국 경제는 80년대 초반 이후에 모든 것이 개선될 수 있었습니다.

대통령: 우리나라의 경제 여건상 벤처기업에 대한 전망을 어떻게 보십니까?

앨빈 토플러: 한국과 미국은 벤처기업과 벤처자본의 개념에 있어

약간 차이가 있는 것 같습니다.

한국에서는 분야를 막론하고 저리 대출을 받은 기업이나 이익의 5% 이상을 R&D로 쓰는 기업을 모두 벤처기업에 포함시키고 있으나 미국에서는 소규모이고 특정 자본을 투자한 기업이 벤처기업이 됩니다. 그래서 분야별 투자 소유 여부는 시장이 결정한다는 입장이지요.

한국에서도 벤처기업 육성에 대해서는 거국적이고 재정적으로 바꾸는 것이 필요하다고 생각합니다.

•• 빌게이츠 회장과 함께

/중략/

앨빈 토플러: 정 의원은 지금 대통령께서 말씀하신 모든 노력의 완벽한 상징이라고 생각합니다. 특히 다른 의원들에게 정보화의 중요성을 교육시킬 수 있고 알릴 수 있는 인물이라고 생각합니다.

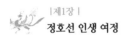

또 정보화라든지 새 시대의 중요성에 대해서 정확한 인식을 갖고 있는 국가 지도자가 많지 않습니다.

그런 점에 있어서 대통령의 비전에 대해 전적으로 동감합니다.

대통령: 감사합니다. 정 의원은 국회의원 사이에서 정보화에 대한 인식을 심어 주고 관련 교육을 하는 데 상당한 노력을 한다는 소리를 들었습니다. 다행히 세계적인 앨빈 토플러 박사가 정 의원을 지원해 주어서 우리나라 정보정책이 발전할 수 있는 계기가 되기를 진심으로 바랍니다.

앨빈 토플러: 정 의원과 함께 보다 구체적인 프로그램에 대한 의견을 나누겠습니다.

대통령: 앞으로 자주 오시고 정 의원을 통해서 또 뵙겠습니다.

앨빈 토플러: 저 역시 한국에 자주 왔으면 하고 정 의원과 함께 열심히 하겠습니다.

보다 가치 있고 실질적인 일을 함께 할 수 있다는 것은 한국뿐만 아니라 저에게도 큰 도움이 된다고 생각합니다.

대통령: 안녕히 가시길 바랍니다.

• • 빌게이츠 회장과 단체사진

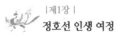

12 청춘에게 드리는 편지

내 나이 벌써 72세…….
시간이 화살 같이 지나가고 있다.
청년이던 시절이 엊그제 같은데…….
지금 생각해보면 그 시절이 무척 그립고 아득하다.

나는 70여 년 동안 다양한 경험을 하면서 살아왔다.
그 힘든 시절에 유학을 거쳐 대학 교수로, 그리고 정치인까
지…….
그러나 이러한 자리에 있으면서 내가 꿈꿔왔던 일을 다 이루
지 못하여 아쉬움이 크다.
특히 청년문제는 더욱더 그러하다…….

요즘 나는 청년들에게 참 미안하다…….
그들에게 좀 더 좋은 세상을 물려줘야 하는 기성세대의 한 사
람으로서…….
청년실업 문제, 대학등록금 문제…….
현재 청년들의 문제는 심각하다.
며칠 전에 기사를 보니까 우리나라 20대, 30대의 사망 원인

1위가 자살이라고 한다. 이러한 결과만 보아도 대한민국 청춘들이 힘들어하고 있는 것을 알 수 있다.

　요즘 대학생들의 가장 중요한 일이 취업이라고 한다.
　더욱이 대학생들이 졸업 후에 취업이 안 되어서 취업을 완전히 포기한 구직 단념자도 꾸준히 증가하고 있다.
　특히 88만 원 세대라는 말이 나올 정도로 대부분의 청년들이 빈곤층으로 전락하고 있다.
　현재 청년 문제에 대한 해결 방안을 정부 차원에서 다각적으로 제시하고 있지만 그 실효성은 상당히 미비하다.

　이러한 어려운 현실에서도 나는 우리 청년들에게 희망을 이야기하고 싶다.
　그리고 정말 어려운 현실에서도 청년들이 정말 하고 싶은 일을 찾아서 포기하지 말고 도전하라고 말하고 싶다.
　만약 어떤 청년이 학자가 되고 싶다면 열심히 공부한다는 뜻을 품어야 한다.
　요즘은 대학원 진학률이 예전같이 높지 않다고 한다. 왜냐하면 박사를 받아도 예전처럼 취업이 쉽지 않기 때문에 기회비용을 따져보면 대학원 진학이 오히려 독이 될 수도 있기 때문이다.
　그러나 이러한 막막한 현실 때문에 도전을 두려워해서는 안 된다. 공부에 뜻을 품었으면 뒤도 돌아보지 말고 자신이 목표했던 공부에 전력 질주를 해야 할 것이다.

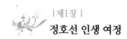

나는 유학 시절 어려운 환경 속에서도 포기하지 않고 노력해왔다.

　그때 당시 유학은 지금과 비교해보면 정말 어려운 일이었고 지금처럼 유학에 대한 정보도 거의 없었다. 그러나 그때 당시 나는 두려웠지만 꿈이 있었기 때문에 도전했다. 그리고 내가 원했던 교수가 될 수 있었다.

　내가 70년을 살면서 느낀 것이 한 가지 있다면 꿈이 있고 포기하지 않는다면 그 꿈은 이루어진다는 것이다.

　특히 청년 시절의 꿈에 대한 도전은 평생을 이어갈 자신의 삶에 기둥을 세우는 거라고 볼 수 있다.

　힘들어하는 대한민국의 청년들에게 나는 말하고 싶다. 무슨 일이든 주어진 일에 최선을 다하여 열심히 하고, 좋아하는 사람이 생기면 최선을 다해 사랑하고, 운동도 열심히 해서 건강관리도 잘하고, "모든 일을 두려워하지 말고 실천하라."라고 말하고 싶다.

　대한민국 청춘들 포기하지 말고 끝까지 파이팅!!!!!

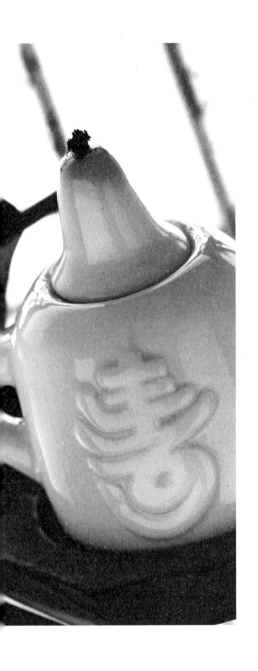

제2장

동방의
등불국가
비전과
목표

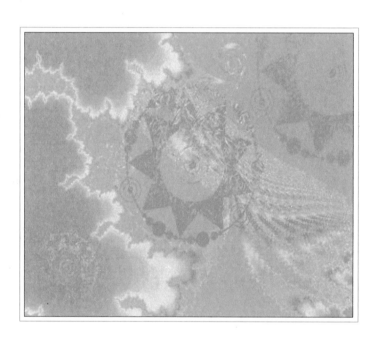

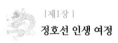
|제1장|
정호선 인생 여정

01 동방의 등불국가 비전은 무엇인가?

현재 우리 정치지도자들은 무엇을 생각하고 있는가? 우리나라 배는 어디에서 어디로 가고 있는가? 세월호처럼 침몰 위기에 처한 대한민국호 어떻게 구출해야 할까? 우리 민족의 현재와 미래에 대해 걱정하는 소리가 하늘을 찌르고 있다. 국민은 정말 살아갈 희망을 잃고 절망하면서 절규하고 있다. 친박, 비박, 친노, 비노로 편 가름하는 천박한 패거리 정치 싸움과 동서갈등, 세대갈등, 남북갈등으로 나라는 멍들어 가고 있다.

국민을 돌봐야 할 국회의원과 대통령을 오히려 국민들이 걱정하고 있는데 이와 같은 국민들의 한탄에 귀 기울이는 진정한 정치인은 과연 몇 명이나 될까? 과거 4대 강대국의 전쟁터가 되어버린 우리 강토는 이제 또 다른 전쟁의 위기에 처해 있다. 북한과의 불통, 일본과의 단절, 중국의 위협적인 역사 침략, 미국과의 사대외교로 세계 고아가 되어가고 있다.

우리나라를 호랑이에 비유해 볼 때 호랑이 허리는 부러져 반신불수이고 우리 민족의 국조가 누구인지 모르는 치매환자로서

4대 강대국은 호랑이 가죽이나 고기를 탐내고 있어 언제 죽을지
모를 상태이다. 이 난국을 헤쳐 나가기 위해 우리는 제일 먼저
왜곡된 1만여 년의 찬란한 역사를 복원하여 우리민족의 시조를
밝혀내 민족의 혼과 얼을 살려내고, 홍익인간과 이화세계의 천
부사상으로 유럽연합 방식의 남북 평화통일을 이룩해야 한다.
남북통일, 민족통일, 천하통일을 이룩하여 모든 국민이 행복하
게 사는 나라, 해외동포가 긍지를 갖는 나라, 세계가 부러워하
는 나라인 동방의 등불국가를 건국해야 하겠다.

  우리는 한민족의 홍익평화정신을 이어받아 전쟁을 하지 않고
통일신라와 고려 건국에 이어 평화적으로 세 번째 삼국통일을
이룩해서 동방의 등불국가를 건국해야 할 막중한 사명을 가지고
있다. 남북이 유럽연합처럼 통일하면 우리나라 1인당 GDP는
2025년에 3만 6,813달러, 2050년에는 8만 1,462달러가 되어
세계에서 G2 부자나라가 될 수 있다고 미국 골드만삭스사는 예
견하였다.

02 왜? 동방의 등불국가를 건국해야 하는가?

동방의 등불국가를 건국하고자 하는 첫 번째 목적은 국민들이 정치, 경제, 사회적 속박에서 벗어나 영혼의 자유를 갖고 평등 사회 및 정의로운 세상을 만들어 세계 모범이 되기 위해서이다. 두 번째는 사랑, 자비, 인의의 홍익철학과 천부사상으로 국민 모두 성통광명하여 홍익인간과 이화세계를 실현하고자 함이다. 세 번째 목적은 우주자연의 창조원리인 카오스 우주 철학과 프랙털 사상으로 남북통일, 민족통일, 천하통일을 이룩하여 더 이상 전쟁, 기아, 공해가 없는 지구촌을 건설하고자 하는 것이다.

대한민국 교육법(1949.12.31.) 제1조에서 대한민국의 교육이념은 홍익인간의 이념 아래 모든 국민으로 하여금 인격을 완성하고 자주적 생활능력과 민주시민으로서 필요한 자질을 갖추게 하여 인간다운 삶을 영위하게 하고 민주국가의 발전과 인류공영의 이상을 실현하는 데 이바지하게 함을 규정하고 있다.

현행 우리나라 교육이념으로 홍익인간을 설정한 것은 미군정 시절부터였다. 1945년 8월 15일 광복과 동시에 미군정이 실시

되자, 같은 해 11월 23일에 미군정청은 교육계와 학계의 권위자 100여 명을 초청하여 조선교육심의회를 구성하고, 민주주의에 토대를 둔 우리나라 교육이념과 제도 및 방향을 협의, 결정하였다. 홍익인간을 채택한 것은 교육심의회 제4차 전체회의에서 "홍익인간의 건국이념에 기(基)하여 인격이 완전하고 애국정신이 투철한 민주국가의 공민을 양성함을 교육의 근본이념으로 함"을 내세우면서부터였다.

또한 이러한 이념을 관철시키기 위하여 '① 민족적 독립자존 기풍과 국제 우호·협조의 정신이 구전(具全)한 국민의 품성을 도야함. ② 실천궁행(實踐躬行)과 근로역작(勤勞力作)의 정신을 강조하고, 충실한 책임감과 상호애조의 공덕심(公德心)을 발휘하게 함. ③ 고유문화를 순화·앙양하고 과학기술의 독창적 창의로써 인류 문화에 공헌을 기함. ④ 국민체위의 향상을 도(圖)하며, 견인불발의 기백을 함양하게 함. ⑤ 숭고한 예술의 감상과 창작성을 고조하여 순후·원만한 인격을 양성함이라는 교육 방침을 수립하였다.

이러한 교육이념과 교육 방침을 수립하면서 주목을 끄는 것은 고조선의 건국이념에서 홍익인간이라는 말을 끌어내어 교육의 기본이념으로 삼은 일이었다. 홍익인간 사상은 고루한 민족주의 이념의 표현이 아니라 인류공영이라는 뜻으로 민주주의 기본정신과 완전히 부합되는 이념이며 기독교의 박애정신, 불교의 자비심,

유교의 인의와 상통하는 전 인류의 보편적인 철학의 기반이다.

홍익인간(弘益人間)이란 뜻은 한자 그대로 해석한다면 '널리 인간 세계를 이롭게 한다.'는 뜻으로 고려시대 일연(一然)이 지은 『삼국유사』의 단군사에 나오는 말이다. 이는 우리나라 최초의 건국이념으로 BC 7199년에 환인 시대에서부터 BC 3893년 배달국 시대 초대 왕인 환웅 거발한께서 천하에 뜻을 두고 세상 사람들을 홍익인간으로 다스리게 하였다는 말에서 비롯되었다. 홍익인간은 단군 이래 오늘날까지 이어지는 한국 정치·교육의 최고 이념으로, 대한민국 민족정신의 핵심을 요약한 말이며, 세계화를 지향하는 국제 현실에도 적합한 이념으로 설명되고 있다.

루마니아의 『25시』 작가로 노벨 문학상 수상자가 된 게오르규는 "한국은 지극히 평화적이고 근면한 국가이다. 홍익인간이라는 단군의 통치이념은 지구상에서 가장 위대하고 완벽한 법률이다. 21세기 세계를 이끌어갈 철학이 될 것"이라고 극찬했다. 또한 지한파 중의 한 사람인 전 프랑스 대통령, 자크 시라크는 홍익인간이라는 건국이념을 두고 "다른 나라는 어려울 때 성인(聖人)이 나왔으나 한국은 아예 성인(聖人)이 나라를 세우셨다. 한국은 부러운 나라"라고 예찬했다.

고조선(BC2333)의 건국이념도 홍익인간(弘益人間)과 세상을 이치로 다스려 교화시킨다는 재세이화(濟世理化), 도(道)로써 세상을 다스린다는 이도여치(以道與治), 밝은 빛으로 세상을 다스린다는 광명이세(光明理世)이었다. 홍익인간은 한민족의 기원과 동시에 우리의 꿈이고 민족의 정체성으로 확립되었으며 민족의 운명을 성취하라는 영적 의식으로부터 표출된 철학이다. 하늘이 우리 한민족에게 부여한 천명은 아시아와 세계를 위해 미래를 창조하라는 명령임을 알아야 한다.

03 동방의 등불국가의 이념은 무엇인가?

동방의 등불국가의 이념은 우리 민족의 1만 3천여 년 전의 유구한 마고시대 역사와 문화를 계승, 발전시켜 21세기 최첨단 카오스 철학과 프랙털 사상으로 현대 문화의 근원이 되고 목표가 되고 모범이 되도록 하고자 한다. 다시 말하면 진정한 세계평화를 대한민국에서 한민족으로 말미암아 전 세계에 실현하도록 하고자 하는 것이다. 진정한 세계평화의 시작은 우리나라가 이러한 사명을 실현할 수 있도록 하는 자주국가의 건설, 즉 남북 평화통일이다. 통일은 홍익인간의 이념을 바탕 삼아 아시아국가연합의 동아시아 공동체와 세계 평화에 기여하는 발판이 될 것이다.

홍익인간의 철학을 통일의 철학으로, 통일의 이념으로 해야 하는 이유는 어디에 있는가? 평화통일의 방법에 대한 주장에 앞서 통일에 대한 철학과 사상 및 비전에 대해 우선 논의해 보자. 홍익인간 사상은 다른 종교와 타 민족에 대해 넓은 아량과 대단히 큰 포용성이 있다. 이것이 우리 민족의 정신적 자산이고 자랑이다. 이 자랑스러운 철학과 사상을 국내외에 널리 알리고 이 사상에 기초해 한반도 평화통일을 이루어 내야 한다.

나아가 동아시아는 물론 전 세계에 이 사상의 실천 노력이 아주 절실하다. 이러한 큰 사명감과 비전을 가지고 우선 한반도에서 홍익인간 사상의 실천에 노력하는 것이 바로 한반도 평화통일의 지름길이다. 지금까지 우리는 산업화와 민주화를 위해 서구의 사상 즉, 하늘과 인간과의 관계인 2원론적 사상을 받아들이고 배우는 데 급급했다. 이제는 지구촌 전체에 새로운 홍익사상 즉, 하늘과 땅 및 사람과의 3원론적인 사상을 전파하는 시대를 열어 나가는 것이 우리의 사명이다.

　인간의 권리와 자유는 국가나 군주가 아닌 하늘이 인간에게 직접 부여한 것이기 때문에 동방의 등불국가는 천부인권을 보장하는 나라를 만들고자 하는 것이다. 하늘을 아버지, 땅을 어머니로 존중하면서 찬란한 지구촌 미래 역사를 함께 쓰고자 하는 것이다. 한 사람의 꿈은 꿈에 불과할지 모르지만 한민족 모두가 함께 노력할 때 그 꿈은 '코리안 드림(Corean Dream)'이 되어 반드시 실천될 수 있을 것이다.

현재 남북관계는 굉장히 불안정한 상황이다. 북한 정권은 물론 남한 정부도 매우 불안정하다. 남북통일에 무관심하면 우리 민족의 운명을 스스로 개척하지 못한다. 어느 한쪽이 다른 한쪽을 이겨야 한다고 보는 것은 과거 냉전시대의 논리다. 냉전시대 이데올로기는 우리가 원한 것이 아니다. 강대국에 의해 주어진 것이다. 우리는 신라 김춘추, 고려 왕건에 이어 세 번째 통일을 이루어 내야 한다. 우리 역사를 되돌아보고 남북 모두가 공유할 민족사상을 바탕으로 통일의 비전을 만들어 나가야 한다. 홍익인간은 냉전 체제의 시각에서 벗어나게 해줄 인류의 보편적 가치다.

젊은 세대가 통일에 무관심한 것은 지금의 경제상황이 어려워 신경을 쓸 겨를이 없기 때문인 것 같다. 통일을 통해 우리가 경제 성장도 할 수 있고 세계에 큰 역할을 할 수 있다는 점을 잘 몰라서이다. 지금까지 우리 경제가 세계적인 경쟁력을 확보한 것은 애국심의 발로가 높은 국내시장 덕분이다. 이제는 고령화 시대다. 일할 사람, 물건 살 사람이 줄어들고 있다.

분단이 이어지면 가장 크게 손해 보는 것은 젊은 세대들이다. 북한은 자원이 많고 노동력이 풍부하다. 아직 인프라가 갖춰지지 않아 건설사업도 많다. 통일되면 인구가 5,000만 명에서 8,000만 명으로 늘어난다. 세계 톱2의 경제대국이 될 수 있다. 그 밖에 정치, 사회, 문화, 외교 문제 등에서 이루 말할 수 없이 많은 이익이 생긴다.

남북 분단은 13,000년 전 마고시대 역사에서부터 보면 단 1분에 불과하다. 우리 한민족은 대단한 민족이다. 소아병적인 갈등을 접어두고 미래 문제에 집중해야 한다. 외국인에게 홍익인간 정신을 설명하면 모두가 놀라고 감동받는다. 우리 민족을 과소평가해서는 안 된다. 미국 독립선언서에 나오는 천부인권 정신을 9,000년 전에 우리 선조는 이미 깨달았다. 모든 인류가 공감하는 이상인 것이다. 우리 민족의 정체성을 깨닫고 세계 역사의 주인이 되면 현재의 갈등을 모두 극복할 수 있다.

20세기 우리 민족은 우리 의지와 상관없이 일제의 지배를 받았으며 분단의 아픔을 겪었다. 21세기에 들어와 우리는 스스로 해결할 상황이 되었다. 4대 강대국을 의식하지 말고 자주독립권을 발휘해 스스로 통일을 주도하지 않으면 그 공백에 외세가 끼어들어 올 수 있다. 아마도 중국과 일본이 그럴 소지가 가장 크다. 기회를 잃으면 우리는 바보 민족이 되는 것이다. 반대로 운명을 개척하면 코리안 드림을 통해 세계를 지도하는 국가가 될 수 있다.

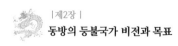

|제2장|
동방의 등불국가 비전과 목표

우리가 평화적으로 남북통일을 실현하려면 무엇보다 통일 코리아(Corea)가 향후 어떤 나라가 될 것인지에 대한 미래 비전에 국민적 합의를 이뤄야 한다. 우선 국민 모두 한국사와 한·중·일 중복 역사 및 세계사를 비교하면서 공부해야 한다. 민족 사상과 서양 근대 철학, 보편적 원칙과 가치를 설명함으로써 개인과 공동체가 추구해야 할 도덕과 윤리 기준을 제시해야 한다. 또한 테러와의 전쟁의 원인인 종교 간의 충돌 문제에 체계적인 해결책을 제시해야 한다. 원대한 코리안 드림을 논하면서도 협소한 민족 우월주의에 빠지지 않고, 세계적 관점에서 온 인류를 위해 우리 민족이 해야 할 역할을 논의해야 한다.

대중의 힘은 역사를 바꿀 수 있다. 우리 혼자서는 세상을 바꿀 수 없다. 그러나 우리가 던진 돌멩이 하나는 세계평화의 물결을 만들어낼 수 있다. 차기 홍익대통령은 UN 연설에서 한반도 통일이 세계평화를 실현하는 핵심적 토대임을 설명해야 한다. 지금까지 민간 차원에서 추진해온 통일운동을 근간으로 이제 정부에서 결실을 맺어야 한다. 국민 대중의 힘을 모아 역사를 바꾸어야 한다. 한민족의 역사는 이제 정치가 마무리해야 한다. 그래서 2016년 총선과 2017년 대선이 중요하다.

통일에 대한 사회 전반으로 광범위한 통일단체의 협력 구조는 통일을 준비하는 과정에서 꼭 필요한 기반이다. 분단된 민족을 하나로 통합하려면 핵심적인 정치이념과 경제 발전에 대한 비전

을 제시하고 거대한 사회문화적 전환을 불러와야 한다. 성공적
인 통일을 달성하려면 전 세계 한민족의 단합된 결집이 필요하다.

코리안 드림은 홍익인간의 이념이 마을 공동체인 한국의 반상
회와 맺어질 때 비로소 완성될 수 있다. 우리 역사 속에서 발전
해온 두레정신만큼 협동정신을 추구한 제도를 세계 어디에서도
찾아볼 수 없다.

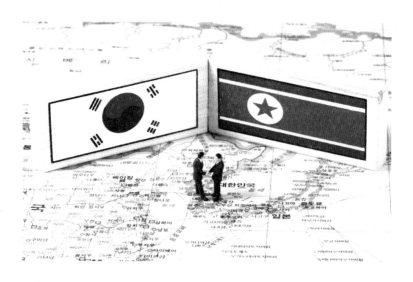

홍익인간 사상이란 무엇인가?

홍익인간 사상은 모든 종교의 기본사상 즉 사랑, 자비, 인의 사상이다. 이 홍익사상을 실천하기 위해서는 충(忠), 효(孝), 신(信)을 회복해야 한다. 하늘인 나라에 충성하고 지구인 부모에 효도하고 인간인 나에 대한 믿음이 있어야 한다. 충, 효, 신은 아주 놀라운 천지인 개념이다. 뛰어난 사람들만 보여준 미덕이 아니라 필부필녀 모두 실천해야 하는 것이다. 근대화가 시작되기 전 우리는 고결한 민족이었다. 위기 때 성인이 나타나는 게 보통인데, 이 나라는 성인들이 세운 곳이다. 충, 효, 신의 미덕은 우리 정체성의 한 부분이다. 충, 효, 신은 우리가 어떻게 해야 하는지를 규정한 우리 민족의 아름다운 유산이다.

이 비전은 '우주 아래 한 가족(One Family Heaven)'이다. 한 하늘 아래 하나 된 세상 즉 천부인권이란 보편적 가치를 홍익인간의 이념을 이뤄내자는 수신제가(修身齊家) 후 치국평천하(治國平天下) 사상이다.

홍익인간이라는 마고, 환인, 환웅, 고조선 시대부터 보편적 가치가 있었기에 외래 종교 수용에 거부감이 없었고 그로 인해 다양한 종교 전통과의 상호작용을 통해 정신문화를 더욱 폭넓게 발전시켜 왔으며 동학의 인내천(人乃天) 사상도 같은 맥락이다.

　동학사상은 단군의 천지인(天地人) 사상을 기반으로 사람이 곧 하늘이고 하늘의 마음이 사람의 마음이라는 인내천 사상을 펼쳤다. 홍익인간의 세계, 다시 말해 모든 사람이 평등하게 인간으로서 존엄한 권리를 누리며 살 수 있는 그런 이상적 세계를 지상에 실현하자는 것이다.

　불교는 깨달음을 얻으면 누구나 부처가 될 수 있다고 가르친다. 동학은 사람이 곧 하늘이라고 설파한다. 기독교, 이슬람교 등 일신교는 믿음을 통해 구원받고 깨닫는다는 것이다. 기독교, 이슬람교, 불교 등 어떤 종교이든 갖고 있는 보편적 가치와 원칙은 거의 똑같다. 종교는 창시자의 메시지를 해석하면서 점차 이를 제도화한 것이다. 교권이 생기면 그 틀 안에 갇히게 된다. 종교의 틀에서 벗어나 자유와 평화라는 실질적 선을 실천해야 한다. 하늘 아래 한 가족이란 비전은 종교 지도자에게 평화를 만들어내는 본연의 역할을 하도록 요청하는 것이다. 교단의 이익이 아니라 종교의 근본 가르침으로 되돌아가자는 것이다. 우리가 국회를 세종시로 옮기고 국회의사당에 세계종교UN을 설립하여 종교 일체화 운동을 펼치고자 하는 목적도 세계 종교평화를 위해서이다.

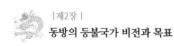

홍익인간(弘益人間)의 참뜻을 많은 이들이 한문 글자 그대로 직역으로 해석하여 잘못 이해하고 있다. 널리 사람을 이롭게 하라고 알려져 있으나 사람만을 이롭게 하라는 뜻이 아니다. 이는 인식의 오류를 불러일으키는 잘못된 해석이다. 홍익인간 이화세계(弘益人間 理化世界=濟世理化)의 문장을 연결하고 한 문장으로 해석하여서 홍익인간의 참뜻을 바로 알아야 한다.

인간 위주로 인간만을 위하는 게 아니라, 우주와 자연만물-천지간에 존재하는 유형무형의 모든 것 즉 천지인을 말한다. 다시 말해 홍익인간 이화세계는 세상의 모든 만물을 널리 이롭게 하면서 자연의 순리와 이치대로 살아가는 홍익세계를 만드는 참된 사람, 홍익인간이 되라는 뜻이다.

자연의 순리를 따르고 자연의 이치와 원리대로 살아가면서 천지자연의 모든 존재하는 것들에 널리 이로움을 주는 참된 사람, 즉 진정한 만물의 영장이 되라는 실로 심오하고 큰 뜻이 담겨져 있는 금과옥조와 같은 천지인 사상이다.

홍익인간에서 인(人)은 사람만을 뜻하는 말이 아니라 존재하는 모든 생명을 뜻하는 말이다. 여기서 인간(人間)이라는 글자는 천지간의 모든 만물(天地萬物)을 뜻한다. 인간은 결코 이 우주의 주체가 아니며 인간은 우주의 무수한 생명체 중 미미한 한 종류의 존재에 지나지 않는다. 인간이 지구의 생명체 중에서 영적 능력이 뛰어난 만물의 영장이기는 하나, 결코 지구의 주체는 아니다. 무한히 큰 우주에서 소우주인 존재에 불과하다.

서양의 이원사상으로 인간이 만물의 주인이라는 잘못된 인식으로 인하여 인간의 오만과 방종이 적정선의 한도(限道)를 넘어 자연을 거스르고, 자연에 가장 심각한 해악을 끼치는 우(愚)를 범하고 있다. 지금의 인간은 자신들의 편의와 이기를 위해서 자연을 존경의 존재로 생각하지 않고 오직 인간 편의를 위해 이용의 대상으로만 여기는 잘못을 저지르며 살아가고 있다. 오늘날 인간은 인간을 죽이는 핵무기와 같은 살상무기를 경쟁적으로 개발하기 때문에 우주에서 가장 해악을 끼치는 독충(毒蟲)과 같은 존재들로 전락해버렸다.

우주는 우리와 카오스 프랙털 개념으로 한 몸이다. 자연은 우리와 같은 몸이다. 우리와는 시공간과 크기와 형태가 좀 다를 뿐이다. 천부경 81자 중에서 특히 인중천지일(人中天地一)의 참뜻을 올바로 이해하고, 잘못된 인식과 자연에 해악을 끼치는 나쁜 습성들을 버리고 고쳐서 자연을 존중하고 자연과 함께 어우러져 살아가는 방법을 모색하고 노력해야 한다.

우주와 자연에 해악을 끼친 그 인과응보로 받게 될 자연의 재앙을 조금이라도 감소시키려면 문명의 해악적 요소를 점진적으로 개선해야 한다. 자연을 탐구하는 과학자는 자연과 과학을 조

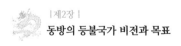

화롭게 융화시켜 자연과 만물에 최대한으로 해악을 줄여야 한다. 부득이 개발을 하더라도 언제든지 가능한 한 빠르게 복구할 수 있도록 연구해야 한다. 카오스적인 우주정신으로, 우주 마음을 닮은 전인적인 마음 자세로 새로운 인류의식의 신인류 과학정신을 가져야 할 때이다.

인간의 밝은 미래도 인간의 어두운 미래도 인간의 정신에 달려있음을 새삼 재인식해야 한다. 인간의 미래는 신의 영역도 아니고, 하느님의 영역도 아닌 오직 인간 스스로가 만들고 짓는 것으로 인과응보(因果應報)의 결과일 뿐이다.

전 국민이 협력하여 선을 이루기 위해 홍익민주주의를 추진하고자 한다. 그래야 통합되어 대한민국이 살고 남북통일도 되고 인류 평화공존도 실현된다. 국민에게 도움을 준다는 공익성으로서 올바른 국가운영 즉 경제민주화와 지역균형발전을 통한 국민통합을 이룩하고 투명성과 공정성이 있는 시스템을 구축할 수 있다. 국민에게 높은 호감과 깊은 신뢰성을 줄 수 있는 인물들을 중심으로 하는 조직을 만들어야 한다.

홍익민주정치에 동참하는 모든 국민과 정치인들이 새로운 정치의 주역들이라 할 수 있다. 기득권 의식을 가지고 있으니까 겁을 먹고 견제를 하는 것이다. 그러한 소아적인 자세와 의식은 통합적이지도 못하고 대국적이지도 못한 정치의식이다. 안전감을 주는 삼각형 모양의 3신 1체가 안전한 건물 구조이고 조직 구조이듯이 국민의 지지를 받는 3개 정당이 입법문제와 반민주적인 정당구조를 서로 견제하고 정책적으로 경쟁하다 보면 반민주적이고 반국민적인 퇴물 정당은 하나씩 사라지면서 한국정치가 더욱 발전되는 것이다.

세계 최고의 홍익정치를 창조해 보자. 여야 간 정쟁을 넘어 여야 간 win-win은 물론이고 여, 야, 국민, 지구인 모두에게 all win 하는 세계 최고의 홍익정치를 창조해 보자. 주권을 가진 대한민국 국민의 힘, 바로 귀한 당신의 힘으로 위대한 대한민국을 만들어 보자. 돈 안 들고도 생산적으로 복지문제를 해결하는 신복지패러다임 통해 위대한 대한민국을 함께 창조해 보자.

서구 민주주의의 한계를 근본적으로 극복하여 직접, 참여, 양방향 민주주의의 시대를 거쳐 마침내 홍익민주주의 시대를 열자. 서구 자본주의의 한계를 근본적으로 극복한 홍익경제시스템을 창조하여 사회 양극화 문제를 해결하자. 홍익창조경제라는 것이 무엇인지를 전 세계인에게 눈으로 확인시켜 엄청난 국부를 창출함은 물론이고 베이비부머를 비롯하여 청년 백수들에게 인류를 위해 빛나는 일을 하는 스승으로서 새로운 인생을 살 수 있는 길을 제시하자. 8,000만 대한민국 국민 모두가 한마음 한뜻이 되어 대한민국을 세계 정신지도국으로 만들어 보자.

지금은 지구촌 새정신운동이 절실히 필요한 때이다. 사람 냄새가 물씬 풍기는 세상, 나와 생각이 다른 지지자들조차도 함께 더불어 잘 사는 그런 위대한 대한민국을 창조할 수 있을 때 동북아공동체 시대를 여는 균형자의 역할을 할 수 있을 것이다.

나도 살고 상대방도 사는 상생의 상태를 넘어 나도 좋고 너도 좋고 대한민국 8,000만 국민도 좋고 75억 지구인 모두에게도 좋은 정도정치를 펼치고자 한다. 역사는 나라와 민족의 혼이다. 우리의 찬란한 역사를 상실하면 모든 것을 상실한다. 중국과 일본이 우리 민족사를 날조하고자 하는 이유는 제국주의적 식민지 지배를 위해서 우리 역사를 말살하려 하기 때문이다.

민족자주사관 학자들을 적극 지원하여 상실한 우리 민족사를 복원하고 식민사관에서 완전히 탈피하여 역사를 바로 세우도록 해야 한다. 역사를 상실했던 한민족이 정신 차리고 공의로 합심하여 웅비해야 한다. 대한민국이 바로 서면 인류가 바로 선다. 해법은 홍익 DNA를 가진 우리 안에 있다. 홍익민주주의는 인류와 우주의 평화이념이다. 홍익엔 자유, 공정, 복지, 평등, 헌신, 공존 사상이 다 들어 있다.

홍익민주정치를 어떻게 실천할 것인가?

신 자유주의의 탐욕으로 자본주의가 위기에 처해 있다. 공유가치자본주의, 경제민주화, 포용적 성장은 대안이 아니다. 자본주의 체제를 완전히 바꿀 수 있는 새로운 체제가 필요하다. 즉 열린 홍익민주사상이 필요하다. 홍익사상은 여전히 가치가 있는 사상으로서 시대마다 새롭게 해석되고 있다. 즉 열린 사상으로서 세상의 풍파로 인해 잠시 잊혔을 따름이다.

홍익사상은 현대인에게 희망과 기쁨, 통찰을 주는 사상이다. 단군 시대에 출현하여 등불이 되기도 하고 좌절을 겪기도 겪었지만 다시 부활하여 우리에게 빛을 주고 있다. 홍익사상은 시민사회의 등장과 정보화시대를 맞이하여 세상에 다시 회자되고 있다. 홍익주의는 반지배(반권력, 반권위, 반위계), 자유와 평등, 상부상조, 직접 행동, 반자본주의 가치이다.

국가권력과 정부의 폭력 및 압제에 대한 저항은 물론 국가 이상의 권력을 가진 초국적기업, 지배적인 대기업의 폭력과 압제를 없애고 위계적 질서, 지배와 종속, 갑과 을의 관계로부터 인간을 해방시키는 인간 해방 이념이다. 즉 열린 사상으로서 누구나 가지고 있는 근원적 욕망, 생각 및 행동과 관련이 있다.

산업사회의 온갖 모순과 폭압적 지배인 압제와 폭력, 반자유와 불평등에 대항하는 인간 해방의 열린 사상이다. 현대 선거는 보통·평등·비밀·직접·자유선거이다. 대의제 국회, 정부는 선거만 끝나면 주권자인 국민을 지배하고 군림한다. 이제 국민 모두가 현실정치로 들어가서 정치를 바꿔야 한다. 관전자로서 정치를 분석, 평가, 종합하는 것이 아니라 국민 자신이 주인이 되는 국민의 직접정치가 바로 진정한 민주주의이다. 우리나라는 첨단 IT 국가로서 정보화 사회 시스템이 이를 실현할 수 있는 강력한 기반을 제공하고 있다.

홍익사회의 지상 목표는 외부의 모든 강제와 억압으로부터 인간을 해방하는 것이다. 정보 격차가 존재하기 때문에 정보의 소유 정도에 따라 힘과 권력과 돈의 소유 정도가 결정된다. 계급의 차이에 따라 정보의 차이가 있다. 따라서 정보를 공유해야 한다. 개인이나 기업, 권력이 정보를 통제할 수 없다. 독점이 불가능하다. 네트워크 시대에 정보는 무한히 나누어지고 펴져나간다. 이를 공유해야 격차가 없어지고 완전히 새로운 사회가 된다. 따라서 힘과 권력과 돈을 모든 사람이 공유한다. 소수의 권위적 지배를 종식시키고 다수가 자율적으로 스스로를 지배하는 시대가 왔다. 대의제 정치를 홍익민주주의 정치로 바꾸어야 한다. 스스로가 주인이 되는 인간해방주의이다. 정보화 사회이기 때문에 가능하다.

엘리트 정치에서 시민정치로, 관전정치에서 참여정치로, 권력정치에서 주권정치로, 대의정치에서 민주정치로 급격하게 변화하고 있다. 소수 엘리트 집단인 귀족은 가진 자, 배운 자, 지배층으로서 정책 입안 능력을 통해 그 반대의 다수 시민 집단과 정책을 결정할 수 있는 집단을 구분하지만 정보사회에서는 정보와 지식을 공유하므로 실력 차가 없다.

오히려 국민의 평균적인 의견, 그보다 앞선 의견은 국민이 더 잘 알고 있다. 국민이 더 똑똑하고 현명하고 지도력이 있다. 홍익민주주의는 주권자인 국민이 직접 정치에 참여하여 직접 의사결정을 하는 정치체제이다. 국민의 자기지배, 국민에 의한 국민의 정치이다. 주권은 양도할 수 없고 대표될 수도 없다. 의원은 심부름꾼이며 아무것도 확정적으로 결정할 수 없다. 국민이 직접 승인하지 않은 법은 무효다. 주권자가 직접 법을 만드는 것이다. 주권자가 가진 힘은 법을 만드는 입법권이다. 입법을 통해 행정권과 사법권을 제어한다.

전국 반상회에서부터 구성된 지역공동체는 주민 총회에서 의사결정을 한다. 1차 공동체 대표는 2차 공동체에서 대의를 하는 것이 아니라 대리인으로서 의사를 전달하는 것이다. 수없이 반복하여 합의해야 한다. 이를 위해 헌법도 고쳐야 한다. 국가와 정부의 지배를 줄이고 국민주권을 많이 확보하는 방향으로 즉 국민이 입법권을 행사할 수 있도록 혁신적으로 개정해야 한다.

입법권, 법률안 제출권, 선거권, 선출권, 국민소환권, 탄핵권, 정책결정권 등도 이와 같다. 한편 대법관, 헌법재판관, 중앙선관위원장, 감사원장, 검찰총장은 각 소속원들이 직접투표로 선출하고 선임 임기는 2년 단임으로 한다.

국민소환은 유권자가 몇 퍼센트 이상 서명·발의하여 국회가 심의 후 국민 전자 투표로 실시한다. 사형제를 폐지하고 평등규정을 강화(사상, 학력, 경력, 연령, 가문 등의 평등)하고 사상의 자유와 평등교육을 받도록 한다. 입법은 국회와 함께 국민도 유권자 1% 이상의 발의로 국회가 심의하고 전국 반상회에서 국민의 전자투표로 결정하도록 한다. 과반수 투표·과반수 찬성으로 결정한다. 헌법 개정은 국민 10%로 발의한다. 예산 부서를 국회 소속으로 이관하여 예산도 국회가 심의하고 국민이 결정하며 조약 체결, 비준 동의안도 국민 전자투표로 결정한다. 감사원도 국회로 이전한다.

국회의원 임기는 4년으로 하고 계속 재임은 3기에 한한다. 심의하는 봉사직이다. 의원 비서를 줄이고 국회 소속으로 전문인을 채용하고 국민심의지원단을 둔다. 국회직은 반상회에서부터 뽑힌 시·군·구 단위 대표 10명 희망자 중에서 전체 투표로 결정한다. 정당의 국고지원을 금지한다.

경제 분야에선 토지 공개념과 토지 소유 제한을 도입한다. 그리고 종합부동산세의 과세 근거를 제시한다. 비정규직을 없애고

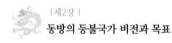

청년실업을 줄여나가며 자영업을 보호한다. 풍요롭고 여가가 있어야 정치에 참여하게 된다. 집단지성을 도입한다. 핵무기를 해체하고 다른 나라에 홍익정치를 소개하여 평화로운 국가 방위 체제를 구축한다. 우리와 함께 자유로운 세계를 건설하자고 설득한다. 우리는 당신들을 파괴할 우리의 능력을 포기한다고 선언한다.

범죄 사면은 천부경, 삼일신고, 참전계경을 외우고 쓰게 한다. 직접 행동만이 필요하다. 홍익민주주의는 무권위주의, 탈권위주의, 반강압주의로서 개인의 자유가 어떤 초월적인 권위, 통제기구, 권력으로부터 억압받지 않으면서 좀 더 효율적이고 이상적인 사회를 건설하자는 홍익민주주의이다.

홍익민주주의는 21세기 최첨단 정보화 시대에 IT(정보화기술)를 활용하여 직접민주주의, 참여민주주의, 양방향민주주의를 실현할 수 있어 개인 간의 조화를 통한 효율, 행복, 도덕의 증진을 실현할 수 있다. 산업사회의 큰 정부 형태에서 작은 정부 형태로 바꾸어 나간다. 계급제도의 비효율성을 타파하고 기회의 평등, 개인의 능력을 중시하는 사회를 만들어 이상적인 홍익국가를 건설해서 개개인의 행복을 위해서 저절로 굴러가는 국가를 만들고자 한다.

역사적으로 홍익사상 세력이 쇠퇴한 이유는 국민들이 전쟁, 폭력, 강압, 즉 권력 그 자체를 지나치게 혐오했으며 말만 앞선 이상주의자였기 때문이다. 이제 국가를 보다 건전한 소집단으로 결성하여 부유한 지역이나 능력자들을 우선시하는 국가로서 지방과 개인의 자유가 이루어지는 지방국가연합을 추구해야 한다.

즉 자유주의, 개인주의, 개방주의와 같은 유토피아적 사회상을 토대로 도덕적이고 경제적인 홍익정부를 말한다. 종교의 억압과 권위주의 및 계급제도를 타파하고 철저하게 개인의 능력을 중시하는 현대 국가 시스템을 홍익인간주의로 실현하고자 한다.

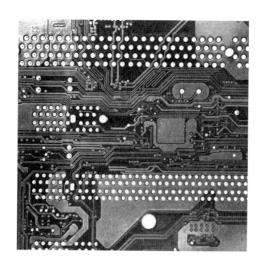

08 국회개혁과 국가 대 개조를 위한 CAB국회방송

이번 세월호 참사와 성완종 게이트 및 메르스 사태로 대한민국의 배가 커다란 파도에 휩쓸려 침몰하느냐? 순항하느냐? 기로에 서 있다. 남북분단, 동서갈등, 남녀차별, 노소대결, 빈부격차로 조선이 패망하는 상황과 무엇이 다른가? 현재 우리나라는 ▲원칙 없는 정치, ▲도덕 잃은 경제, ▲정의 없는 사회, ▲역사 모른 문화, ▲자유 없는 교육, ▲영성 없는 과학, ▲진리 다른 종교로 많은 국민이 신바람과 흥을 잃어버렸다. 우리의 미래와 명운은 정치인의 의식향상과 국민의 생각에 달려 있다. 2016년 총선과 2017년 대선에서 미래지향적이고 꿈과 비전을 제시할 수 있는 참 좋은 정치인이 당선되도록 지원하여 행복한 나라, 부러운 나라, 긍지의 나라를 건설해야 한다.

21세기 디지털 지식정보화 시대에 인터넷 비즈니스의 꽃이라고 할 수 있는 인터넷 방송을 통해 청렴(Cleanliness), 정직(Honesty), 성실(Sincerity)한 사람들과 함께 정치선명화, 경제민주화, 국민정보화를 이루고자 한다. CAB(Corea Assembly Broadcasting) 국회방송의 목적사업에 동참하고자 하는 17개 시도본부장과 300여 개 지역방송국장을 선정하고자 한다.

Corea Assembly Broadcasting (CAB)는 택시(Cab)라는 의미를 가지고 있어 언제든지, 어디든지 달려가서 취재한다는 의미를 가지고 있다. IT 강국, 인재 강국, 콘텐츠 강국으로서 직접민주주의, 참여민주주의, 양방향민주주의를 실현하기 위해 정치인과 국민들 사이에 의사소통을 하도록 달려가는 방송, 국민의 방송 역할을 한다.

300명의 사이버 국회의원(지국장), 3,000명의 사이버 광역의원(부장), 3만 명의 사이버 기초의원(SNS 기자)으로서 사이버 의정활동을 경험하도록 하여 청렴(Cleanliness), 정직(Honesty), 성실(Sincerity)한 실제 의원에 당선되도록 지원한다.

첫째, 모든 국회의원, 광역의원, 지방의원들의 보도자료, 논평, 정책집, 의정보고 자료와 기자회견, 공적인 의정 활동을 편집 없이 그대로 소개해 드리겠으며, 본회의 및 상임위 회의록을 전부 게재해 드리고 인터뷰를 실시한다.

둘째, 지역 경제를 활성화시키기 위해 지역 중소기업과 소상공인, CEO의 인물 소개는 물론 제품의 홍보와 마케팅을 도와주어 골목상권을 살리고 어르신들의 앨범을 디지털 앨범으로 제작해 드린다.

셋째, 지역 공공단체, 사회단체, 직능단체, 소상공인단체, 종교단체, 여성단체, 향우회 활동을 홍보하고 지역 발전 정책과 국가 주요 정책에 대한 여론 조사를 한다.

또한 CAB국회방송 운영 방침은 다음과 같다.

1) 중앙방송국 산하에 17개 시·도 본부와 300개 시·군·구 방송국 운영
2) 각 지역방송국에 10명의 부장과 100명의 SNS 기자 임명
3) 각 지역방송국에 칼럼니스트를 위촉하고 사회자로 임명
4) 벤처기업, 중소기업, 소상공인의 상품 홍보 및 판매 지원
5) 재래시장을 활성화하기 위해 IT기술을 활용, 상품 판매 지원
6) 우수 지자체장과 국회의원과 광역의원 및 기초의원 인터뷰
7) 경로당과 마을 회관의 어르신의 사진앨범을 디지털앨범으로 제작
8) 청년과 여성을 SNS 기자로 임명하고 골목상권 살리기 캠페인
9) 전국 아파트 관리소와 MOU를 맺고 1아파트 1농촌 자매결연

한편 CAB국회방송 수익 구조는 다음과 같다.

1) 골목상권의 소상공인 인터넷 홍보 및 광고
2) 소상공인의 사업 인터뷰 소개 및 인터넷 광고
3) 전국 경로당 어르신들의 디지털 앨범 제작 및 자서전 제작
4) 각 단체 및 기관의 전자 플래카드 홍보

5) 소상공인과 골목사업자 1만 원/월 후원회 가입

6) 지역 정치인 및 상품 선호도 여론조사 및 이벤트 수익

CAB국회방송 본부장과 지국장 자격요건은 21세기 SNS 시대에 정치 개혁을 위해 국회 개혁과 국가 개조에 적극 동참하고자 하는 분으로서 학력 불문하고 추진력이 강한 분이면 누구나 가능하다.

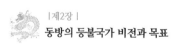

09 카오스아트협동조합에서는 무얼 할 것인가?

카오스 이론은 질서와 혼돈의 상태를 함께 다룬다. 혼돈 속의 질서는 무질서 단계 이전을 의미한다. 예를 들어 인간의 마음이 그렇다. 변하지 않을 수도 있고 변할 수도 있다. 카오스 인지(chaos cognition)는 카오스 이론을 기반으로 인간의 심리적인 면을 이해하려고 한다. 카오스적인 인간과 논리적인 인간을 비교하여 상황에 대처하는 능력이 다르다.

인성이란 인간을 소중하게 다루는 마음이다. 인간을 소중하게 다루는 것은 인간에 대한 이해에서 출발한다. 인간의 행동을 카오스 인지 측면에서 비교해 보면 카오스적인 사람은 문제를 즉시 해결하려고 하고, 논리적인 사람은 위기를 극복하는 데 있어 무엇이 필요한가에 대한 계획을 세우는 데 많은 시간을 보낸다.
  카오스적인 사람은 상황에 대한 대처능력이 빠르고 논리적인 사람은 느리다. 사건의 연계성을 보는 측면에서 카오스적인 사람은 인과적으로 보지 않고, 논리적인 사람은 인과적으로 해석한다. 사고방식에 있어서 카오스적인 사람은 복합적인 사고를 잘하고, 논리적인 사람은 선형적인 사고를 한다.

프랙털 이론에서 나타나는 도형은 예술이다. 카오스와 프랙털은 인성의 영역인 인간을 이해하고, 생명을 만들어 보고, 예술의 지향을 통해 인성의 영역을 넓혀주는 학문이다. 인간사에서 가장 복잡한 관계가 정치세계이다. 정치를 카오스 예술적으로 풀어야 해결이 될 수 있다. 이것이 바로 홍익정치이다.

경제적 속박에서 벗어나 개인의 영혼의 자유와 평등사회 및 정의로운 국가를 위해 사랑, 자비, 인의의 홍익철학과 사상으로 카오스 섭리와 프랙털 형태의 아름다운 카오스아트 세상을 만들고자 카오스아트피아(주)와 경대카오스아트협동조합(대구시 등록)을 설립하여 전국 단위 카오스아트협동조합을 모범적으로 운영하고자 한다.

카오스아트협동조합은 홍익인간과 이화세계를 구현하기 위해 온·오프라인으로 인터넷방송(CAB국회방송)과 카오스아트사업을 조직의 근간으로 하여 조합원들의 디지털 일자리 창출과 생산적 복지를 위해 100만 회원과 함께 홍익기금을 마련하여 널리 크게 도우며 인간답게 살아가는 홍익사회를 건설하는 데 그 목적이 있다.

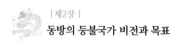

10 동방의 등불국가 3837 비전

대 고려 연합국(Grand Corea Union)의 3G 비전

1. Genius Corean(똑똑한 국민)
2. Great Corea(위대한 민족)
3. Global Corea(세계적인 한국)

대통령의 8대 조건

1. 화합대통령 2. 홍익대통령 3. 통일대통령 4. 과학대통령
5. 교육대통령 6. 문화대통령 7. 외교대통령 8. 영적대통령

국무총리(여)의 3대 조건

1. 모든 사람의 눈물을 닦아주는 모정의 국무총리
2. 누구나 원하는 일자리를 만들어 주는 국무총리
3. 국민의 의식주와 평생교육을 책임지는 국무총리

동방의 등불국가 국회의원 7대 목표

1. 더 잘사는 우리 자신을 위한 정치를 하겠습니다.
2. 더 행복한 우리 가정을 위한 정치를 하겠습니다.
3. 더 화목한 우리 이웃을 위한 정치를 하겠습니다.
4. 더 발전된 우리 사회를 위한 정치를 하겠습니다.
5. 더 단결된 우리 민족을 위한 정치를 하겠습니다.
6. 더 부강한 우리 조국을 위한 정치를 하겠습니다.
7. 더 하나된 우리 세계를 위한 정치를 하겠습니다.

동방의 등불국가 국민과의 12대 약속

1) 국회의원 공천권의 사슬을 풀어 영혼을 해방시켜 준다.

2) 동서화합을 위해 대통령 분권제 헌법 개정을 추진한다.

3) 전국 반상회를 통해 국정여론조사와 지자체 선거를 실시한다.

4) 지식정보댐(전자책)정책으로 300만 명의 일자리를 만들어 준다.

5) 과학기술부와 정보통신부를 분리시켜 경제를 성장시킨다.

6) 전자화폐제도를 실시하여 망국적인 부정부패를 척결한다.

7) 제3의 삼국통일을 위해 1국가 2체제의 통일을 설득한다.

8) 민통선 지역을 참전국에 분양하고 한·중·일 가교를 놓는다.

9) 그 누가 국회와 청와대를 옮기고 종교UN과 국조전을 세울 것인가?

10) 통일 후 모병제로 청년들의 병역문제를 해결해 준다.

11) 1만 3천여 년의 한민족의 역사교육을 실시한다.

12) 찬란한 환문화(마고사상, 천부3경)를 전 세계에 알린다.

1) 대통령과 국무총리 분권형 집정제
 - 대통령(아버지) : 서울 6개 부처 및 정부기관 총괄
 - 국무총리(어머니) : 세종시 10개 부처 책임 전담 총리

2) 남북평화통일 : 1국가 2체제 EU식 연합
 - 영수 : 국방과 외무담당
 - 수상 : 행정과 예산 따로 집행
 - 군비 대폭 축소 및 경찰 수준 대우, 국방의무제 대체
   모병제를 실시

3) 판문점에 남북 평화통일 정치도시 건설
 - 화백궁 : 남북한 공동대표 영수 2명 집무실 및 영빈관
 - 화백의사당 : 남북국회의사당(남북 공동 및 개별 회의장)

4) 청와대와 국회의사당 구조 변경
 - 청와대 : 역대 제왕 국조전 건립(마고~박근혜 대통령까지)
 - 국회의사당 : 세계 종교 UN창설(세계 300개 종단 대표)하여
   종교 화합

5) CCZ에 한국전 16개 참전국 포함 67개 국가 도시 건설
   - 인천공항~양양공항 연결(전철, 고속도로, SOC)
   - 세계자유무역도시 : 기업, 대학, 병원, 문화관, 연구소,
   전통마을 등 유치

6) 평화통일자문위회 소속 "남북평화통일추진협의회"
   결성
   - 남북한 민간대표 각 33인 선발(남북정부 승인)
   - 통일방안 협의 : 헌법, 절차, 일정, 국가상징 공모

7) 국정원로회의 청와대 상설, 국정 자문
   - 17개 시·도 대표 명망인 선출(총 17명)
   - 반상회 → 면·동 → 시·군·구 → 시·도 → 중앙 5단계
   여론조사

8) 정보화디지털뉴딜정책 : 전 국민 일자리 창출
   - 지식정보자원공사 설립 : 한·중·일 책, 음악, 그림 디지
   털화
   - 누구나 100만 원/월 이상 수입 보장, 저출산 문제 해결

9) 세계 처음 전자화폐본위제도 도입
   - 1만 원/5만 원권만 폐지(5천 원, 동전 사용), 부정부패 척결
   - 정부와 기업 전자회계 프로그램 사용 의무화 및 공개

10) 홍익민주국가, 동방의 등불 국가 건설
 – 한·중·일 역사 공동 집필, 상고사 복원, 한글과 한자 세
  계화
 – 지성 민주주의와 영성시장경제 : IT Brain Corea건설

13 동방의 등불국가 강령/전문

1) [역사] 우리의 희망 동방의 등불국가는

과거 100년 동안 고난의 역사 수레바퀴 속에서 희망을 잃지 않고 민족의 정통성을 세우시고 국가를 재건하신 조상들께 머리 숙여 감사드린다. 우리는 세계에서 IQ가 제일 높은 명석한 두뇌, 섬세한 손재주, 창의적인 과학기술과 예술성, 뛰어난 스포츠 능력 등 무궁무진한 잠재력을 지닌 민족이다. 우리는 만여 년의 찬란한 역사와 세계적인 평화 사상, 전통을 이어 온 천손민족의 자긍심으로 남북평화통일을 반드시 이룩하여 새로운 나라 동방의 등불국가를 건국해야 한다는 사명을 만천하에 천명한다.

2) [비전] 우리의 희망 동방의 등불국가는

새로 건국할 나라의 비전은 (1)역사와 문화에 뿌리를 둔 전통국가, (2)민족의 혼과 정신을 바로 세우는 홍익국가, (3)남북의 체제 안정과 경제를 발전시키는 통일국가, (4)전 세계의 한민족이 애국·애족·애민의 정신으로 하나가 되는 환문화국가, (5)아시아국가 연합을 주도하는 국가, (6)세계평화와 우주평화를 선도하는 국가를 이룩하고자 한다.

3) [철학] 우리의 희망 동방의 등불국가는

　남북통일, 아시아연합, 전 세계 천손민족통일을 위한 큰 나라(Grand Corea)를 세우기 위해 현명한 국민(Genius Corean), 위대한 민족(Great Corea), 세계적인 국가(Global Corea)를 추진하고자 한다.
　세계적인 국가의 평화사상으로 (1)천지인(天地人)의 조화와 질서의 카오스 우주 사상, (2)철학, 종교, 과학의 삼위일체 코스모스 사상, (3)영적 우주와 육적 우주가 하나인 홀로그램 우주 사상 즉 진리에 부합되는 천지인 사상으로 하고자 한다.

4) [체제] 우리의 희망 동방의 등불국가는

　과거 아날로그 시대의 낡은 사고와 잔재를 털어 버리고 새로운 디지털 시대를 맞이하여 지식, 지혜, 정보, 기술, 문화를 근간으로 하는 정보문화 시대, 첨단과학 시대를 열어 국민이 행복하고 나라가 부강하도록 국가 제도를 개혁한다.
　지성 민주주의인 직접민주주의, 참여민주주의, 양방향민주주의를 기본으로 사회를 재편하고, 영성시장경제체제인 가정기업, 상생경제, 영성산업을 활성화하도록 전자화폐, 전자상거래, 지식정보댐을 구축하여 누구나 원하는 일자리를 창출하겠다.

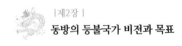

5) [화합] 우리의 희망 동방의 등불국가는

　지역, 세대, 노소, 빈부 갈등을 해소하여 화합하고 국정을 효율적으로 운영하기 위해 분권형 대통령제를 추진, 세종시에 내려간 부처는 어머니처럼 국무총리가 맡아 내치를 담당하고, 대통령은 세종대왕처럼 소통과 리더십을 발휘, 아버지처럼 국제적으로 당당한 대통령, 품위 있는 대통령, 선도하는 대통령이 되도록 하고자 한다.

　우리는 모든 사람의 눈물을 닦아주는 세상, 누구나 원하는 일자리를 만들어주는 세상, 의식주와 교육 및 건강을 책임지는 세상을 펼쳐 나가겠다.

6) [개혁] 우리의 희망 동방의 등불국가는

　첨단 과학기술과 정보통신정책으로 경제를 살리고 과학자의 자존심을 살려 주겠다. 종이 지폐를 없애고 디지털 화폐제도를 도입하여 부정부패를 척결하여 정직한 사회를 만들겠다.

　전국 반상회를 활성화하여 인간답게 사는 세상을 만들고 정당의 공천 없이 지방자치단체장과 지방의회 의원을 선출하는 지성 민주주의 선거방식을 추진할 것이다.

　그리고 젊고 유능한 사람이 계속 활동할 수 있도록 평화통일 후 모병제를 실시하겠다.

7) [인재] 우리의 희망 동방의 등불국가는

　온 국민과 함께 올바른 지도자를 찾고 있다. 영성이 높은 사람 즉 하늘과 성통하는 사람, 세상을 널리 사랑하는 사람, 자연의 순리에 맞게 세상을 다스릴 줄 아는 사람을 지도자로 세우고자 한다. 또한 우리도 과거에 어떤 사명을 가지고 태어났었으며, 계획대로 후회 없이 살았는가? 현재에 나는 우주의 섭리와 인간의 도리에 대해 제대로 배우고 깨우치고 있는가? 미래에 나는 어떤 영적인 농사를 지을 것이며 다음 생을 어떻게 준비할 것인가? 지혜와 지성을 겸비한 정치지도자들을 선출하여 동방의 등불국가, 새 나라를 반드시 건국하겠다.

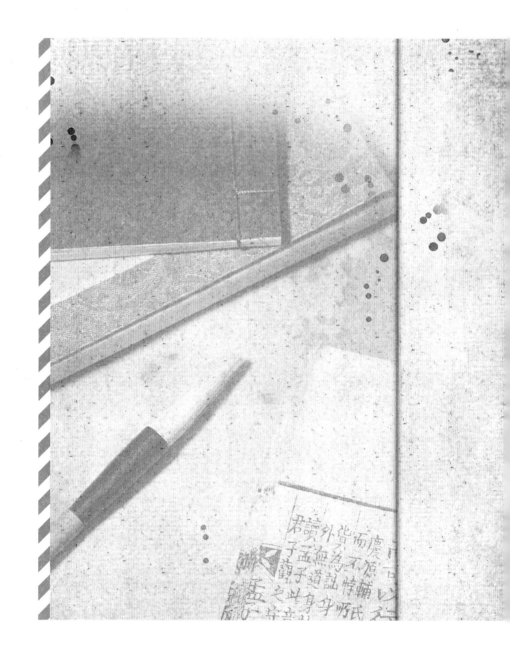

제3장

동방의
등불국가
핵심
정책

민족경전 천부경을 국보 1호로 지정하겠다

숭례문이 육체라면 천부경은 정신, 함께 영원히 세계로!
한국형 토라(천부경)와 탈무드(지혜서)를 미래 한류로!

유대인은 수천 년 동안 고난을 받으면서도 세계에서 아주 우수한 민족으로 인정받고 실질적으로 모든 분야에서 두각을 나타내고 있는 이유는 어디에 있는가?

아마도 다른 민족과는 차별된 교육방법을 통해 유대주의의 전통 사상과 역사를 자자손손 전해 주기 때문이라고 본다. 이스라엘은 영토를 잃어버리면서도 토라(구약)와 탈무드(지혜서)를 중심으로 어머니 교육을 통해 국가와 민족을 지켜 온 반면, 우리나라는 조그마한 영토는 지켜왔지만 우리 민족의 훌륭한 경전은 무시하고 지혜서는 발간된 적이 없어 어머니 교육을 제대로 하지 못해 얼과 혼이 빠져버린 민족이 되어 버렸다.

우리에게는 성경에서 말한 작은 책, 세계인이 부러워하는 대표적인 경전, 국보 1호 격인 천부3경 즉 천부경(81자)과 삼일신고(366자) 및 참전계경(13,200자), 그리고 수많은 지혜의 이야기가 수천 년 전부터 전해 내려오고 있으나 위정자들의 잘못으로 제대로 전해지지 못하고 있다.

우선 천부경(天符經) 81자(숫자 31자, 문자 50자)를 소개하겠다.

一始無始一 析三極無盡本 天一一地一二人一三 一積十鉅無匱
일 시 무 시 일 석 삼 극 무 진 본 천 일 일 지 일 이 인 일 삼 일 적 십 거 무 궤
化三 天二三
화 삼 천 이 삼

地二三人二三 大三合六生七八九 運三四成環五七 一妙衍萬往
지 이 삼 인 이 삼 대 삼 합 육 생 칠 팔 구 운 삼 사 성 환 오 칠 일 묘 연 만 왕
萬來 用變不動本
만 래 용 변 부 동 본

本心本太陽 昻明人中天地一 一終無終一
본 심 본 태 양 왕 명 인 중 천 지 일 일 종 무 종 일

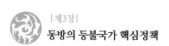

어려운 한자도 별로 없고 숫자가 많아 금방 해석할 수 있을 것 같은데 해석한 책이 수십 권이나 되며 저자마다 해설 내용이 조금씩 다르다. 천부경의 가장 기본적인 사항은 천지인(天地人) 사상이다. 이 우주 삼라만상의 가장 기본이 되는 것은 하늘, 땅, 사람이라 할 수 있다. 사람다운 사람이 되려면 하늘과 땅과 함께 어우러져 살아가야 하며 다른 사람들의 은혜에도 항상 감사하며 보답하는 인생을 살아야 한다는 뜻이다. 즉 하늘인 아버지와 땅인 어머니 그리고 나 자신이 곧 천지인이다. 또한 나의 천지에 해당하는 부모님께 효도하는 것이 가장 근본적인 일이라고 본다.

천지인을 모형으로 나타내면 '원방각(圓方角)'이고 숫자로는 '1, 2, 3'과 '삼태극(三太極)'으로 표현된다. 몇 년 전 TV 방송국 3사에서 방영되었던 고구려 역사 드라마에 나오는 삼족오도 천부경 사상을 의미하는 태양새라고 볼 수 있다. 머리는 하나, 날개는 둘, 발은 셋이다.

천부경의 역사는 정확한 기록이 없으나 말로써 전해 오다가 녹도문자(鹿圖文)로 기록되었고, 뒤에 신라의 고운(孤雲) 최치원(崔致遠) 선생께서 옛 비석에 적힌 것을 찾아내어 한자로 옮겨 세상에 전하게 된 것이라고 한다. 이와 같이 천부경의 역사는 수천 년 역사를 거슬러 올라가며 깊은 사상과 철학을 담고 있어 모든 경의 근본으로서 현재 국보 1호인 숭례문(남대문)과는 비교가 안 될 정도로 세계적인 보물이라고 생각한다.

현재 필자를 중심으로 추진하고 있는 마고문화재단에서는 우리 자신이 천손민족이라는 긍지와 자부심을 심어 주기 위해 공동 집필진을 위촉하여 천부경 해설서와 지혜서의 발간을 범국민적으로 추진하고자 한다. 이 책을 통해 세계사상의 시원으로서의 동방역사의 주역이 우리 한민족이란 사실을 전 세계에 알리고 이러한 책을 모든 국민이 필독하게 된다면 올바른 가정과 정직한 사회를 만들어 국가를 바로 세우는 데 크게 이바지하게 될 것이다.

2016년 총선과 2017년 대선에서 남북통일과 세계평화를 이루기 위한 훌륭한 지도자는 조직과 돈 대신에 정책으로 국민을 이끌어야 한다. 조직과 돈의 힘은 국민을 강제로 따라오게 하지만 사상은 국민을 스스로 따라오게 한다. 권력이 있을 때는 국민들이 따르지만 권력이 없어지면 방종하게 된다. 이것이 물질적인 지도자와 정신적인 지도자의 리더십의 차이이다.

차기 홍익대통령은 천부경을 국보 1호로 지정하고 한국형 토라(천부 3경)와 탈무드(우리 선조의 지혜서)를 정부 차원에서 거국적으로 발간하여 이스라엘처럼 현명한 어머니의 가정교육을 통해 청소년들이 탐독하는 사상서와 지침서가 되길 바란다. 한국형 토라(천부경)와 탈무드(지혜서)가 세계화가 되는 날 문화대국으로서 세계적인 정신 지도국이 될 것이다.

숭례문-천부경, 국보 1호 함께 지정 선언문

숭례문이 육체라면 천부경은 정신, 함께 영원히 세계로!

오늘 2012년 2월 10일, 국보 제1호 숭례문이 화재로 소실된 지 만 4년을 맞이하여, 기미독립선언문을 외치듯이 민족정기를 살리고자 우리 민족의 혼이요, 세계적인 사상이 담긴 천부경 81 자를 복원되는 숭례문의 대들보에 새겨 숭례문과 함께 국보 1호로 지정할 것을 온 국민 여러분과 함께 청와대, 국회, 정부에 건의하면서 이를 세계만방에 선언하노라.

우리는 하늘을 우러러 경배하며 땅을 존중하면서 이웃을 사랑하고 조화롭게 살아야 한다는 세계적인 천부경, 삼일신고, 참전계경을 조상으로부터 이어받아 온 유일한 정신적인 국가로서 영적으로 우수한 천손민족임을 다시 한 번 온 세상에 선언하노라. 세계 모든 나라에 이 사실을 똑똑히 밝히고 이로써 자손만대에 일러, 세계인이 부러워하는 천부사상으로 세계평화와 인류행복을 영원히 누리도록 하고자 함이로다.

13,000여 년의 찬란한 역사와 위대한 문화의 권위를 바로 세우기 위해, 8천만 한민족의 뜨거운 열정을 담아 이를 두루 펴 밝히며, 겨레의 한결같은 영적 성장을 위하여 이를 주장함이며, 세계 정신혁명의 큰 움직임에 순응해 나가기 위하여 이를 내세움이니, 이는 하늘의 분명한 명령이며 시대의 큰 추세이며, 온 인류가 더불어 같이 살아갈 지표이기에, 하늘 아래 그 무엇도 이를 막고 억누르지 못할 것이니라.

낡은 시대의 유물인 물질만능주의, 강대국의 패권주의, 사대주의에 희생되어 역사와 문화가 짓밟힌 지 몇 년째이며, 다른 민족정신에 억눌려 고통을 겪은 지 몇 년째인가? 우리의 정신적인 생존권을 빼앗겨 잃은 것이 얼마이며, 겨레의 존엄성과 명예가 손상된 일이 무릇 얼마인가! 창의적이고 영특한 두뇌로서 세계 정신문화의 큰 물결에 이바지할 기회를 잃은 것이 무릇 얼마인가!

오호! 예로부터의 억울함을 떨쳐 펴려면, 지금의 괴로움을 벗어나려면, 겨레의 양심과 나라의 체통을 지키려면, 사람마다 제 인격을 올바르게 가꾸어 나가려면, 가엾은 아들딸들에게 괴롭고

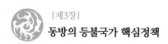

부끄러운 유산을 물려주지 아니하려면, 자자손손의 번영과 온전한 행복을 길이 누리도록 이끌어 주려면, 가장 중요하고 급한 일이 겨레의 천부사상을 확립하고 역사를 바로 세워 정신적인 독립을 확실하게 하는 것이니, 8천만 각자가 사람마다 마음을 바르게 품고, 인류의 공통된 사상과 시대의 양심이 정의롭게 지켜주는 오늘날, 우리는 나아가 얻고자 하매 어떤 힘인들 물리치지 못하며 무슨 뜻인들 펼치지 못할 것인가?

한인의 개천, 한웅의 개국, 고조선의 건국 정신인 홍익인간 이화세계의 우리 사상을 괴롭히면서 못살게 굴었던 다른 나라의 사상을 원망하려 하지 아니하노라. 다만 일부 사대주의 사학자가 강단에서, 몰지각한 정치가가 의회에서, 어리석은 종교인들이 설교에서, 우리 고유의 사상과 문화의 뿌리를 무시하고, 우리 문화민족을 마치 미개한 사람처럼 대하듯 업신여기며, 한갓 철부지 행동을 다만 탓할 뿐이노라. 우리의 오랜 역사와 전통을 비아냥거리며 뛰어난 겨레의 슬기로움을 무시한다 하여, 다른 나라 사상과 종교를 꾸짖고자 함이 아니노라.

돌아온 탕자를 맞이하는 부모의 마음으로, 돌아온 연어를 맞이하는 한량없는 동해의 넓은 품 안으로 끌어안고자 함이로다. 우리 스스로를 채찍질하기에 바쁜 우리는 남을 원망할 겨를을 갖지 못하며, 현재를 준비하기에 바쁜 우리는 묵은 옛일을 응징하고 가릴 겨를도 없노라.

오늘 우리가 할 일은 다만 우리의 성찰이 있을 뿐, 결코 남을 원망하는 데 있는 것이 아니로다. 엄숙한 양심의 명령으로써 우리의 새 운명을 개척함이요, 결코 묵은 원한과 한때의 감정으로써 남의 사상과 종교를 시기하고 배척하는 것이 아니로다.

모든 사상과 종교가 하나의 뿌리임을 우리는 잘 알고 있노라. 낡은 사상과 어리석은 생각에 얽매여 있는 정치지도자, 역사학자, 종교지도자들의 그릇된 생각을 고치고 바로잡아, 과학적이고 합리적인 바른 길, 큰 진리로 돌아오게 함이로다.

현재 우리 강토에 세계 모든 사상과 종교가 혼재하는 것은 우리 조상의 슬기로운 정신농사의 결과로서, 한 알의 밀알이 되라는 하늘의 뜻으로 알고 세계 여러 나라와 함께 살아가는 법을 배우라는 기회로 알고 살아왔느니라.

천부사상이 접붙이는 감나무의 대목이라면 단감, 곶감, 홍시의 종교들이 그 위에서 양분을 먹고 자라 단지 감을 따 먹고 있을 뿐이니라. 생각이 다른 여러 민족 종교와 화합하고 돈독하게 쌓아 온 국보 문화재를 살펴보면 잘 알지어다. 한때 지난날의 잘못된 생각을 바로잡고 참된 이해로 진리를 찾아 새 세계를 열어 나가는 것이 전 인류에게 화를 멀리하고 복을 불러들이는 참다운 길임을 밝히 알아야 할 것이 아닌가?

다만 4대 강대국의 무력에 대한 두려움과 우려가 갈수록 커져, 우리 천손민족을 힘으로 위협하고 구속하려 하는 것은 한반도의 영원한 평화를 보장하는 길이 아닐 뿐만 아니라, 지구촌의 평화가 깨지고 전쟁 위험을 자초하게 될지도 모를 일이다.

오늘날 우리의 정신적인 독립은 우리 민족으로 하여금 정당한 삶의 번영을 이루게 하는 동시에, 강대국으로 하여금 그릇된 길에서 벗어나 세계평화를 지지하는 자의 무거운 책임을 다하게 하는 것이며, 약소국으로 하여금 불안과 공포로부터 벗어나게 하는 것이니라. 한반도 평화가 세계 평화요, 인류 행복에 필요한 첫 단계이니 이 어찌 구구한 감정상의 문제이겠는가?

아아! 새 천지가 눈앞에 펼쳐지도다. 천부경이 숭례문과 함께 국보 1호로 지정되어 물질의 시대가 가고 정신의 시대가 오도다. 지난 수천 년간 갈고닦아 키우고 기른 태양새 천부사상이 바야흐로 새 문명의 밝아오는 빛을 인류의 역사에 쏘아 비추기 시작하도다. 새봄이 온누리에 찾아들어 만물의 소생을 재촉하도다.

외래 사상에 젖어 얼어붙은 얼음과 찬 눈에 숨도 제대로 쉬지 못하는 것이 저 한때의 형세라면, 진리의 화창한 봄바람과 따뜻한 햇볕에 원기와 혈맥을 떨쳐 펴는 것이 이 한때의 형세이니, 하늘과 땅에 새 기운이 되돌아오는 때를 맞고, 세계 변화의 물결을 탄 우리는 아무 거리낄 것이 없도다. 우리의 본디부터 지

녀온 천부사상을 지켜 풍성한 삶의 즐거움을 실컷 누릴 것이며, 우리의 풍부한 창조력을 발휘하여 봄기운 가득한 온 세계에 천부 열매를 맺게 할 것이로다.

　우리가 이제 떨쳐 일어나도다. 양심이 우리와 함께 하고 있으며, 진리가 우리와 더불어 나아가도다. 남녀노소 없이 본심, 본태양, 밝은 마음으로 평화적인 남북통일을 위해 힘차게 뛰쳐나와 삼라만상과 더불어 동방의 등불국가 건국으로 웅대한 그랜드코리아를 이루어내도다. 천만세 조상들의 넋이 우리를 은밀히 지켜보고 계시며, 전 세계인들의 관심이 우리와 함께 동행하나니, 천부경을 국보 1호로 지정하는 운동의 시작이 곧 성공이라, 다만 저 앞의 희망봉을 향해 태양새 깃발로 힘차게 날아갈 따름이로다.

숭례문−천부경, 국보 1호 함께 지정을 위한 공약 3장

하나. 숭례문이 육체라면 천부경은 정신이니, 오늘 이 주장은 인류행복을 염원하는 우리 모든 조상과 온 지구인들의 요구로서, 오직 평화의 정신을 발휘할 것이요, 결코 배타적 감정으로 치닫지 말라.

하나. 숭례문이 육체라면 천부경은 정신이니, 함께 영원히 세계로 퍼질 때까지, 마지막 한 사람에 이르기까지, 마지막 한 순간에 다다를 때까지, 인의, 자비, 사랑의 기본정신인 천부사상을 용감하게 전파하라.

하나. 숭례문이 육체라면 천부경은 정신이니, 앞으로의 행동은 슬기롭고 지혜를 발휘하여, 우리들의 주장을 올바르게 인식시켜 북한은 물론 해외 동포와 함께 어디까지나 떳떳하고 정당하게 하라.

02 청렴, 정직, 성실한 국가 건설을 위해
전자정부정책을 추진하겠다

이번 세월호 참사로 인해 순항하던 박근혜 정부 배는 우리 한민족과 대한민국이 진화를 하느냐, 퇴보하느냐의 기로에서 커다란 파도에 휩쓸리고 있다고 봅니다. 현재 우리나라는 토끼에 비유한다면 4대 강대국이 네 개의 발을 묶어 남북으로 배를 갈라놓고 토끼 간을 빼먹으려 하는 상황인데 미련한 토끼는 지혜를 발휘하여 살려고 노력하지 않고 서로 비방만 하고 있습니다. 남북분단, 동서갈등, 남녀차별, 노소대결, 빈부격차로 조선이 패망하는 상황과 무엇이 다른가요?

인도의 성자 간디의 말씀에서 나라가 망할 때 나타나는 일곱 가지 사회악을 조금 다르게 표현해보면 ▲원칙 없는 정치, ▲도덕 잃은 경제, ▲정의 없는 사회, ▲역사 모른 문화, ▲자유 없는 교육, ▲영성 없는 과학, ▲진리 다른 종교로 우리의 자화상과도 같아 많은 국민은 신바람과 흥이 없어 무기력하게 하루하루를 그냥 보내고 있습니다. 지구 최후의 분단국이자 동아시아의 지정학적 요충지인 한반도, 위기의 박근혜 정부는 그야말로 대통령과 정치인의 생각에 명운이 달려 있다고 봅니다.

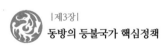

우리는 이제 어떻게 해야 할까요? 정신이 아찔합니다. 소름이 끼칩니다. 정신을 가다듬을 때입니다. 우리는 '신바람 민족'입니다. 다소 배가 고프더라도, 돈을 좀 못 벌어도 '흥'이 나면 뭉치는 습성이 강합니다. 88서울올림픽과 2002한일월드컵 때를 보십시오. 그 흥은 일자리 창출, 반값 등록금, 무상복지 등에서 나오는 것만은 아닙니다. 정치 지도자의 고결한 이상과 무한한 신뢰에서 나오는 것입니다. 국가 비전과 이상이 중요합니다. 미래 지향적이고 꿈을 실현할 수 있는 '신바람'과 '흥'이 나는 정책을 준비해야 행복한 나라, 부러운 나라, 긍지의 나라를 건설할 수 있습니다.

국가 경영 속도를 운송 수단에 비교해보면 ◆1961년 박정희 대통령 시대는 농경사회로서 소달구지 속도 ◆군사정권과 YS 대통령 시절엔 자동차의 속도 ◆DJ 정부는 지식정보화사회 초기단계로서 아날로그(Analog)에서 디지털(Digital)시대로 진입하는 기차 속도로 달리는 초기 정보화 시대였습니다. 하지만 안타깝게 노무현 정부는 이를 더욱 발전시키지 못했으며 MB정부는 4대 강과 같은 토목 위주의 정책을 펴면서 농경사회로 후퇴하는 정책을 폈습니다.

이제 박근혜 정부에서는 국가경영 속도가 비행기 속도로 달리는 정보화 후기시대로서 지구촌 경영시대가 되어 밤낮 구별 없이 빛의 속도로 정보를 주고받는 전자국가 경영체제로 바뀌었습니다. 21세기는 법조인을 앞세워 법으로 다스리는 일벌백계 지식의 시대가 아니고 전자 시스템으로 국가를 다스려야 하는 지혜의 시대입니다. 박근혜 대통령은 전자공학을 전공했지만 첫 여성대통령으로서 인사탕평책, 지하자금 양성화, 통일대박, DMZ 평화공원, 생산적 복지, 국가개조 등 큰 틀의 정책을 내놓고 있습니다. 그러나 대통령의 큰 뜻을 헤아리지 못한 청와대 비서실과 행정부 및 국회에서 제대로 뒷받침을 못하고 있는 것이 문제입니다.

차기 대통령이 되고자 하는 정치인들은 세종대왕에 대해 연구해야 하겠습니다. 국민의 선망인 세종대왕은 영특하고 문명하면서도 과단성이 있고 강하고 신중하고 너그럽고 인자하고 효성이 지극하였다고 합니다. 다시 말해 총명하고 배우기를 좋아하여 취미가 공부이며 생각하는 속도, 두뇌회전이 빠른 사람으로서 아날로그(analog)가 아닌 디지털(digital)적으로서 미래 지향적이라는 것입니다.

특히 세종대왕은 훌륭한 국가 경영자로서 첫째, 인재는 나라의 보배라는 생각으로 인재 선발에 다양한 검증을 거쳐 훌륭한 인재를 등용하여 업무를 분담시켰으며 두 번째, 지식경영자로서 활발한 의견을 개진하도록 열린 어전회의를 열었으며, 싱크탱크인 집현전의 조직과 기능을 창조와 과학적으로 운영하여 훈민정음 창제와 과학기구를 발명하였으며 세 번째, 국방 및 외교 경

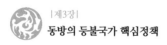

영자로서 중국, 일본, 여진족과의 강한 외교를 펼쳤으며 네 번째, 북방 영토 경영자로서 백두산 확보와 4군 6진 개척과 대마도 정벌로 영토 문제를 해결하였으며 다섯 번째, 창조경영자로서 과학기술 우대정책을 펴면서 훈민정음의 창제, 악보 창안을 하였으며 여섯 번째, 감동경영자로서 사대부의 의견을 경청하고 설득하면서 또한 백성들의 애환을 해결하고자 노비출산휴가, 경로의 정치, 의녀제도를 확립하셨다고 합니다.

다음 대통령은 21세기 정보화시대에 걸맞게 청렴(Clean), 정직(Honesty), 성실(Sincerity)한 전자정부를 만들기 위해 청와대 비서실과 행정부 장관 기용에 있어 인문계와 이공계 출신을 50% 정도 안배해서 전자행정체제로 국정을 쇄신해야 합니다. 특히 공무원들이 국민의 안위를 위해 나라를 잘 지켜야 하므로 대통령이 직접 화상전화로 사단장, 경찰 수뇌부, 우리나라 대사와 불시에 통화하여 업무를 파악한다면 공무원 기강이 제대로 설 것입니다. 아무쪼록 차기 대통령께서는 21세기 시대에 걸맞은 디지털 정책을 추진하여 제2의 세종대왕이 되어 주시기 바랍니다.

03 민통선 지역(CCZ)을 세계평화도시로 개발하겠다

통일대박, DMZ 평화공원, 유라시아 철도 연결의 열쇠

DMZ와 CCZ, 아픈 상처의 딱지이지만 유일무이한 세계적 보물단지,
보물을 잘 활용할 수 있는 혜안을 가진 영적 지도자가 언젠가 출현,
우주의 카오스 철학과 프랙털 사상으로 지구 알을 품을 수 있는 원
대한 꿈,
대고려연합국(Grand Corea Union)의 건국이 빨리 오기를 기대!!

카오스(Chaos)철학과 프랙털(Fractal)사상으로 6·25 참전용사의
영혼을 품자.
박근혜 대통령의 머릿속에는 항상 〈통일대박〉, 〈DMZ 평화공
원〉, 〈유라시아 철도 연결〉이라는 큰 생각이 떠나질 않고 있다.
이 세 가지 화두야말로 우리 한민족이 사는 길이요, 동방의 등
불국가가 되는 길이고, 자신의 노벨평화상 수상의 길이라는 것
을 잘 알고 있다.
하지만 이 길목에는 북한의 핵과 탄도미사일 개발이라는 두
개의 큰 바위가 길을 가로막고 있다. 박 대통령은 핵 폐기와 검

증 약속을 지키지 않고 있는 북한에 대해 적대정책을 고수하고 있는 미국 오바마 정부와 6자 회담 참가국의 속내를 잘 알고 있다.

앞으로 이뤄질 〈남북 고위급 회담〉과 〈박근혜-김정은 정상회담〉을 성사시키더라도 북한이 핵을 포기하지 않는 한 대화는 시간만 낭비하는 결과를 가져올 것이기 때문에 아무런 의미가 없다는 것이다. 북한 핵은 남북문제를 뛰어넘어 미국 그리고 이해당사국들의 공동이익과 세계안보와 직결되는 문제이기 때문이다. 박 대통령도 미국이 싫어하는 대북외교를 꺼리고 있으며 한미공조를 더 중하게 여기고 있다.

하지만 북한은 자국의 안보상 핵 개발을 절대 포기할 수 없고 잠수함 발사, 탄도미사일과 같은 신무기 개발을 계속 추진하는 이유가 북한 정권 존립과 체제 안정에 절대 필요하기 때문이다.

2014년 11월 1일자 조선일보 송희영 칼럼 〈정치가 경제에 끌려 다니면〉에서 마지막 부분을 인용해 보겠다. "우리의 정치는 벌써 불황(不況)의 암담한 수렁으로 빨려가고 있다. 지도자의 지지도는 떨어졌다. 최경환 경제팀도 고작 몇 달 만에 힘이 빠지고 있다. 여당 일각에서는 차기 대통령 후보까지 들고 나왔다."

"이번 겨울을 보내고 봄이 와도 경기가 회복되지 않으면 이번 정권의 경제 회생은 물 건너가는 걸로 보면 된다. 공무원들은 창조경제 팻말 뒤에서 구태(舊態) 정책으로 시간을 보낼 것이다. 그 와중에 정치만은 살아남을 것 같은가. 정치도 시들어가는 경제에 납치돼 끝없이 동반 추락할 수밖에 없다. 박정희·김영삼·노무현 정권의 말기(末期) 경제를 떠올려보라. 불황은 반드시 정치권에 비싼 대가를 요구한다."

박근혜 대통령의 수심이 깊어지고 있다. 갈 길은 먼데 해는 서산에 저물어 가고 있다. 통일대박, DMZ 평화공원, 유라시아 철도 연결 어떻게 해결해야 하나? 필자가 수년 전부터 주장한 민간통제지역(CCZ) 세계평화도시 개발이 유일한 해결의 열쇠이다. 카오스(Chaos)철학과 프랙털(Fractal)사상으로 수백만 명의 6·25 참전 희생자의 영혼을 달래주어야 우리가 산다.

민간통제지역(Civilian Control Zone)을 세계평화도시(World Peace City)로 개발하여 전쟁의 상처를 평화의 상징으로 승화시켜 나가자. 한없이 넓은 한민족의 치마폭에 세계의 영혼을 품어 천손민족의 자긍심으로 동방의 등불국가를 세우자. 한민족의 아름다운 우주 평화사상을 온누리에 전파하여 전쟁, 기아, 공해가 없는 아름다운 지구촌을 건설해 나가자.

민간통제지역(CCZ)은 '한국전 정전협정(1953.7.27.)'에 의해 설치된 비무장지대(DMZ)와 함께 서해안에서 시작하여 동해안까지 250㎞의 휴전선을 따라 DMZ의 남쪽으로 5~20㎞에 걸친 광활한 지역이다. 서울시 면적의 약 3배, 여의도 면적의 1,140배의 넓은 땅이다.

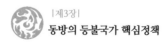

정부에서 군사작전상 통제하고 있는 지역으로서 총면적은 1,528㎢(강원도 1,048㎢, 경기도 480㎢)이다. 접경지역으로는 경기도(동두천시, 고양시, 파주시, 김포시, 양주군, 연천군, 포천군, 강화군, 옹진군)와 강원도(철원군, 화천군, 양구군, 인제군, 고성군) 2개 도, 그리고 인천시에 14개 시·군, 24개 읍·면, 213개 리에 널리 걸쳐 있다.

이 접경지역 주민들은 수십 년간 개발이 제한되어 재산권 행사를 제대로 못했을 뿐더러 항상 소외되어 왔기에 2016년 총선과 2017년 대선에서 남북평화통일과 더불어 이 어려운 문제를 해결해 줄 수 있는 정도령(鄭道領)과 같은 구세주의 통일대통령을 기다리고 있다.

DMZ에선 아직도 무지한 인간의 전쟁은 끝나지 않았지만 자연은 인간의 의도와는 아무 상관없이 지구에 단 하나밖에 없는

'자연생태공원'을 만들어 가고 있다. 치졸한 전략과 전술의 드라마는 끝났지만 수백만 명의 생명을 앗아간 것도 모자라 숨겨진 무기는 아직도 생명을 노리고 있으며, 세계에서 유일한 전쟁세트장으로 남아 전 세계인에게 깨달음의 기회를 주고 있다.

의식 높은 환경 및 평화단체들은 세계에서 유일무이한 생태 보물단지를 보전하고자 각종 아이디어를 창출해내고 있다. 이를 위해 국제펀드를 마련, DMZ의 난개발을 감시하고 한국, 러시아, 북한과 함께 철새 공동연구를 하는 것과 병행하여 평화공원을 조성하자고 주장한다.

이에 편승하여 강원도에서는 철원 일대에 평화산업단지를 조성하여 개성공단에 버금가는 남북 간 경제 협력의 전초기지를 만들자고 제안하고 있다. 접경지역을 개발하여 강원도의 경제 발전의 새로운 돌파구를 마련하자는 뜻이다. 그동안 안보를 앞세워 사지(死地)로 버려져 있던 민통선 지역을 효율적으로 활용하는 측면에서 그 파급효과는 클 것이다.

따라서 우리가 세계평화를 선도하고 세계정부를 세우기 위해서 민통선 지역을 16개 참전국을 포함, 우리를 도와준 67개 나라의 미니 도시인 세계평화도시로 개발할 것을 필자는 꾸준히 주장해왔다. 인천공항에서 설악산, 금강산까지 250㎞의 고속도로와 KTX 철길을 내어 UN 참전국의 문화관광벨트로 조성해서 세계평화자유무역 지역 즉 무비자, 무관세 지역으로 선포하여 세계적인 평화, 문화, 교육 및 무역의 중심지를 만들어 미래 국가 성장 동력으로 하자는 것이다.

이 사업을 추진하기 위해서는 67개 나라들에게 다시 한 번 세계평화를 위해 이 프로젝트에 참여하여 전쟁을 평화로 바꾸는 역할을 해 주기를 부탁해야 하겠다. 우리가 KTX 철길과 고속도로를 건설하고 보은(報恩) 차원에서 참전국에게 기차역 건물을 중심으로 평화도시를 건설하도록 수만 평의 땅을 한정 기한으로 분양해 주어 각 나라별로 독특한 건축 양식으로 건물들을 짓도록 한다.

우선 전쟁기념관을 비롯하여 미술관, 음악관, 영화관, 최고 시설의 병원, 대학교, 식당, 호텔을 짓고 또한 세계에서 제일 질 좋고 값싼 상품을 팔도록 하여 카오스 프랙털 개념의 미니 국가를 조성하도록 한다. 그리고 설악산과 금강산 사이 강원도 어느 지역에 세계평화공원을 조성, 한가운데에 세계에서 제일 크고 높은 366층, 1,000m 높이의 원추형 마고성과 같은 평화 건물을 짓는다. 이 평화건물에는 UN과 세계평화기구를 유치하고 평화공원은 에덴동산처럼 지상낙원의 소도시로 조성한다.

또한 이 지역 일대에 세계에서 유명한 조형물 즉 프랑스 에펠탑, 미국 자유의 여신상, 이집트 피라미드, 이태리 피사의 사탑, 중국의 만리장성 일부 등을 실물 그대로 만들어 세계 관광지로 개발한다. 그리고 평화통일을 준비하기 위해 양원제를 염두에 둔 통일국회의사당인 화백당과 남한과 북한의 공동으로 외교와 국방을 담당하는 영수 집무실인 화백궁을 건설한다.

화백궁은 1국가 2체제로 남북평화통일을 하게 될 때 외교와 국방을 담당하는 영수의 공관으로서 주요 결정은 화백회의 시스템으로 운영한다. 이렇게 되면 한반도에서 전쟁은 사라질 것이며 영세중립국과 같은 효과가 얻어져 전쟁 없이 평화만 존재하게 되어 유토피아 세계가 펼쳐질 것이다.

세계평화도시에서는 매년 음력 칠월 칠석에 6·25 전쟁에서 희생된 수백만 명의 영령들을 위로하기 위해 '한국전쟁 희생자 추모제(天風21)'를 지내면서 '세계 마고문화 예술제'와 '세계 카오스아트 산업엑스포'를 개최한다면 종교, 문화, 인종의 벽은 허물어질 것이며 세계가 하나가 되고 우리나라가 세계의 정신적인 중심국이 될 것이다.

DMZ와 CCZ는 아픈 상처의 딱지이지만 유일무이한 세계적인 보물단지로서 세계 어디를 뒤져봐도 이런 곳은 없다. 이 보물을 잘 활용할 수 있는 혜안을 가진 지도자가 나타나 세계를 우리의 홍익철학과 천지인사상에 품을 수 있는 원대한 꿈을 실현할 수 있는 날인 대고려연합국(Grand Corea Union)의 건국일이 빨리 오기를 기대한다. 이제 박근혜 대통령의 결단만이 남았다.

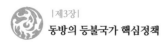

04 무정당, 무공천 지성 민주주의 5단계 선거혁명법을 제정하겠다

국회정당개혁-지자체공천 폐지

현대 산업사회에서 가장 큰 문제점은 많은 주민들이 아파트에 살고 있어 이웃 간에 소통이 안 되는 점이다. 이웃집 개들은 산책길에서 만나면 서로 꼬리를 흔들며 좋아하는데 사람들은 엘리베이터 안에서조차도 서로 외면하는 판이니 개만도 못한 생활을 하고 있다. 또한 대한민국의 정치는 남·북한, 영·호남, 여·야, 친박·비박, 친노·비노로 영혼 없는 철부지 패거리 정치인들로 인해 나라가 세월호처럼 이미 침몰된 상태이다.

21세기 현 사회는 IT 기술의 발달로 SNS(Social Network Service)시대이다. 이제 대의민주주의시대에서 직접민주주의, 참여민주주의, 양방향민주주의 시대로 바뀌었다. 선거에 뽑힌 의원은 머슴이고 국민은 주인인데 당선만 되면 머슴이 주인을 무시하고 군림하려는 데 문제가 있다. 우리 모두 각성하여 사람냄새가 물씬 풍기는 사회를 만들어 나가야 하지 않겠는가? 대통령, 국회의원, 기초의원, 지자체 단체장, 교육감의 선거제도를 바꾸면 가능하다. 머슴을 뽑는 방법을 혁신적으로 바꾸어 나라를 살려보자.

2012년 어느 조간신문에 경기 동·북부지역 10개 시·군 공무원들이 기초자치단체장과 기초의원의 정당공천 폐지를 위해 집단행동에 나섰다고 했다. 공무원들이 이 문제와 관련해 집단적으로 의사를 표현하기는 이번이 처음이다. 경기 동·북부권 공무원대표자협의회는 시·군별 공무원을 대상으로 공천제 폐지를 위한 서명을 받았다.

협의회는 포천, 구리, 남양주, 동두천, 성남, 광주, 이천, 하남, 여주, 양평 등 10개 시·군 공무원 노조나 직장협의회 대표로 구성된 단체다. 5,000명 이상 서명부를 행정안전부와 각 정당에 제출해 법 개정을 청원할 계획이라고 했다. 하지만 현행법상 기초의원의 정당공천을 폐지하게 되면 후보자가 많아 혼란이 예상된다.

이제 SNS 첨단 정보화시대에 선거비용이 아주 적게 들면서 효율적으로 대통령, 국회의원, 광역의원, 기초의원, 지자체 단체장, 교육감을 선출하는 완전히 새로운 5단계 지성 민주주의 선거혁명 제도를 제안하겠다.

우선 제1단계로 전국의 가구를 약 30~40호 규모의 반상회로 결성하도록 하여 반상회에서 대표 3명(회장, 여성부회장, 청년부회장)을 뽑는다. 제2단계는 반상회 대표 3명이 면·동 단위로 모여 면·동 대표 10명을 선출한다. 예를 들어 본다면 나의 고향인 전남

나주시 금천면과 현재 살고 있는 대구시 동구 방촌동의 경우를 생각해 보자. 금천면과 방촌동에서 선출된 대표 각 10명은 자기 지역 지방자치위원이 되고 이들 10명 중에서 각각 나주시 의원과 동구 의원으로 1명씩 주민 직접선거 없이 바로 선출한다. 제3단계는 10명의 면·동 대표가 시·군·구 단위로 모여 다시 대표 10명을 뽑는다. 즉 나주시와 동구 대표가 각각 10명씩 선출된 셈이다.

나주시의 경우 이들 10명 중에서 나주시장과 나주국회의원 후보로 3~4명을 정하고 주민 직접선거로 선출한다. 단 시·도 광역의원은 10명 중에서 주민 선거 없이 바로 정한다. 제4단계는 시·군·구 대표 10명이 시·도 단위로 모여 또 다시 대표 10명을 선출하여 전남도지사와 대구시장 후보를 3~4배수로 정하여 도지사와 광역시장을 직접선거에 의해 선출한다. 제5단계는 17개 시·도의 대표 170명이 모여 10명의 국가대표를 뽑는다. 분권형 집정제로 헌법을 바꾼다면 국가대표 10명 중에서 외치담당 대통령 후보와 내치담당 국무총리후보를 국민이 직접 투표하여 선출한다.

이와 같이 5단계 지성 민주주의 선거제도를 도입하게 되면 반상회를 통해야만 정치인이 될 수 있어 남자들도 반상회에 열심히 참가하게 된다. 반상회가 활성화되면 아파트 주민 간에 서로 인사를 하게 되고 이웃 간에 정이 넘치는 홍익민주사회가 될 것이다. 망국적인 지역감정도 없어지게 될 것이다. 어려운 주민을 서로 보살피게 되고 많은 여성들과 청년들이 정치인으로 입문할 수 있는 기회가 생기게 된다.

따라서 국회에 정당이 필요 없게 되고 지자체선거에 정당공천이 없어지게 된다. 또한 당선자가 문제가 있을 경우는 차점자가 이어가기 때문에 보궐선거가 필요 없다. 그리고 지혜와 지성을 갖춘 인재들이 자천, 타천으로 관직에서 봉사하게 되므로 정치인의 수준이 아주 높아지게 된다. 물론, 반상회에서부터 후보가 철저하게 검증되므로 군대를 안 간 사람, 부정부패에 연루된 사람, 부도덕적인 사람들은 저절로 걸러지게 된다.

매월 반상회를 통해서 전 국민 여론조사를 하게 되므로 대통령과 단체장의 정책 결정에 비용도 적게 들고 많은 주민들이 참여하게 되어 여론을 정확히 파악할 수 있게 된다. 뿐만 아니라 좋은 인재들이 발굴되어 대통령의 인사 시스템의 문제가 해결되고 훌륭한 인재들이 국가와 지역을 위해 봉사할 수 있는 기회가 생길 것이다. 대통령과 국회의원들은 왜? 이 간단한 선거법을 고치지 못하고 있는가? 새로운 지성 민주주의 선거제도를 도입하게 되면 국회에 정당이 필요 없게 되고 지자체선거에 정당공천이 없어지게 될 것이다. 이제 국민들이 나서서 모든 악법을 고쳐 이 나라를 바로잡아 나가야 하겠다.

05 1국가 2체제 유럽연합방식 남북평화 통일을 하겠다

金융위원회는 어제 2014년 11월 18일 '통일 이후 북한 재건을 위한 금융 로드맵'을 발표했다. 신제윤 금융위원장은 19일 오후 서울 명동 은행회관에서 열리는 '한반도 통일과 금융' 콘퍼런스에서 통일 금융에 대한 보다 구체적인 내용을 밝히고, 토론할 예정이라고 한다.

정부는 통일 이후 북한 경제를 재건하는 데 필요한 돈을 5,000억 달러(약 550조 원)로 추산하고, 이 가운데 2,500억~3,000억 달러를 들여 북한 지역에 은행을 세우고 여기서 채권을 발행해 조달하는 로드맵(road map)을 마련하겠다는 것이다. 이와 같은 막대한 북한 개발 비용의 절반 이상을 국민 세금 대신 투자를 받아서 충당하겠다는 자금 조달 방안을 마련하겠다고 한다.

지난 MB정부는 DJ 햇볕정책을 비난하면서 통일에 역행하는 듯한 정책을 펼쳤다. 한편 북한 급변사태에 대비하기 위해 앞으로 10~15년 기간으로 50조 원 규모의 엄청난 통일세를 걷는 방안을 검토 중이라고 발표했었다.

정부와 국회는 통일 방안에 대한 합리적 청사진을 제시하지도 못하면서 국가부채 규모가 이미 1,000조 원을 넘었으며 가계부채가 1,000조 원 정도나 되어 국민의 조세 부담이 엄청남에도 불구하고 통일이 벼락처럼 닥칠 수 있으며 자고 나면 통일이 저절로 되는 것처럼 주먹구구식으로 접근하고 있는 것이 큰 문제이다.

박정희 대통령은 혁명 후 1962~1981년까지 4차에 걸친 "경제개발 5개년 계획"을 수립하면서 국가경제를 농경사회에서 산업사회로 획기적인 발전을 시켜 고도성장을 이룩하였다. 그 뒤 전두환, 노태우, 김영삼 대통령을 거치면서 산업사회가 더욱 발전되었다.

김대중 대통령은 어려운 IMF를 극복하면서 산업사회에서 정보화사회로 발전시키고자 앨빈 토플러, 빌 게이츠, 손정의 회장 등을 만나면서 정보화 사회 초석을 다졌다. 한편, 남북통일을 이룩할 수 있도록 남북정상회담을 비롯하여 개성공단을 만들면서 통일의 물꼬를 트기 시작했다. 노무현 대통령은 지방분권화를 위해 세종시로 행정부를 옮기고 정부기관을 이전하는 엄청나게 큰일을 하였다. MB 대통령은 시대에 역행한 업적으로 정통부를 없애고 지식정보댐 대신 4대강 사업을 하여 결과적으로 통일의 물꼬를 막아버렸다.

박근혜 대통령은 조국 근대화는 자기가 아니면 안 된다는 아버지 박정희 대통령을 닮아서인지 통일을 직접 챙기기 위해 나선 것을 보면 역시 '부전여전'이라고 볼 수 있다. 박 대통령은 3·1절 기념식에서 헌법기구인 '민주평화통일자문회의'가 있음에도 불구하고 대통령 직속 '통일준비위원회'를 설치, '통일은 대박'이란 유행어를 만들기까지 하면서 좌청룡 우백호처럼 대통령이 청와대를 주축으로 통일 준비를 하나둘씩 직접 챙기겠다는 의지를 천명했다.

통일준비위원회에서는 체계적이고 건설적인 통일의 방향을 모색해 나가면서 한반도의 통일을 준비하고 남북 간의 대화와 민간 교류의 폭을 넓혀 나갈 것이며 외교, 안보, 경제, 문화 등에서 제반 분야의 민간 전문가들과 시민단체 등 각계각층이 참여할 수 있도록 하여, 국민적 통일 논의를 수렴하고 구체적인 통일 한반도의 청사진을 만들어 나가겠다고 했다.

박근혜 대통령은 캐나다 방문에 이어 24일 오전, 뉴욕의 유엔본부에서 열리는 제69차 유엔총회 일반토의에서 기조연설을 했다. 우리 정부의 대북 정책과 한반도 신뢰 프로세스, 동북아평화협력 구상, 유라시아 이니셔티브 등 대외정책을 설명하면서 국제사회의 이해와 지지를 요청했다.
박 대통령은 한반도와 동북아 평화에 가장 큰 위협인 북한 핵문제가 시급히 해결되어야 한다는 점을 강조하고, 북한은 스스로 핵을 포기하고 개혁과 개방의 길을 선택하여 경제 발전과 주민의 삶을 개선하는 변화의 길로 나와야 한다고 강조했다.

남북한 간의 단절의 상징인 폭 4㎞, 길이 250㎞의 DMZ에 '세계생태평화공원'을 건설하여 남북으로 갈라져 있는 한반도의 자연과 사람을 하나로 연결하자고 했다. 통일된 한반도는 핵무기 없는 세계의 출발점이자, 인권문제에 대한 근본적인 해결책이며, 안정 속에 협력하는 동북아를 구현하는 시발점이 될 것이라고 강조했다.

우리가 결혼을 하더라도 연애 기간을 거쳐 양가의 승낙 아래 당사자의 의사가 합의가 되지 않고는 절대로 할 수 없는 것 아닌가? 남북통일도 마찬가지다. 북한은 소련이 붕괴되고 이라크가 무너지고 통독 후 동독의 정치지도자가 처단되는 것을 보면서 생존 차원에서 체제 유지를 하기 위해 핵을 고수하는데 핵을 버릴 수 있겠는가?

박 대통령이 북핵 포기라는 정치적 전제 조건을 달아, 이의 이행이 우선이라는 주문을 계속 강조하고 있기 때문에 남북 사이에 신뢰가 아닌 불신의 폭만 더욱 커지고 있다. 이번 인천 아시안게임에서 북한 응원단이 올 수 있도록 했더라면 남북한 신뢰 프로세스가 더욱 좋아지지 않았겠는가? 불통의 이미지를 씻고 대통령에게 올곧은 소리 하는 사람들을 곁에 두기 바란다.

올곧은 소리를 즐겨 하는 인재가 곧 국민을 진정으로 사랑하는 인재들이기 때문이다.

김대중 전 대통령의 햇볕정책이 정권에 관계없이 계속 지속됐더라면 남북 간의 신뢰에 많은 변화를 가져왔을 것이며 북한의 핵무기 개발, 중국의 군사력 확장, 일본의 독도 분쟁 등 여러 민감한 상황에서 우리의 입지가 많이 강화됐을 거라고 생각한다.

박 대통령이 진정 통일을 원한다면 지방정부가 중앙정부의 허락이 없어도 북한과 교류를 할 수 있도록 해주어야 한다. 독일 통일에 있어 지방정부와 NGO 단체들의 역할이 얼마나 컸는지를 생각해 본다면 지방정부가 대북 교류사업의 주체가 될 수 있도록 법령을 하루빨리 정비해 주어야 한다.

필자는 브레이크뉴스(Break News) 칼럼(2011.7.27.)에서 "MB, 구체적인 통일 프로그램 내놓아야!"라는 기고를 한 적이 있다. 우리의 소원은 통일! 평화적인 남북통일을 언제까지 기다려야 하며 어떻게 해야 남북 모두가 만족하는 통일을 할 수 있겠는가? 2000년 6월 15일은 남북 정상이 평화와 화해, 협력의 길을 선택하여 1단계 통일을 시작한 역사적인 날이었다.

만일 어떤 사태로 인해 베트남처럼 전쟁이 일어난다면 북한의 재래식 포탄으로도 서울은 각 가정의 도시가스관이 폭파되어 순식간에 불바다가 될 것이다. 또한 삼성과 현대 반도체공장, LG 전자공장, 현대자동차, 포항제철과 같은 산업시설과 원자력 발전소 등이 폭파되어 아비규환의 불바다가 될 것이다.

우리의 경제는 파탄 나고 공든 탑은 무너져 지옥이 되겠지만 4대 강대국은 미소를 띠게 될지도 모른다. 무기 팔아서 좋은 것도 있거니와 IT 강국이 무너지게 되면 이웃나라 경쟁국은 얼마나 좋아하겠는가? 그리고 1905년 일본의 가쓰라 수상과 미국 태프트 장관의 밀약과 같은 휴전협상이 이루어진다면 북한은 중국의 변방국가로 편입되고 남한은 일본의 경제속국이 될지도 모른다.

박근혜 대통령은 MB 정부의 정책이 아직도 유효한지 국민들에게 알려야 하겠다. 유효하다면 50조 원 규모의 통일세의 필요성, 통일 방안, 통일 시기, 통일헌법 등에 대해 구체적인 프로그램을 국민들에게 제시하면서 납득시켜야 하겠다.

필자가 생각하기에 통일 방안은 크게 두 가지로 나눌 수 있는데, 휴전선을 없애는 방안과 그대로 두고 하는 방안이 있다. 흡수통일과 적화통일은 휴전선을 없애면서 하는 통일이다. 하지만 휴전선을 없애려면 많은 돈이 들든가 피의 대가를 치러야 한다. 우리는 독일식 흡수통일과 베트남식 적화통일의 폐해를 너무나 잘 알고 있다.

독일 알브레히트 슈미트 HVB그룹 회장은 독일처럼 흡수통일을 하게 된다면 막대한 통일비용, 근로생산성의 감소, 단일화폐 도입, 임금 폭등과 같은 4대 악재 때문에 경제 성장률은 하락세를 면치 못할 것이라고 했다. 그리고 미국의 랜드연구소도 독일식 흡수통일을 하면 통일비용은 최소 500억 달러에서 최대 6,700억 달러에 이를 것이라고 했다. 아마도 MB정부의 50조 원의 숫자도 여기에서 유추했을 것이라고 본다.

노태우 정부 때 만들어진 남북한 정부가 추진하고자 하는 통일방안은 어떤 점이 다른가를 검토해보자. 남한정부가 원하는 민족공동체 통일방안의 핵심은 (1)자유민주주의 사상 (2)통일헌법에 의한 남북 동시선거 (3)1국가, 1정부, 1법률 체제를 고수하면서 독일방식으로 북한을 흡수하자는 것이다. 반면 북한정부가 주장하는 방안의 핵심은 (1)김일성 주체사상 (2)연석회의 방식 정치협상 (3)1국가, 2정부, 2법률 체제를 주장하면서 베트남식 적화통일을 염두에 두고 있다.

필자가 제안하는 통일 방안으로서 휴전선을 그대로 두고 하는 상생의 평화통일 방안을 검토해보자. 통일비용이 거의 들지 않으면서 오히려 돈을 버는 평화통일 방안이란 어떤 것인가? 남북한 정부가 원하는 통일방안을 종합적으로 비교, 검토하여 서로 손해가 없는 평화통일 방안을 제안한다.

세계적인 투자은행 겸 증권회사인 골드만삭스(Goldman Sachs)는 한국이 유럽처럼 1국가 2체제 연합국가 형태로 통일을 하게 된다면 북한의 자원과 노동력, 남한의 기술과 자본이 상생 결합하여 2025년에 한국의 1인당 GDP(Gross Domestic Product)는 3만 6,813달러, 2050년에는 8만 1,462달러로 미국에 이어 세계 2위가 될 것이라고 예측했다.

　　유럽식 연합국가 체제처럼 1국가 2체제인 분권형 집정제(分權形執政制) 국가체제로서 통일중앙정부가 외무부와 국방부를 담당하여 1국가체제로 하고, 2정부체제로서 남북한 별도의 행정부가 나머지 부처를 담당한다. 국방부의 예를 들어 좀 더 자세히 설명하면 군인 수를 대폭 줄이고 똑같은 수로 하여 각각 차관을 두고 장관은 1명을 두되 4년 임기를 정하여 2년씩 교대로 담당한다. 그리고 북한에는 평양시 행정부, 남한에는 세종시 행정부를 두고 각각의 행정부의 책임자를 수상(首相)이라 한다. 중앙정부의 대표인 영수회의는 선거의 대혼란을 피하고 어느 한쪽으로 치우치지 않게 하기 위해 한 사람이 아닌 남북동수의 화백회의(和白會議) 집단체제로 하자는 것이다.

　　요약하여 다시 설명하면 첫째, 새로운 통일국가의 사상은 세계에서 가장 보편적인 천지인 평화사상으로서 카오스 우주 생명사상을 기반으로 한다. 둘째, 1국가, 2체제, 2지방정부(세종시, 평양시)로 한다. 셋째, 남북한 따로따로 분리 동시 선거를 실시하여

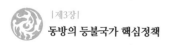

1국가체제의 공동대표인 화백회의 대표 영수 2명과 2지방정부(세종시, 평양시)의 수상 2명을 각각 선출한다. 그리고 국회는 상하양원제로 한다. 두 명의 영수는 아버지 역할로서 국방과 외교문제를 담당하고 두 명의 수상은 남북이 따로따로 현재와 같이 국가예산을 별개로 편성하면서 내치를 담당하는 어머니와 같은 역할을 한다.

통일을 대비하기 위해 화백당(국회의사당)과 화백궁(영수회의실)을 새로 판문점에 건설하고 비무장지역(DMZ)과 민통선지역(CCZ)을 무비자, 무관세지역으로 선포하여 세계평화도시로 개발한다면 남북 모두 체제안정과 경제 발전을 이루게 될 것이다.

DMZ에선 아직도 무지한 인간의 전쟁은 끝나지 않았지만 자연은 인간의 의도와는 아무 상관없이 지구에 단 하나밖에 없는 '자연생태공원'을 만들어 가고 있다. 치졸한 전략과 전술의 드라마는 끝났지만 수백만 명의 생명을 앗아간 것도 모자라 숨겨진 무기는 아직도 생명을 노리고 있으며, 세계에서 유일한 전쟁세트장으로 남아 전 세계인들에게 깨달음의 기회를 주고 있다.

박근혜 대통령은 영성대통령으로서 이 깨달음을 빨리 알아차려 생명의 고귀함을 인식하고 전쟁보다는 평화, 분단보다는 통일을 염두에 두어야 한다. 그리고 건설경기도 살리고 안전한 통일 안전장치로서 서울시의 3배, 여의도의 1,120배의 땅인 민통선 지역을 개발하여 이 땅에서 전쟁이 다시는 일어나지 않도록 보은(報恩)차원에서 67개 참전국에 분양하여 세계적인 평화도시 국가를 만들고 UN본부를 유치한다면 박근혜 대통령은 세종대왕보다 더 훌륭한 대통령으로서 역사에 길이 남게 될 것이다.

2016년 총선과 2017년 대선에서는 해외동포와 국민의 열렬한 통일 열망에 따라 정치권은 통일을 원하는 세력과 반대하는 세력으로 재편될 것이다. 차기 새로운 정부는 북한과 통일에 대한 합일을 이끌어 내어 통일헌법을 제정하여 남북한 동시에 2017년 총선과 대선을 함께 치루고 통일국가를 건국하여 2018년 동계올림픽에서 세계만방에 위대한 대고려연합국(The Grand Corea Union)을 선포하게 될 것이다.

내가 만약 대통령이라면 국민이 정말 공감할 남북통일 5개년 계획을 내놓으면서 앞으로의 남북 평화통일 방안, 통일비용, 통일시기, 평화통일헌법 제정과 국가상징인 국호(國號), 국기(國旗), 국가(國歌) 제정에 있어서 전 세계 한민족에게 모바일로 국민투표를 실시하면서 통일 분위기를 조성해 나가겠다. 온 국민이 걱정해 온 세월호 사태가 대한민국에서 한 발짝 더 나아가 대고려연합국(The Grand Corea Union)의 건국과 아시아 국가연합(Asia Union)의 역사가 시작되는 계기가 되는 아주 크나크고 중요한 분수령이 되었음을 국민이 깨닫도록 하겠다.

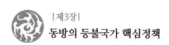

|제3장|
동방의 등불국가 핵심정책

06 한글 세계화를 위해 '세계지식정보은행'을 설립하겠다

한 마리 우두머리 사자가 지휘하는 백 마리 양떼 군단과 한 마리 양이 백 마리 사자를 리드하는 군단이 싸운다면 어느 쪽이 이기겠는가? 여기서 싸운다는 의미는 좋은 정책 추진을 의미한다. 만일 이명박 대통령이 4대 강 사업 대신 과학 기술 투자와 중소기업 육성에 수십조 원을 투자했더라면 하고 아쉬움이 남는다.

박근혜 대통령은 지난 추석 연휴 동안 청와대에 머물며 하반기 국정 현안으로 경제 활성화와 일자리 창출에 대해 중점 점검했다고 한다. 핵심 내용을 보면 투자 활성화, 규제 개혁, 부동산 시장 활성화 등 각종 경제 살리기 대책과 시행령 및 시행규칙 정비 사항을 정리하겠다는 것이다. 박근혜 정부가 출범한 지 벌써 1년 8개월이나 되었는데 아직도 구태의연하게 산업화시대부터 써먹은 정책이라니 이해가 가지 않는다.

박정희 대통령이 훌륭한 것은 농경사회에서 산업화시대를 예견하고 미래 지향적인 정책을 추진했기 때문이다. 이제 박근혜 대통령은 산업화시대가 아닌 지식정보화시대에 걸맞게 국가정책을 펼쳐야 한다. 2014년 금년은 이미 아날로그 시대에서 디지털 시대인 3D(Digital, Design, DNA)로 바뀐 지가 오래되었다. 세계 선진국 지도자들은 대 변혁의 지식정보화시대 정책을 추진하고 있는데 청와대와 정부가 시대의 변화를 체감하지 못하는 것 아닌가 의심이 든다. 이명박 대통령처럼 시대에 역행한 정책을 펴지 않길 바란다.

지난 대선 때 박 대통령이 전자공학을 전공했다는 이유 하나로 새누리당에 입당하여 "전자국가혁신위원회"를 만들어 많은 전문가들과 정책집을 만들어 대통령인수위에 제출하기도 하고 최근에 대통령 비서실장 앞으로 혁신적인 국가개조정책을 건의했지만 지금까지도 묵묵부답이다.

전 국민 일자리 창출과 한글문화의 세계화 및 세계적인 지식정보국가 건설을 위해 역사에 길이 남을 수 있는 획기적인 정책으로서 〈세계지식정보은행〉설립의 필요성을 강조하고자 한다.

세계지식정보은행은 전국 대학과 국·공립 도서관에 소장하고 있는 책 약 2,000만 권과 모든 영상자료인 미술과 음악 관련 자료를 컴퓨터에 입력하여 지식정보댐을 구축하자는 것이다. 또한 선진국에서 강탈해간 우리 문화재의 책 내용을 사진 찍어서 전자자료화하고 한자문화권 국가인 중국과 일본 등 국가의 전자도서관 사업을 수주 받아 오면 일거리는 얼마든지 있다. 따라서 사회문제가 되고 있는 여성의 출산과 육아문제, 노인의 치매문

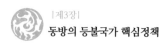

제, 장애우와 청년의 실업문제가 모두 해결될 수 있다.

제2새마을운동처럼 "지식정보화운동"을 추진하여 지식정보댐(Big Data)을 건설하는 데 교수들이 앞장서고 전 국민이 동참하여 세계에서 제일 큰 전자도서관을 만들자는 것이다. 전자도서관을 구축하는 데 기여한 전국 대학 교수와 책을 집필한 저자들에게 자기가 집필한 책을 〈세계지식정보은행〉에 현물로 출자하면서 주식으로 배당해 준다.

그리고 저작권이 상실된 책이나 기타 책은 전국 노인, 여성, 장애우, 청년들이 경로당과 집에서 컴퓨터로 입력 작업을 하게 되면 수백만 명의 일자리가 한꺼번에 창출되어 민생경제가 활성화되고 생산적 복지시스템이 정착될 것이다.

〈세계지식정보은행〉을 신설할 수 있도록 필자가 15대 국회에서 제정했다가 MB 정부에서 정보통신부와 함께 없어져버린 "국가지식정보자원관리법"을 다시 특별법으로 제정해야 한다. 전 국민이 참여하는 지식정보화운동과 함께 민관투자 공기업으로 〈세계지식정보은행〉을 시급히 설립하게 되면 그 기대효과는 대략 다음과 같다.

첫째, 전국의 책, 미술, 음악 등 모든 자료를 컴퓨터에 입력하여 세계에서 제일 큰 Big Data 전자도서관을 구축하는 데 주부가 참여하게 되므로 아기를 돌보면서 집에서 일할 수 있어 청년 3포(연애, 결혼, 출산)문제가 해결되어 저출산 문제도 해결될 것이다.

둘째, 노인들도 집에서 컴퓨터 입력 작업을 할 수 있어 용돈도 벌고 치매도 예방되고 컴퓨터 실력이 향상되며 정부에서 추진하는 시혜성 복지에서 모두가 일하는 생산적 복지시스템으로 전환되어 국가 부도를 예방할 수 있다.

셋째, 전자도서관 구축 비용은 서민 가계에 보탬이 되어 내수시장이 살아나고 민생경제가 활성화되는 것은 물론, 개인 및 지역, 세대 간의 정보화 격차가 해소되어 세계적이고 보편적인 정보 접근성이 개선되어 빈부 격차가 해소될 것이다.

넷째, 대학생들이 한글 전자책을 완성하는 데 참여하여 등록금을 벌 수 있어 반값 등록금 문제도 해결되고 초·중·고생은 책가방 없이 전자책으로 공부할 수 있으며 전 세계 한민족이 휴대폰으로 정보와 지식을 공유할 수 있어 고급의 한류가 전 세계로 퍼져 나갈 것이다.

다섯째, 일본이나 프랑스에 반출된 책과 문화재를 컴퓨터로 입력하게 되면 학자들에게 좋은 연구 자료가 되고 일본과 중국이 소유하고 있는 책은 한자로 되어 있기 때문에 우리와 관계된 책을 한글 전자책으로 출간하면 잃어버린 고조선 이전 1만 년 역사가 복원될 것이다.

　박 대통령은 각종 국제회의에서 〈세계지식정보은행〉 설립의 중요성을 역설하여 전 국가가 참여하도록 독려한다면 문화의 장벽이 허물어지고 한글의 세계화로 세계적인 지식정보국가가 되어 훌륭한 대통령으로서 역사에 길이길이 남을 것이다.

　한반도가 통일되고 전 세계 한민족이 단결되어 동방의 등불국가가 되느냐 못 되느냐의 선택은 오직 대통령의 리더십에 달려 있다. 한 마리 우두머리 사자가 지휘하는 백 마리 양은 사자처럼 되고, 한 마리 양이 백 마리 사자를 리드하는 군단은 양처럼 된다면 어느 쪽이 이기겠는가?

　이제 대통령이 되기 위한 3M 조건에서 당의 조직(men)과 선거를 치를 돈(Money)이 문제가 아니고 국민을 행복하게 해줄 좋은 정책(Message)이 중요한 때이다. 국민 여러분의 현명한 판단이 국가와 민족의 미래를 결정하게 된다.

인류 어머니 마고(麻姑)의 콘텐츠로 문화
영토를 넓히겠다

마고성(麻姑城)복원과 마고의 날(MAGO Day)을 정합시다.

이제 남성의 호전적인 생각으로는 전쟁 없는 세상을 만들 수
없다. 여성시대를 맞이하여 전 세계 인류의 어머니인 마고(麻姑)
의 모성애로 인류행복, 세계평화, 우아일체가 완성되는 세상을
만들어야 한다. 남북통일, 민족통일, 천하통일을 이룩하기 위해
"마고문화사업"을 세계로 펼쳐야 한다.

필자는 마고 소설(The Great Mother MAGO : 노중평, 정호선 공저, 2012)을
노중평 선생님과 같이 출간했다. 마고 문화콘텐츠(만화, 캐릭터, 다큐
멘터리, 마고엔젤합창단, 게임, 연극, 드라마, 영화, 오페라, 뮤지컬 등)를 제작하고
제2의 싸이, 소녀시대와 같은 세계적인 K-Pop 스타를 발굴하
여 문화경제대국을 건설하고자 한다.

30대 초반 젊었을 때 2박 3일로 지리산을 종주하면서 지리산
의 웅장함을 알았다. 지리산 천왕봉은 여러 산봉우리와 능선을
거느리고 정점에 웅장한 모습으로 우뚝 서 있는 제일 높은 봉우

리다. 정상에 높이 1.5m의 표지석이 있는데 앞면에는 "智異山 天王峯 1,915m", 뒷면에는 "韓國人의 氣像 여기서 發源되다."란 문구가 새겨져 있다.

지난 2008년 7월 우연히도 남원시 운봉읍에 있는 황산(荒山)을 찾았는데 이때 지리산과 다시 인연을 맺게 되어 여기서 대한민국 사이버국회 민의원을 개원하고 황산연수원과 한국영성치유센터를 남원시에 마련한 적이 있었다.

인류의 조상에 대한 의문을 가지면서 "인류의 시원(始原) : 에덴동산과 마고성(麻姑城)의 이야기(2008.9.17)"와 마고성을 세계적인 문화콘텐츠 산업으로 육성하자는 뜻에서 "마고성(麻姑城)의 이야기를 세계적인 영화로!(2008.9.23)"라는 주제로 호남일보에 기고한 내용을 다시 정리하여 SNS에 올린 바 있다.

마고(麻姑)라는 말의 기원은 마구, 우마이, 할미, 곧 창조주를 의미한다. 중앙아시아의 고대 투르크의 여신 우마이(땅을 관장하는 생명의 여신)에서 기원 되었으며, 몽골 북부 흑해 바이칼 호수의 여성무당인 어마이, 오마이, 우다간에서 왔으며 우리말은 할미에 해당한다. 인류역사학자에 의하면 약 1만 3천 년 전 한차례 기상 대이변 이후로 모든 생명이 사라졌으며 마고 이외에는 생명이 존재하지 않았다고 한다.

하늘의 뜻에 따라 나라를 세웠다는 것을 알리기 위한 책, 신라시대 박제상의 '부도지(符都誌)'에 의하면 마고성(麻姑城)은 지상에서 가장 높은 성이고 천부(天符)를 받들어 선천(先天)을 계승하였다고 한다. 마고는 선천을 남자로 후천을 여자로 하여 궁희와 소희를 낳았고, 이 두 딸이 역시 선천과 후천의 정을 받아 결혼하지 않고 각각 황궁, 청궁, 백소, 흑소를 낳아 황인종, 청인종, 백인종, 흑인종의 기원이 되었다고 한다.

마고의 뜻은 하늘과 땅을 이어주는 신과 같은 사람, 약 일만 년 전 요하강과 동북아의 문화를 꽃피웠던 주인공인 우리 동이족의 어머니이다. 마고가 사는 마고성은 북동쪽으로 천산 산맥(히말라야 산맥)을 통해 중국과 인도로 접하고 남서쪽으로는 율라이만 산맥과 이란 고원을 통해 메소포타미아와 연결되었다고 한다.

마고할미는 크고 위대한 인물로서 마고(麻姑, 마, 할머니)란 [마]의 땅의 여성 지도자를 뜻하는 말이다. 삼베를 만드는 마(麻)는 마고성의 중요한 식물 중 하나여서 [마]라는 이름이 붙었는지 모른다. 지금도 한국에서는 사람이 죽으면 수의로 삼베옷을 입혀 매장하는 전통이 있는데 여기서 나온 것이 아닌가 한다. [麻(마)]자의 고대 한자의 형상은 두루마기를 입은 지도자의 형상으로 그 지도자가 입은 옷이 삼베옷이었던 듯하다.

마고의 장녀격인 황궁은 마고성을 떠나 황궁씨족을 이끌고 북동쪽으로 향하여 양고산(백두산) 부근에 안착했다. 그 후 약 1,000여 년 지난 뒤 황궁씨의 자손 환인씨가 천산 산맥 가운데의 영현산 부근에 환인국을 세우고 그의 자손인 환웅씨가 부근의 씨족 사회를 배달족으로 융합하여 환웅국을 세웠다고 한다. 마고 시

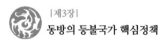

대는 고대의 모계 씨족 시대를 상징하지만 환웅씨 이후부터는 부계 씨족 사회를 상징한다고 한다.

  마고는 12지파의 후손들이 세계로 뻗어나가 나라를 세우고 번성하자 자신의 역할이 다 끝났다고 생각하여 지리산으로 들어가 산신이 되었다는 전설이 있다. 지금도 지리산 천왕봉에는 마고 성모를 모시는 사당이 있으며 지리산 골짜기마다, 봉우리마다 할머니의 흔적이 남아 있다. 마고할머니가 가지고 놀았다는 마고할머니의 5층 공기돌바위, 말바위와 형제바위가 있으며 마고할미가 참았다가 오줌을 누었는데 그 오줌발이 바위를 파서 자취가 남아 있다고 마을 사람들은 믿고 있다.

  또한 마고가 지리산의 산신이 된 데에는 애틋한 사연이 있다. 마고는 마고성에서 인간을 보살피다가 반야라는 천신과 사랑을 나누었지만 반야는 매정하게 천상으로 올라간다. 마고는 오랜 세월 옷을 지으며 반야를 기다렸지만 반야는 오지 않았다. 그러던 어느 날 반야가 어디론가 날아가는 모습을 본 마고는 후손들에게 안녕을 고하고 반야를 쫓아 지리산에 오르지만 반야는 그녀를 외면하며 사라진다. 마고는 명상을 하면서 마음을 다스리고 지리산의 성모신이 되었다고 전한다.

  황산 기슭에 육체에 해당하는 사이버국회 연수원과 영적 성장을 위한 영성치유 센터를 마련한 것은 많은 사람들이 신인합일(神人合一)의 경지에 도달할 수 있도록 돕기 위해서이다. 마고의 직계 후손으로서 천손민족인 우리가 세계 평화와 인류의 행복을 위해 사명감을 가지고 불완전한 선악의 이원론의 사상을 천지인의 삼원론으로 완성시키고자 함이다. 사랑과 자비로 지구를 진정한 에덴인 마고성으로 복원시키고자 함이다. 마고역사를 이어받아 카오스 철학과 프랙털 사상의 영적 세계를 열고자 지리산에 마고성을 복원하자.

전 지구인의 시원(始原)인 마고의 역사와 문화를 차원 높은 한류로 발전시켜, 대고려국(Grand Corea Union)의 문화영토를 전 세계로 넓히고, 마고문화산업을 통해 문화경제를 활성화시켜 국가위상을 높이고 싶다. 또한 천손민족, 동방의 등불국가로서 세계적인 정신지도국가의 역할을 담당, 인류행복과 세계평화에 기여하는 「마고문화재단」을 설립하여 마고 콘텐츠를 세계화하고 싶다. 뜻이 있는 분의 연락을 기다린다.

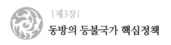
|제3장|
동방의 등불국가 핵심정책

08 종이지폐(1, 5만 원권) 발행 중지, 전자화폐로 망국적 부정부패 척결하겠다

지하자금 양성화를 위해 세계 처음 전자화폐본위제도 실시하여 정치, 경제 선진국 진입해야 합니다.

요사이 대다수 국민의 분노를 사게 하는 사건들의 주역은 많이 배우고 국가로부터 많은 혜택을 받아온 사회 지도층 인사들이다. 경제선진국 구호가 무색할 정도로 부정부패가 만연되어 국가기강 해이가 그야말로 가관이다. 정말 이 나라가 제대로 가고 있는가 한 번 되돌아볼 필요가 있다.

이러한 부정부패로 국제투명성기구에서 발표한 우리나라 부패인식지수 순위는 세계 180개국 중 43위이다. 또한 우리나라 행복지수는 세계 178개국 중 102위로 우리는 불행하다고 생각한다. 서민의 삶은 팍팍한데 고위층의 부정부패 뉴스가 연일 터져 나오니 행복하겠는가?

한국은행에서 5만 원 고액권을 발행한 이후 부정부패는 더욱더 만연되고 있다. 고액권을 발행하게 되면 고액현금거래로 탈

세, 불법자금 수수가 더 용이하게 되는 것은 누구나 아는 사실이다. 박근혜 대통령은 부패지수를 낮추어 투명국가를 반드시 만들어야 한다. 서민이 못살고 서민에게 기회가 주어지지 않는 것은 바로 투명하지 않기 때문이다. 불투명성은 강자에게 편리하고 특권층에게 유리하다.

투명국가를 가로막는 부정부패의 원흉은 무엇인가? 검은 돈, 현금거래이다. 그러면 원인을 제거하기 위해서 "종이돈"을 없애버리고 전자화폐를 사용하면 가능하지 않겠는가? 종이돈 없이 생활할 수 있겠는가? 교통편은 교통카드를 사용하고 물건을 구입할 땐 신용카드나 체크카드를 사용하면 가능하다. 교통카드와 같은 선불카드와 은행카드와 같은 후불카드로 모든 결제를 할 수 있도록 전자화폐제도를 전국적으로 도입하면 모든 것은 해결 가능하다.

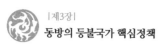

전자화폐[electronic money(e-money)]의 사전적 의미는 돈의 가치 기능을 전자정보로 전환하여 정보통신망을 통해 상품을 거래하거나 결제하도록 고안된 화폐이다. 전자화폐의 종류로는 현금정보가 담긴 IC카드와 인터넷상에서만 쓰이는 사이버 머니가 있다.

IC카드의 경우, 지정 은행 계좌에 돈을 입금하면 IC카드에 일정 금액이 이체되고, 가맹점에서 물품 구입이나 서비스를 이용한 뒤 단말기에 IC카드를 접촉하면 대금이 나가는 방식이다. 영국의 몬덱스 카드가 대표적으로 1990년에 웨스트민스터은행이 집적회로(IC)를 내장한 카드에 화폐가치를 저장해 일상생활에서 사용할 수 있도록 개발했다.

사이버 머니로는 네덜란드 디지캐시사가 개발한 이캐시(e-cash)가 대표적으로, 은행이 발행하는 이캐시에서 필요한 금액을 자신의 컴퓨터에 옮겨두고 그것을 인터넷상의 거래 결제에 쓰거나 타인의 컴퓨터에 송금하는 시스템이다. 이외에도 다양한 형태의 전자화폐가 개발 중이며, 인터넷의 광범위한 보급과 정보통신 기술의 발달에 힘입어 더욱 확산될 전망이다.

현재 국내 전자 지불 및 IC카드 산업은 획기적인 발전을 하여 전자주민증, 전자여권 등을 포함시킬 수 있는 기술이 준비되어 있으며, 이동통신을 이용한 무선 결제 서비스도 준비되어 있다고 한다. 머지않아 다양한 수단을 기반으로 언제 어디서나 자유롭게 결제할 수 있는 유비쿼터스 지불 시대를 앞두고 있다. 법적인 뒷받침을 하기 위해 "전자금융거래법"(2006. 4. 28 법률 제7929호, 시행일 2007. 1. 1)도 이미 제정되어 시행되고 있다.

전자화폐는 IC가 들어 있는 플라스틱 카드(IC집형)로서 미리 일정액의 돈을 저장해 놓은 뒤 물건을 살 때마다 돈을 꺼내 쓰는 선불(先拂)방식이다. 반면 신용카드는 은행카드나 백화점카드처럼 후불(後拂)로 일종의 외상거래를 하는 셈이다. 전자화폐는 보다 편리하게 돈을 쓰는 방법으로 지폐나 동전을 가지고 다니는 불편을 없애기 위한 것이며, 특히 인터넷 보급이 확대되면서 전자화폐의 필요성이 더욱 커졌다. 현재 여러 회사에서 많은 종류의 전자화폐를 발행하고 있어 중복투자 방지는 물론 호환성을 갖도록 국가에서 표준화를 서둘러야 한다. 한국은행에서는 신권 발행을 중지하고 주도적으로 전자화폐 정책을 펼쳐야 하겠다.

전자화폐의 사용방법은 네트워크형과 IC칩형이 있다. 네트워크형 전자화폐는 발행 회사와 제휴를 한 은행이나 PC방 및 편의점 등에서 살 수 있으며 비밀번호가 필요하다. IC칩형 전자화폐도 은행이나 카드사에서 구입할 수 있지만 비밀번호가 필요 없다. 대신 IC칩형은 전자화폐 칩을 읽어내는 단말기가 있는 곳에서만 쓸 수 있으며 돈이 떨어질 때 충전하는 것도 단말기에서 해야 한다. 최근엔 IC칩을 휴대전화에 넣기도 하여 휴대전화의 무

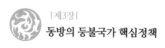

선 통신망을 이용하므로 단말기가 없어도 전자화폐를 쓸 수 있다.

부패인식지수에서 부패 없는 나라 1위인 핀란드, 아이슬란드, 뉴질랜드, 스위스 사람들은 "현금을 내밀면 이상하게 생각할 정도"로 대부분의 상거래를 신용카드로 한다. 박근혜 대통령은 지금이라도 늦지 않으니 임기 내에 "전자화폐추진위원회"를 만들어 고액권(1만 원, 5만 원)을 없애고 5천 원 소액권과 동전 및 전자화폐를 사용하여 전 세계에서 가장 투명한 국가, 부정이 없는 나라를 만들어 국민들의 벌레 먹은 영혼을 치유해 주기 바란다.

전자화폐를 사용하게 되면 모든 거래가 온라인상에서 이루어지므로 고소득자의 탈세가 어렵고 수백조 원의 지하자금이 나오게 되어 경제가 활성화될 것이다. 또한 우리나라가 최초로 시행한다면 개발된 시스템을 다른 나라에 수출할 수 있으며 세계 화폐가 전자화폐로 통일될 것이다.

종이돈은 어디를 가도 지옥을 만들어내고 전자화폐는 어디를 가든 천국을 만들어낼 것이다. 지혜 있는 자는 모든 것을 천국으로 변형시키는 비밀을 알고 우둔한 자는 모든 것을 아름답게 만드는 비밀을 모를 뿐이다. 우리 모두 박근혜 대통령이 지혜가 충만한 좋은 대통령이 되실 수 있도록 협조하여 좋은 나라를 세워보자.

09 전국 대학생 벤처창업 학점제 도입하여 생각의 구(球) 교육으로 바꾸겠다

부모, 교육부장관, 대통령이 생각의 구(球) 개념으로
사고의 틀을 바꿔야 한다.

대한민국이 병들어 가고 있다. 청소년들이 정신적으로, 육체적으로 병들어 있기 때문이다. 어느 언론 기사에 의하면 아동심리학 박사인 엄마가 6학년 초등학생을 매일 데리고 자는데 아직 소변도 못 가리고 1주일에 1~2차례씩 이부자리에 오줌을 싼다는 것이다. 평균 출산율이 1.19명으로 부모의 과잉보호로 '정신적 이유기(離乳期)'를 놓쳐 성인이 되어서도 아이처럼 부모의 일방적 헌신을 당연하게 여기는 것이 큰 문제이다.

대구의 한 중학교 2학년생의 어머니는 한 과목에 수십만 원 하는 학원 과외에 돈을 쏟아 부었으나 성적이 안 올라 아들에게 "너한테 들인 돈이 아깝다"는 등 '악담'을 퍼붓기 시작했는데 그로부터 얼마 뒤 아들이 노트에 '엄마를 죽이고 싶다'라고 쓴 글귀를 발견하고 큰 충격을 받았다고 한다.

아이들의 불행과 일탈 배경에는 부모의 영향이 크며 특히 고

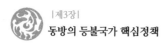

학력 부모들이 자기 욕심대로 아이들을 길들이면서 오히려 자녀 인생에 독이 되는 '독친(毒親·toxic parents)'을 스스로 만들어가고 있다.

서울의 한 고등학교 3학년생이 마포대교에서 한강으로 뛰어내려 스스로 목숨을 끊으면서 명문대를 나온 엄마에게 '엄마와는 할 말이 없다'는 마지막 카카오톡 메시지를 남겼다고 한다. 아이들이 부모로부터 내몰리고 있으며 그 결과는 자살·자해, 가출에 존속살인 같은 문제로 발생하고 있다. 최근 5년간 초·중·고교생이 사흘(2.74일)에 한 명꼴로 자살하고, 자살 원인 1위는 '가정 문제(35%)'로 나타났다.

대학에 입학하는 데 제출할 자기소개서를 의사인 아버지가 "의대에 가려면 경로당 봉사 경력을 부각시키는 게 좋겠다."며 직접 써주었다고 한다. 또한 대학 졸업 후 전역을 앞둔 아들이 취업을 하고 싶은데 아버지가 무조건 대학원에 가야 한다고 하여 말을 꺼내기가 쉽지 않다고 한다. 부모가 과거 자신이 밟아온 성공의 길이나 이루지 못한 한을 자식을 통해 대리만족하려 하는 것이 문제이다. 부모 욕심 때문에 불행한 자식들을 만들어내고 있다.

부모와의 갈등 때문에 사이버 상담을 신청한 건수가 올 한 해만 5,600여 건이나 되며 고학력 부모일수록 자녀에 대한 기대 수준이 높고 분노 표출이 잦아 아이들에게 스트레스를 줌으로써 청소년의 화병(火病)원이 되고 아이들의 성격 형성에도 아주 나쁜 영향을 미치고 있다고 한다.

전국 초·중·고교생 6,946명에 대한 설문조사 결과 주관적 행복지수는 OECD(경제협력개발기구) 국가 평균(100)을 기준으로 6년째 최하위(74.0)를 기록했다. '자신의 삶에 만족한다.'고 응답한 비율은 67.6%로 OECD 국가 평균(85.8%)보다 크게 낮다. '가정 등에 대한 소속감을 느끼지 못한다.'는 청소년들은 13%(OECD 평균 6.7%), '외롭다고 느낀다.'는 청소년은 18%(OECD 평균 7.4%)로 OECD 평균보다 배 가까이 높다고 한다.

왜 우리나라 청소년들은 자기 삶에 대해 불행하다고 느낄까? 엄마와 대화를 자주 하느냐고 물으면 만날 공부 얘기만 하는데 이야기하고 싶지 않다는 것이다. 즉 그 이유는 성적에 대한 압박(23.3%)과 학습 부담(20.8%)이다. 그나마 부모님과 일주일에 서너 번 하는 대화 내용도 학교 및 학원 생활(29.6%), 공부와 성적(17.9%) 등 주로 학업과 관련된 내용이다.

아이들이 자립 능력을 잃고 나약해지고 매사에 고마움을 모르고 불만만 커지는 문제점의 이유를 분석한 결과는 다음과 같다. 첫째, 어릴 때부터 부모들이 짠 인생 스케줄에 따라 아이의 일거수일투족을 간섭한다. 둘째, 부모의 성공·실패 경험을 바탕으로 아이가 결정해야 할 일을 통제하기 때문에 커서도 스스로 결정을 못 한다. 셋째, 자녀의 자유를 존중하는 척하면서 아이 인생 주요 길목에선 부모의 생각을 주입시켜 영혼을 구속하고 있다.

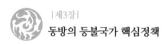

그렇다면 해결 방안은 무엇일까? 부모, 교육부장관, 대통령이 생각을 바꾸어야 한다. 생각을 크게 해야 한다. 철학적인 사고를 해야 한다. 인류의 역사는 물론 지구 및 우주의 과거 역사를 이해하고 미래를 예측해볼 줄 알아야 한다. 아주 작은 전자에서부터 우주의 크기를 생각해 보아야 한다. 인생의 의미를 깨달아야 한다. 교육부총리 이하 교육관계자들은 이제 영수국(英數國) 대신 사과철(史科哲) 교육에 중점을 두어야 한다.

　한국 교육은 끊임없는 암기, 생활상 도움이 되지 않는 교육을 이론적으로 배우고 있다. 미국이나 캐나다 같은 경우 학생들은 어릴 때부터 이론적인 교육도 물론 중요시하지만 더 나아가 생활에 도움이 되고 경험을 쌓을 수 있을만한 것들, 예를 들면 기계를 만지는 법, 재봉틀을 다루는 법, 요리하는 법 등등을 학교 내에서 기본 과목으로 배우고 있다. 한국은 어릴 때부터 뛰놀며 자신의 미래를 그려볼 기회가 없다.

　학생과 부모는 물론 교육 관계자와 대통령은 수시로 생각하고 깨달아야 한다.

　'나는 누구인가? 왜? 나는 존재하는가? 인생의 모든 것은 무엇인가? 왜? 나에게 답이 주어지지 않는가?' 자문을 할 줄 알아야 한다.

　'인생이라 불리는 이 모든 것은 무엇인가? 나는 지구상에 무엇을 하려고 왔는가? 살아 있는 동안 내가 원하는 것을 할 수 있는 여행 같은 것인가? 인생의 모든 것에 의미가 부여되는 어떤 목적이 있는가? 내가 지구에 올 때 내 인생 대본을 가지고 왔는

가? 그렇다면 왜? 나의 역할을 잘 모르고 있는가? 나는 어디에서 출발해서 어디로 가는 것인가?'

어릴 때는 실컷 놀고 차츰차츰 배우다가 대학생이 되면서 교육에 전념해야 하는데 오히려 거꾸로 대학에만 들어가면 미팅이나 술, 담배에 빠지는 이러한 현실이 매우 큰 문제점이다. 결론적으로 사회에 나가 돈 잘 벌고 좋은 직장 구해 결혼해서 편하게 살려는 안이한 문화풍토를 고치지 않고는 우리의 미래는 없다.

21세기는 어떤 시대인가? 3C(Create, Cyber, Culture), 3D(Digital, Design, DNA), 3F(Female, Feel, Fiction), 3G(Genius, Great, Global), 3M(Men, Money, Message), 3S(Space, Spirit, Soul) 시대로 요약할 수 있다.

최근 필자는 경북대 테크노파크 테크노빌딩 내에 사무실을 구해 '카오스아트피아㈜'라는 조그만 회사를 창업하고 섬유패션산업을 활성화하고자 5개 회사들로 '경대카오스아트협동조합'을 만들어 대구시에 등록했다. 경북대 전자과에서 20여 년 동안 교수하다가 오랜만에 와 보니 교육의 문제점들을 피부로 느낄 수 있었다.

우리나라의 망국적인 교육의 병을 고치려면 전국 대학생들에게 창업하도록 기회를 주어야 한다는 결론을 내리게 된 것이다. 박근혜 대통령의 국정목표인 창조경제가 성공하려면 대학이 창업의 부화장 역할을 해야 한다. 병아리 기업을 키워야 한다. 대학교에 벤처창업 필수 학점제를 도입하고 20~30명씩 구성해서 실제로 회사를 창업하도록 하자는 것이다.

경북대의 경우 예를 들어본다면 대학생이 대략 3만여 명이고 교수가 1,000여 명이므로 교수 1인당 지도하에 학생들 스스로 30명 정도씩 모여 회사를 창업하게 한다면 1,000개 회사가 창업될 것이다. 제일 중요한 요소가 창업비용인데 한 개 기업당 초기 창업자금이 1,000만 원이라면 100억이 필요하다. 이 사업을 성공시키기 위해서는 대구시 관계자는 물론 경북대 총장과 동창회장 등 모든 교직원들이 함께 노력해야 하겠다.

우선 경북대 테크노파크 단장을 중심으로 사무를 전담하면서 '경북대 벤처창업 인큐베이터 추진위원회'를 구성하여 세밀한 계획을 세워야 하겠다. 창업초기 기업 육성을 위해 가칭 '1000 스타트업' 사무실을 마련하고 학생과 교수들을 대상으로 창업실무교육을 하고 성공한 졸업생 기업인들을 초청해서 멘토 역할을 하도록 해야 하겠다.

'1000스타트업'에서는 멘토들에게 마케팅·재무·디자인·판매·테스트·법무 등 다양한 분야 전문 강의를 의뢰하고 졸업생 선배 기업인과의 만남 자리도 마련한다. 아이디어만 갖고 있는 수준의 초기 스타트업이 첫 서비스나 제품을 내어놓을 때까지 필요한 모든 서비스를 제공해야 한다.

앞으로 이 사업이 전국적으로 활성화되면 벤처 육성 자체를 사업으로 하는 기업과 초기 운영자금을 대는 전문화된 투자사가 다양하게 존재할 것이므로 누구든 자기 아이디어를 사업으로 증명할 능력만 있다면 나머지를 도와줄 전문가 집단이 즐비할 것이다. 최근 스마트폰과 클라우드 서비스 보급으로 창업비용이 줄어들면서 많은 대학생 창업가들이 나올 것이다.

경북대학교 내에 1,000개 대학생 벤처창업 기업이 설립되었다고 상상해 보자.

첫째, 전공과 학년에 상관없이 유대관계가 좋아져 대학생활이 즐거울 것이다. 둘째, 지도교수와 학생들 간의 벽이 허물어지고 교수가 연구한 것을 사업으로 펼칠 수가 있다. 셋째, 재학생과 졸업생 간의 유대가 잘되어 취직이 쉬울 것이다. 넷째, 학부모와 초·중·고등학생들의 생각이 달라질 것이다. 다섯째, 지방 중소기업과 학교 간의 산학협동이 잘되어 지역경제가 살아날 것이다.

앞으로는 태평양 시대가 도래하여 한국과 중국 및 일본의 중심시대가 오게 되므로 대구시민들이 빨리 깨달아 미국의 실리콘밸리처럼 '팔공산밸리'를 만들어 가야 하겠다. 대구시장, 경북도지사, 국회의원, 대학총장, 기업인 대표들은 생각의 구(球) 개념으로 사고의 틀을 바꾸고 일치단결하여 대통령과 정부 관계자를 설득해서 우리나라 망국적인 교육의 문제점을 대구에서부터 해결하겠다는 의지를 보여 주어야 하겠다.

10 영성지수(SQ) 높고 생각의 구(球)가 큰 사람을 인사기준으로 삼겠다

디지털(Digital)과 유비쿼터스(Ubiquitous) 시대에 맞는 인간상

요즈음 많은 국민들은 새누리당의 친박과 반박, 새정치민주연합의 친노와 비노의 대립 분열상을 보면서 조선 말처럼 대한민국이 또다시 망하지 않을까 걱정이 태산이다. 6.25 한국전쟁 때 4대 강대국의 전쟁터가 되어 버린 우리 강토에서 또 다시 전쟁이 일어나지 않을까 심히 두려워하고 있다.

특히 세월호 사고 이후 도대체 우리나라 배가 어디에서 어디로 가고 있는지 걱정하면서 우리 민족의 미래에 대해 걱정하는 소리가 하늘을 찌르고 있다. 정말 살아갈 희망을 잃고 절망하면서 절규하고 있다. 사회는 온통 남북갈등, 동서갈등, 세대갈등 등으로 서로 상처를 내고 편 가름하는 정치로 인해 나라는 멍들어 가고 있다. 국민의 소리에 귀 기울이는 진정한 국회의원은 과연 몇 명이나 될까?

현재 우리는 한반도에서 천당과 지옥을 연상케 하는 두 가지 영화 대본을 선택해야 하는 절박한 시점에 있다. 하나는 남북한 간에 전쟁을 일으켜 한반도가 초토화되는 것이며, 또 다른 하나는 오순도순 평화롭게 사는 것이다. 만일 전쟁이 일어난다면 서울의 도시가스 시설을 비롯하여 삼성전자와 현대 반도체공장, LG전자공장, 현대자동차, 포항제철과 같은 산업시설과 원자력발전소 등이 폭파되어 아비규환의 불바다가 될 것이다. 경제는 파탄이 나고 공든 탑은 무너져 지옥이 될 것이다. 전쟁 후 북한은 중국의 변방국가로 편입되고 남한은 일본의 경제속국이 될지도 모른다.

박근혜 대통령은 신라 태종 무열왕 김춘추(604~661)가 당나라 군사와 연합하여 백제를 멸망시킨 첫 번째 통일과 고구려 출신 왕건(877~943)이 무력으로 후삼국을 통일하여 고려를 건국한 두 번째 통일에 이어 세 번째 삼국통일을 이룩해야 할 막중한 사명을 가지고 있다.

한 사람의 성공과 실패의 차이는 능력의 차이가 아니라 생각의 차이라고 한다. 한순간 생각을 잘못하면 인생을 망칠 수 있듯이 국가의 운명도 대통령의 통치철학과 국가비전에 의해 크게 좌우된다. 대통령이 장·차관과 청와대 비서진을 비롯하여 수많은 사람을 임명할 때 과거에 무엇을 했는가 하는 것도 중요하지만 미래에 대한 국가관, 민족관, 세계관을 확고하게 점검해봐야 하겠다.

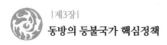

| 제3장 |
동방의 등불국가 핵심정책

제일 우선적으로 이 시대에 맞는 인물인지 아닌지 생각해 보아야 한다. 디지털(Digital)과 유비쿼터스(Ubiquitous)시대에 알맞은 사람으로서 영성지수(SQ)가 높고 생각의 구(球)가 큰 사람을 인사 기준으로 삼는 것이 좋겠다. 대부분 사람들의 인생 목표를 들어보면 수단과 방법을 가리지 않고 어떻게 해서든지 돈과 명예와 권력을 획득하여 건강하고 오래오래 행복하게 살려고 하는 것을 볼 수 있다. 과연 이렇게 사는 게 바람직할까?

그렇다면 바람직한 인생을 살기 위해서는 어떻게 해야 할까? 우리는 매 순간마다 또는 매일, 매년마다 우리의 삶을 과거, 현재, 미래로 나누어 자문자답하면서 살아야 한다. 첫째, 과거에 나는 왜, 어떻게, 어떤 사명을 가지고 태어났었으며, 계획대로 후회 없이 살았는가? 둘째, 현재에 나는 우주의 섭리와 인간의 도리에 대해 제대로 배우고 깨우치고 있는가? 셋째, 미래에 나는 어떤 영적인 농사를 지을 것이며 다음 생을 어떻게 준비할 것인가?

이 문제에 대한 답을 얻기 위해서는 우선 생각의 틀을 지구적 차원이 아닌 우주적인 사고로 바꿔야 한다. 조물주가 만들어 준 지구라는 인공위성을 타고 우주여행을 하고 있다고 생각하면 어떨까? 생각은 크게, 마음은 넓게, 저 무한한 하늘을 보면서 큰 우주관을 가져야 한다. 우주는 누가 만들었는가? 언제 만들었는가? 어디서 만들었는가? 무엇으로 만들었는가? 왜 만들었는가? 어떻게 만들었는가?

이와 같이 자문자답하게 되면 우주 의식이 높아져 우주와 교감하게 된다. 우주는 나뭇가지처럼 진화의 방향으로 진행하고 있다. 인과응보 법칙에 따라 뿌린 씨앗은 자기가 거두게 된다. 탄생과 죽음을 생각할 때 육체는 영혼의 옷에 불과하며 영혼이 카오스 이론처럼 대물림되고 있음을 알아야 한다. 상부상조 법칙에 따라 서로서로 관용, 자애, 사랑을 베풀어야 한다. 전체의 우주와 나는 분리가 아닌 일체라는 것을 터득하고 철학, 종교, 과학이 하나의 진리를 찾는 일에 동참하고 있다는 것을 알아야 한다.

우리는 지구상에 사는 동안 수많은 사람들과 만나 인연을 맺으면서 성공과 실패의 학습을 통해 영적 완성을 이루면서 살아가고 있다. 우리가 죽을 때 육체는 지구로 되돌려 주고 저 세상으로 가지고 가는 것은 자기가 일생 동안 농사지어 가꾼 열매인 자기의 영(靈)이라고 생각한다.

현재는 기술 수준이 낮아 인공위성에 많은 사람이 탈 수가 없지만 앞으로 수백 명이 타고 함께 여행한다고 할 때 인공위성에서 싸운다면 다 죽을 수밖에 없지 않는가? 지금은 정보과학시대이지만 앞으로는 생명과학, 영성과학시대로 이어진다. 시대에 맞게 인생관, 국가관, 세계관, 우주관을 바로 세워 바람직한 인생을 위해 살아가야 한다. 돈과 권력과 명예를 자기 자신과 가족보다는 이웃과 인류를 위해 사용해야 한다.

옛날에는 우주와 생명 자체에 대한 정보가 무지했다. 이제 생각의 구를 최대한 크게 하여 상상력을 확장시켜야 한다. 역사(X), 과학(Y), 철학(Z) 실력을 총동원해서 3차원의 생각의 구(球)를 키워야 한다. 인간으로서는 상상할 수 없을 정도의 굉장히 큰 우주와 굉장히 작은 미세 우주가 카오스 프랙털 구조로 상호 연계해서 존재한다는 것을 알아야 한다. 우리는 지구의 몸 안에 있는 한 세포이며 지구는 우주의 한 세포로서 생명을 가지고 있다. 다른 행성들도 우리와 똑같이 살아 있으며 빛과 지혜를 가지고 있다.

우리는 영적인 존재로서 언제나 살아 있는 것이다. 우리는 나이가 없는 영원한 존재이다. 영적인 실체로서 우리는 지금의 생(生) 이전에 많은 경험을 거쳐 존재해 왔으며 이런 경험을 지구에서도 그대로 가지고 왔다. 즉 우리는 바로 육체 속에 살고 있는 영적인 실체이다. 우리는 사랑과 헌신으로 자신의 영혼을 성장시키기 위한 계획을 가지고 지구에 왔다. 우리는 이곳에 배우러 왔다. 우리의 영혼을 진화시키고 인류 가족을 돕기 위해 인류 행복과 세계 평화를 실행하고자 지금 이 시대와 이 장소를 선택한 것이다.

우리의 생명은 끝없이 진행 중이다. 단지 죽음만이 인간에게 생명의 변형에 대한 자각을 가져다주는 것이다. 영혼이 육체를 입는다는 것은 영혼의 순수한 목적과 의지를 인성 속으로 옮겨 놓는 것을 의미한다. 우리는 사랑 속에서 성장하면서 더욱 지혜로워지는 것이다. 육체는 '물질을 지배하는 마음의 의복'이다. 마음속에서 만들어진 것은 원인이 되며 육체에서 경험되는 것은 결과인 것이다.

우리가 육체에서 벗어났을 때 마음의 힘을 순수하게 사용하는 법을 배우기 위해 지구에 머무르고 있다. 지구상에 존재하는 균형과 불균형의 경험들을 신속하고 지혜롭게 체험함으로써 자신의 마음을 통제하는 것을 배우게 된다. 만일 어리석은 마음을 가진 자들이 조물주를 대신하여 다른 별에서 창조라는 높은 과업을 부여받게 된다면 지구상의 삶과 같은 대 파괴를 창조할 것이다.

지구에서 우리 역할은 가슴으로 느끼는 사랑의 능력을 갖지 못하는 은하계의 존재들이 보고 배울 수 있도록 지구인들이 물질의 형태로 시범을 보여 주기 위함이다. 우리는 사랑과 지혜로 성장하고 있는 이 지구의 생활 속에서 우리의 행위가 스스로 어떻게 평가받을 수 있는지 생각해보아야겠다. 우리들이 가슴으로 사랑하는 방법을 우주의 다른 존재들에게 보여 줄 수 있을 만한 모범이 되고 있는가?

우주의 어떤 별에는 정신 능력과 과학적, 기술적 수준이 많이 앞서고 있어 우리도 그들에게 배울 것이 많지만 도덕적인 감성에 대해서는 우리가 가르칠 것이 많다고 한다. 훌륭한 영적 지도자들은 우리가 육신을 쓰고 있는 동안에 어떻게 신을 완전하

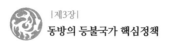

|제3장|
동방의 등불국가 핵심정책

게 사랑하는지를 가르치고 있다. 지구에서 이 교육과정을 완전히 졸업한 자들은 다른 행성인들을 가르치고 스스로 배운 것을 실천하기 위해 이곳을 떠날 수가 있다.

행동은 앎에 대한 시험이다. 은하계의 다른 생명들에게 우리는 무엇을 가르칠 수 있을 것인가? 지구에서 전쟁보다는 평화를 어떻게 성취하는가를 보여 주어야 한다. 극동인 한반도에서의 사상전쟁과 중동에서의 종교전쟁을 막아야 한다. 우주는 카오스 프랙털 구조로 되어 있으며 한민족의 천지인사상으로 무지를 깨우쳐 주어야 세계평화가 온다는 것을 지구인은 물론 전 우주인에게도 가르쳐야 한다.

우리가 인생을 마치고 죽을 때 후회하지 않기 위해서는 우주적인 드라마에서 조물주의 연출에 따라 각자가 맡은 배역의 대본을 정확히 숙지하고 지구라는 무대에서 멋있는 연기를 했는지 생각해야 한다. 대통령은 오케스트라의 지휘자이다. 단원들을 선발할 때 영성지수(SQ)가 높고 생각의 구(球)가 큰 사람을 인사기준으로 삼아야 한다. 그래야 평화스런 천상의 소리가 저 우주로 울려 퍼지게 될 것이다.
만일 대통령이 호전적이고 편 가르기를 좋아하면서 시대에 뒤떨어진 어리석은 마음을 가진 사람들을 계속 임명한다면 대통령의 생각과는 반대로 창조과학, 창조경제, 창조외교는 파탄이 나서 과거 불행했던 역사처럼 한반도는 대 파괴가 창조될 것이다.

11 南北 역사학자들에게 표준 역대 제왕표를 만들도록 하겠다

우리 민족의 뿌리를 올바르게 알아야 평화통일을 할 수 있다.

필자는 2011년 12월 15일 몹시 추운 날 몇 년 만에 '국립경주
박물관'에 가서 유물을 관람한 후 박물관장실에 가서 따뜻한 차
를 한잔 마신 적이 있었다. 국립경주박물관의 역사는 경주고적
보존회라는 단체가 1913년 동부동에 있는 조선 시대 경주부의
관아 건물을 이용하여 진열관을 연 데에서 시작한다. 이는 1926
년 조선총독부박물관 경주분관으로 바뀌어 광복 전까지 유지되
다가 1945년에 국립박물관 경주분관으로 출범하였다는 관장님
의 설명을 들었다.

1975년 국립경주박물관은 큰 획을 긋게 되었는데 현재 위치
인 인왕동에 건물을 새로 짓고 박물관 전체를 옮겼으며, 그때
본관(지금의 고고관)과 별관(지금의 특별전시관) 그리고 성덕대왕신종을
위한 종각을 지었다고 했다.

처음 고고관에 들어서자 우리나라 역사를 한눈에 볼 수 있는

우리 한민족 역사 주요 연대표가 보였다. 한반도에서 인류 출현은 약 70만 년 전에 시작되어 돌을 떼어 사용하였다고 해서 뗀석기 즉 구석기 시대로 구분하였다. 그리고 기원전 8,000년 정도부터 돌을 갈아서 사용하였다 하여 간석기라고 하였으며, 이때는 즉 신석기 시대로 구분하는데 토기를 사용했다고 한다. 그리고 청동기 시대와 철기 시대로 이어지는데 고조선은 기원전 2333년에 건국하여 B.C 108년에 멸망하였으며 신라·가야(B.C 57~A.D 676)로 이어진 것으로 설명하였다.

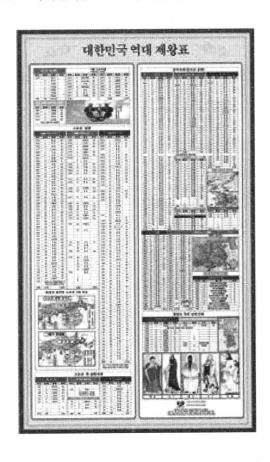

그래서 박물관장한테 질문을 하였다. 필자는 전자공학을 해서 잘 모르지만 우리 역사를 새로 공부해보니 고조선 이전에 환웅시대(18대 왕), 환인시대(7대 왕)를 거슬러 올라가 약 13000년 전 마고 시대까지 있었다고 하는데 어떻게 생각하느냐고 했다. 자기는 고고학자라 확실하게 대답은 할 수 없지만 국사편찬위원회에서 표준 역사 연대표를 제작하여 우리 국민은 물론 전 세계에 알려야 한다고 했다. 중국과 일본은 연대표를 책으로 발간하여 보급하고 있는데 우리나라에는 표준 연대표가 없어서 외국의 한국 역사 전시실에서도 연대표가 서로 다르게 설명하고 있어 혼란스럽다고 했다.

중국인들은 〈삼황오제〉를 자신들의 시조라고 하는데 〈삼황〉은 〈태호복희씨(太昊伏羲氏)〉, 〈염제신농씨(炎帝神農氏)〉, 〈황제헌원씨(黃帝軒轅氏)〉을 말하고 〈오제〉는 〈소호금천씨(少昊金天氏)〉, 〈전욱고양(顓頊高陽)〉, 〈제곡고신(帝嚳高辛)〉, 〈제요도당(帝堯陶唐-요임금)〉 〈제순유우(帝舜有虞-순임금)〉라고 한다.

일본의 시조는 천상의 세계에서 태어난 오누이 관계인 이자나기와 여동생 이자나미라는 신이라고 한다. 이자나기와 이자나미가 결혼을 해서 일본 땅을 만들고 이자나미는 불의 신을 낳다가 죽었다고 한다. 홀로 남은 이자나기의 코와 눈에서 세 아이가 나오는데, 세 아이 중 하나가 태양신 아마테라스 오미카미로 일본신화에서 가장 중요한 신이라고 한다.

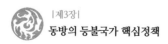

필자는 대한신보(http://www.daehansinbo.com) 발행인이신 박병역 역사가를 중심으로 제작한 "대한민국 역대 왕조표"(http://www.coreaspirit.com)를 필자의 사무실에 걸어 놓고 매일 보고 있는데 하루 빨리 남북 역사학자들은 통일된 우리 민족 역대 왕조표를 제작하여 올바르게 역사를 가르치고 전 세계에 알려야 평화통일의 물꼬가 트일 것이라고 생각한다.

북한은 우리와 갈라진 것이 64년밖에 안 되는 형제의 나라이다. 내가 만일 대통령이라면 남북 역사학자들이 함께 중국과 일본 역사책을 참조하면서 북한 역사를 포함한 표준 역대 제왕표를 만들 수 있도록 대폭 지원하겠다. 우리 민족의 뿌리를 올바르게 알아야 남북한 간 화해도 할 수 있고 평화통일도 이룩할 수 있기 때문이다.

한·일 해저터널은 꿈의 프로젝트, 남북 평화통일의 열쇠,
아시아국가연합의 상징이다.

미래 젊은 세대를 위해 "한국−일본 해저터널은 평화통일 실크
로드"(브레이크뉴스(Break News, 2011. 11. 4.))라는 주제로 칼럼을 쓴 적
이 있다. 우리 한반도는 해상세력과 대륙세력이 충돌하는 지역
이다. 현재도 미국·일본의 해상세력과 중국·소련의 대륙세력이
북한의 핵을 이유로 긴장을 고조시키고 있다. 이들 세력의 충돌
을 없애기 위해서는 소통을 시켜야 한다.

최근 중국이 급속한 경제성장을 바탕으로 군사능력을 강화해
미국의 세계전략과 부딪치면서 동아시아 지역이 불안정한 정세
를 보이고 있다. 프랑스와 독일이 화해 노력을 통해 전쟁의 역
사를 청산하고 유럽공동체 건설의 주역이 된 것처럼 21세기에
한국과 일본이 역사 화해와 해저터널 건설을 통해 긴밀한 협조
체제를 구축한다면 공생공영의 한일 신시대가 개막될 것이다.

영국과 프랑스 사이의 도버해협의 폭은 34㎞이다. 프랑스 칼레스(Calais)에서 영국의 포크스톤(Folkston)까지 해저터널이 건설되어 있다. 1987년 9월에 착공하여 1994년 5월에 완성되었으며 160억 달러의 예산을 들였다. 이 터널은 매일 편도 600대의 기차가 시속 130㎞로 다니고 있으며 양국 경제는 물론 유럽 경제에도 크게 기여하고 있다.

남한과 북한은 물론 4대 강대국의 공동 번영을 위해서는 인적, 물적 자원의 교류가 크게 확대되어야 한다. 이제 북한과의 관계를 더욱 개선하여 통일로 가는 열차가 계속 달릴 수 있도록 해야 한다. 대륙 횡단 철도가 활성화되면서 중국의 TCR(Trans China Railways)과 소련의 TSR(Trans Siberia Railways)의 연결은 우리 경제에 큰 역할을 할 것이다. 따라서 남북 철도 운행은 운송수단으로서 철도의 가치를 국민들에게 크게 인식시켜 철도가 효과적이라는 판단을 하게 만들 것이다.

그동안 우리나라는 남북철로가 막혀 대륙으로 진출하지 못하고 있었으나 지난 2007년 5월 17일, 57년 동안 끊어졌던 남북철도가 이어졌다. 경의선과 경원선이 복원 개통되었다. 남북철도의 개통으로 부산에서 유럽으로 가는 새로운 '철(鐵)의 실크로드'가 탄생된 셈이다. 어렵게 결실을 맺게 된 5·17 남북철도 시험운행이 단지 1회성 행사로 끝나선 안 된다. 남북철도 개통으로 이어져 개성공단 출퇴근과 물류 수송, 금강산 열차 여행 등에 활용되어야 한다. 그리고 북한철도 현대화를 거쳐 한·일 해저터널과 연계되어 발전해 가야 한다.

우리 한반도가 동북아 물류 중심국가가 되려면 일본과의 해저 터널 건설이 필수적이다. 또한 일본은 아시아 국가이면서도 섬나라라는 생각에 탈아시아 정책을 써 왔다. 해저 터널을 뚫어 영국이 유럽 대륙에 연결된 것처럼 일본을 아시아 대륙에 연결시켜 주어야 한다.

한국과 일본의 해저터널의 경우 부산과 대마도 간 거리가 50km, 대마도와 일본 본토까지 121km이므로 우리가 담당할 구간은 부산과 대마도 사이 절반인 25km이다. 영·불 해저터널 건설 비용은 1km당 3.2억 달러가 소요되었다고 한다. 따라서 한·일 해저터널 공사에서 우리가 담당할 25km 구간의 비용은 대략 80억 달러(8조 원)면 된다.

한·일 해저터널과 대륙철도 연계 프로젝트는 남북한과 미국, 중국, 러시아, 일본, EU가 참여하는 국제적인 컨소시엄을 구성하여 추진하면 될 것이다. 남북철도 연결로 남한과 북한은 물류 통관 비용만으로도 많은 이득을 볼 것이다. 남한의 기술과 자본 그리고 북한의 노동이 결합하면 거대한 시너지 효과가 발생할 것이다. 한·일 해저터널 계획 자체만으로도 남북한 철도 연결 사업은 활발하게 될 것이며 북한을 개혁과 개방의 길로 인도할 것이다.

한·일 해저터널은 미래 젊은 세대를 위한 선물이다. 북한을 통과해 간도, 연해주는 물론 만주벌판, 몽골과 연결됨으로써 우리 후손들의 사고의 지평이 무한대로 커질 수 있다. 철의 실크로드를 타고 일본-부산-서울-개성-평양을 찍고 중국, 모스크바, 파리로 나아가자.

한·일 해저터널의 첫 구상은 세계평화통일가정연합 문선명 총재가 1981년 11월 서울 제10회 국제과학통일회의(ICUS)에서 노벨상 수상자를 비롯한 각 분야 학자 720명이 참석한 가운데 '국제 하이웨이·한일터널 구상'을 밝힌 바 있는 것에서 시작되었다. 철도와 자동차도로, 전선·유류 등의 보조터널을 함께 건설한다는 게 기본 구상이다.

한·일 해저터널은 그 출발점으로, 부산-쓰시마(대마도)-이키섬-규슈를 해저터널로 이어 철도·고속도로를 놓는 대규모 건설 프로젝트다. 1982년 4월 일본에서 국제하이웨이건설사업단을 발족했고, 1983년 5월 일본 홋카이도대학 명예교수인 사사 야스오 씨를 중심으로 '일한터널연구회'를 설립했다. 일본 정부는 2000년 모리 요시로 일본 총리가 아시아·유럽 정상회의(ASEM) 참석 차 방한한 자리에서 한·일 해저터널 건설을 공식 제의한 바 있다. 또 2003년 일본 자민당은 한·일 해저터널 건설을 100년 동안 이뤄야 할 3대 국가과제로 선정하기도 했다.

한국에서도 한·일 해저터널에 대한 대통령의 관심이 높았었다. 1990년 5월 노태우 대통령이 한·일 해저터널의 필요성을 최초로 언급한 이래 김대중(1999년 9월), 노무현(2003년 2월), 이명박 대통령도 해저터널에 관해 긍정적 의사를 표했다. 2003년 노무현 정부와 2008년 이명박 정부 때 한·일 해저터널과 관련해 연구를 벌였으나 경제적인 측면에서 부정적인 결론이 나와 구체적으로 추진되지 못했다.

하지만 한일터널의 경제성에 대한 부정적 평가는 건설업과 기타 산업으로의 파급 효과를 고려하지 않고, 단순히 해저터널 자체의 비용과 편익만을 계산한 결과라는 반론도 나왔다. 단순히 여객과 화물량을 기초로 시간과 비용 절약에 따른 비용편익분석을 하면 경제성이 낮게 나타나지만 고용창출, 건설경기 진작 등의 파급효과를 고려하면 충분히 타당성이 있다는 것이다.

국가 간 갈등을 줄이고 평화를 이루기 위해서는 서로 교류할 수 있는 '길'이 필요하다. 전 세계가 하나로 되기 위한 '마음의 길'을 뚫는 작업은 '가장 가까우면서 먼 나라'인 한국과 일본을 연결하는 해저터널에서부터 시작해야 한다.

한·일 해저터널을 뚫는 데 선결돼야 할 양국 국민의 심리적 거리감은 대한해협의 거리보다 더 멀어 보인다. 최근 들어 양국 간의 관계가 나빠지면서 한·일 과거사에 따른 역사적 앙금도 더

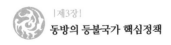

욱 두꺼워진 탓이다. 양국 국민 사이 감정의 골이 걸림돌이다. 이제 한·일 양국이 과거의 앙금을 털어내야 한다. 한·일 해저터널은 남북관계 개선효과가 크다. 북한의 개방과 경제협력에 대해서도 긴밀히 협의해야 한다.

  남북 대화 및 교류협력이 활발해지면 4대 강대국 간에도 정치적 협력이 이루어지고, 결과적으로 한반도에서 안정은 물론 아시아의 평화와 세계평화로 이어질 것이다. 한·일 해저터널은 꿈의 프로젝트이며 남북 평화통일의 열쇠이고 아시아국가연합의 시작이다. 우리나라 대통령의 통 큰 결단만이 남아 있다.

13 정의로운 국가를 위해 대법원장과 검찰 총장을 직선하겠다

미국은 각 지방 검찰총수까지 국민투표 선거로 뽑는다.
대법원장과 검찰총장을 전국 판사와 검사들이 각각 직접
선거하여 영성지수(SQ)가 높고 생각의 구(球)가 큰 사람이
선출하도록 법을 고쳐야!

　CAB국회방송(www.sun21.or.kr)칼럼에 "내가 대통령이라면!(10) 영성지수(SQ)가 높고 생각의 구(球)가 큰 사람을 인사기준으로 삼겠다."는 글을 썼다.(2014. 11. 24.) "만일 대통령이 호전적이고 편 가르기를 좋아하면서 시대에 뒤떨어진 어리석은 마음을 가진 사람들을 계속 임명한다면 대통령의 생각과는 반대로 창조과학, 창조경제, 창조외교는 파탄이 나서 과거 불행했던 역사처럼 한반도는 대 파괴가 창조될 것이다."라는 내용이었다.

　세계일보가 1면 머리기사에 "정윤회 국정개입은 사실"이라는 제목으로 '靑 비서실장 교체설 등 VIP측근(정윤회) 동향'이라는 청와대 내부 문건을 단독 보도했다(2014. 11. 28). 박근혜 정부의 '비선 실세' 의혹을 받고 있는 정윤회 씨가 '문고리 권력 3인방', '십

상시(十常侍)'로 지칭되어 온 박근혜 대통령의 청와대 보좌진을 만나 국정에 개입했다는 내용이다.

정윤회 씨 중심으로 소위 '십상시'가 국정을 농단하고 인사까지 좌지우지했다니 현대판 신돈이 아닐 수 없다. 이번 사건은 '대통령 7시간 의혹'과 더불어 청와대에 상당한 타격을 줄 것이다. 정윤회가 누군가? 유신 시절 국정을 농단했던 고 최태민 목사의 사위이고, 박근혜의 최측근으로서 비서실장까지 지냈던 사람이다. 박근혜 정부 출범 초기부터 이해 못할 인사 파동이 정윤회 작품이라는 보도에 의하면, 김기춘 비서실장까지 물러나게 하려 했다니 이 나라가 정상인가?

청와대는 조응천 전 비서관이 공개한 3인방의 월권 의혹과 인사 난맥상의 진상을 분명히 밝히고 문제를 바로잡아야 하겠다. 청와대 보고서는 경찰 출신 박관천 경정이 조응천 당시 공직기강비서관 지시로 작성되었으며 김 실장에게도 보고됐다고 한다. 감찰 보고서가 제출된 지 한 달 만에 박 경정은 원대 복귀했고, 조 비서관은 그로부터 두 달 뒤 사표를 제출했다고 한다.

상황이 이럴 진데 청와대는 철저하게 수사해 진상을 규명하겠다고 해야 하는데 무조건 근거 없는 허위사실이라며 문서유출 관련자를 색출하여 법적 조치하겠다고 하니 그놈의 법은 누구를 위한 법인가? 진실을 말하면 좌천되고 강제 사퇴당하는 한심한 나라가 바로 한국이다. 합리적 의문을 제기하는 언론에 재갈을 물리고 SNS에 의혹을 제기하는 네티즌을 구속 기소시키려 하는 나라가 독재정부가 아니면 도대체 뭐가 독재정부인가?

청와대 공직기강비서관이 정윤회 씨와 청와대 비서관 등에 대해 자체 감찰을 벌인 것은 세간의 '비선 실세', '문고리 권력' 의혹의 심각성을 단적으로 보여준 것이다. 민간인인 정씨가 청와대 내부 인사와 정보를 교류하고 고위직 인사에 영향력을 행사하려 했다는 의혹이 확인됨에 따라 이들의 실체와 국정 개입, 실정법 위반 여부 등에 대해 엄정한 검찰조사가 뒤따라야 할 것이다.

보고서에 따르면 정 씨가 지난해 말 송년 모임에서 "(김 실장은) '검찰 다잡기'가 끝나면 그만두게 할 예정이다"는 발언을 한 것으로 기록되고 있다. 김진태 검찰총장이 지난해 12월 취임한 뒤 올해 1월까지 인사를 단행하며 '강성 검사'로 분류되던 채동욱 전 검찰총장 계열 검사들을 좌천 인사했다는데 검찰 내에 자기 사람을 심어 검찰을 좌지우지하겠다는 의미로 보아야 하겠다.

김영우 새누리당 수석대변인은 "문건 유출은 국기문란 행위"라면서 "검찰은 누구의 눈치도 보지 말고 한 점 의혹도 남김없이 수사에 만전을 기해야 한다."라고 말했다. 과연 국민이 납득할 만한 조사가 이루어질까? '2007 남북 정상회담 회의록' 유출 관련 혐의자들 모두가 무혐의 처리된 것을 보고 많은 국민들은 이번에도 집권세력의 입맛에 맞게 처리되리라 생각하고 있다.

박근혜 대통령은 청와대 감찰보고서 사건과 관련해 "결코 있을 수 없는 국기문란 행위와 공직기강 문란은 반드시 바로잡아야 할 적폐"라고 했다. 또 "누구든지 부적절한 처신이 확인될 경우 지위고하를 막론하고 일벌백계로 조치할 것"이라고 했다. 검찰에는 "내용의 진위를 포함해 모든 사안에 대해 명명백백하게 실체적 진실을 밝혀야 한다."라고 당부했다. 대한민국의 배가 세월호처럼 좌초되지 않기 위해선 검찰 손에 국운이 달려 있다. 이번 수사에 검찰의 명운이 걸린 것도 유념해야 한다.

초대 검찰총장 권승렬은 1948년 10월 31일에 임명되었으며 현재 40대 김진태 총장은 의욕적으로 검찰개혁을 하려다 사퇴한 채동욱 총장에 이어 2013년 12월에 임명되었다. 제2대 검찰총장 김익진은 이승만의 반대에도 불구하고 대통령의 측근들의 비밀을 파헤쳐 기소했다는 이유로 서울고등검찰청 검사장으로 강등되었지만 지금까지 국민들로부터 많은 존경을 받고 있다.

검찰개혁은 대한민국의 미래와 직결된다. 정치와 재벌의 부패나 타락을 막아야 할 검찰이 정권의 입맛에 맞게 길들여지면, 정의는 종적을 감추고 국민은 정치의 노리개로 전락되고 기본적 권리마저 상실하게 된다.

검찰이 정치와 기득권 세력과의 고리를 끊지 않는 한, 검찰은 영원히 정치와 권력의 시녀 노릇을 할 수밖에 없다. 언제 이 땅의 검찰이 정치와 권력으로부터 자유로운 적이 있었던가? 기소를 독점하고 있는 검사체의 기득권 검찰이 정치 사건들을 국민적 눈높이에서 다룬 적이 있었던가?

우리 국민은 선거 기간만 나라의 주인이고 정치와 경제적인 대형 사건들이 검찰로 넘겨지는 순간 허수아비로 전락된다. 검찰개혁은 국정원 개혁과 함께 더 이상 미룰 수 없는 우리 시대의 최대 과제다.

검찰을 개혁하려면 기소독점권을 폐지해 다양한 형태의 기소 방안을 법제화해야 하고 정치적 사건은 무조건 기소하도록 만들어 검찰이 자의적으로 판단할 여지를 줄여야 한다. 정치와의 질긴 동아줄을 끊어서 정치의 타락을 막아야 한다. 정치와 권력에 순응하기 일쑤인 검찰이 기소권을 독점하고 있는 한 어떤 방식의 검찰개혁도 아무런 의미가 없다. 검찰을 정치로부터 떼놓아 국민의 눈높이에 맞는 공복으로 만들어야 한다.

박근혜 대통령은 이번 사건을 계기로 검찰이 다시 태어날 수 있도록 검찰총장 임명권을 내려놓아야 한다. 전국 검사들의 직접투표에 의해 검찰총장을 추천받아 다시 임명하고 정윤회 씨와 3인방에 대해 철저하게 조사하도록 해야 한다. 미국은 각 지방정부 검찰총장까지 국민투표 선거로 뽑는다. 그래야 무전유죄, 유전무죄가 안 된다. 권력의 시녀가 되지 않고 국민의 눈치를 보게 될 것이다. 만일 내가 대통령이라면 대법원장과 검찰총장을 전국 판사와 검사들이 각각 직접선거로 영성지수(SQ)가 높고 생각의 구(球)가 큰 사람이 선출하도록 법을 고치겠다.

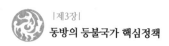

14 국회의 상시 국정감사를 위해 감사원을 국회로 이관하겠다

박근혜 대통령은 전자공학을 전공했으므로
대통령의 업무 스타일을 전자적으로 확 바꾸어야!

박 대통령은 오늘 2014년 12월 7일 새누리당 지도부와 당 소속 국회 예산결산 특별위원들을 청와대로 초청하여 오찬을 하였다. 2015년도 정부 예산안을 국회선진화법 때문에 법정 시한 내 처리하여 모처럼 국회가 국민에게 큰 선물을 주어 감사하다는 의미인 것 같다. 국회는 새해 예산안 처리 법정(法定) 시한인 12월 2일 본회의를 열어 375조 원 규모의 내년도 예산안을 통과시켰다. 시한 내 예산안 통과는 2002년 이후 12년 만이다.

헌법(憲法) 54조는 '회계연도 개시 30일 전까지' 예산안을 통과시키라고 규정해놓고 있다. 매년 결산안 처리는 8월 31일이고 12월 2일은 예산안 처리 마감일이다. 하지만 시한을 지킨 적은 거의 없다. 결산안은 한 달이나 늦게 처리했고 작년엔 여야 간의 싸움으로 석 달이나 지연되었다. 때로는 정치 싸움에 쫓겨 사나흘 만에 심사를 마치기도 했다. 국회가 정치 싸움 하느라

예·결산심사가 부실하여 4자방(4대 강, 자원외교, 방산비리)과 같은 비리의혹으로 정부의 살림살이가 부패해질 수밖에 없다.

많은 국민들이 국회의원을 질타하지만 국회의원이 보좌관 7~8명과 함께하는 일은 아주 많다. 예·결산 심의 외에 헌법개정안 제안·의결권, 법률 제정·개정권, 조약 체결·비준 동의권, 국정감사·조사권이 있다. 또한 헌법기관 구성권으로서 대법원장·헌법재판소장·국무총리·감사원장·대법관 임명동의권, 헌법재판소 재판관, 중앙선거관리위원회 위원 선출권, 탄핵소추권을 비롯하여 초청외교활동과 지역구관리와 민원까지 처리해 주어야 하므로 슈퍼맨이 아니면 제대로 임무를 수행하기란 아주 어렵다.

따라서 국정을 효율적으로 감사하기 위해 대통령 소속으로 감사원을 헌법 제92조에 의거 설치(1962. 12)하였다. 주요 임무는 첫째, 국가의 세입·세출의 결산, 둘째, 국가 및 법률에 정한 단체의 회계검사, 셋째, 행정기관 및 공무원의 직무에 관한 감찰을 한다. 감사원 홈페이지에서

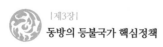

홍찬현 감사원장의 인사말은 다음과 같다. "감사원의 역할은 국민이 낸 세금이 제대로 쓰이고 있는지를 검사·감독하고 행정기관과 공무원 등의 업무처리를 감찰함으로써 깨끗한 공직사회를 만들기 위해 노력하고 있습니다."

그러나 감사원이 대통령 직속으로 행정부 내에 있기 때문에 권력기관의 공무원에 대한 감사가 제대로 이루어지지 않고 있다. 그리고 국회의원은 업무가 너무 많아 국정감사를 제대로 못하고 있으니 감사원을 국회로 이관해서 상시 감사를 하면서 부정부패를 척결해야 하겠다.

이제 시대는 전자공학의 꽃이라 할 수 있는 통신과 인터넷 기술로 정보화 혁명 시대이다. 국가 경영 속도는 비행기처럼 빠르기 때문에 대통령은 비행기 조종사처럼 국가를 경영해야 한다. 국가의 각종 통계자료와 예·결산자료를 실시간으로 보면서 국정을 운영해야 한다. 따라서 청와대에 최첨단 전자상황실을 만들어 전자대통령, 정보화대통령으로서 우주선 관제사처럼 국가운영을 지휘, 통솔해야 한다.

국가 예산을 정확히 세우기 위해서는 통계청 자료를 전자상황실에서 실시간으로 보도록 한다. 국가경쟁력을 좌우하는 여러 가지 지표는 물론 외환 보유고, 수출입 통계, 인구자료, 소 사육 두수까지 볼 수 있도록 해야 한다. 비행기의 조종사가 풍속과

풍향, 비행기 속도 등 여러 계기판을 보면서 조종하는 것처럼 전자상황실에는 17개 정부부처에 해당되는 데이터를 벽걸이 컴퓨터 모니터에 표시되도록 한다.

통계자료를 보면서 예산편성을 실효성 있게 세운다면 각부 장관은 스스로 모든 문제를 파악해서 자발적으로 해결할 것이다. 청와대가 시범을 보이면 각부 장관실도 전자상황실을 설치할 것이며 국가기관, 기업, 은행도 뒤따라 설치하여 세계에서 가장 정보화가 잘 된 전자정부가 될 것이다.

또한 청와대에 국가 전자회계를 관리하는 컴퓨터 소프트웨어 시스템을 설치하여 국가 예·결산의 흐름을 정확히 파악하고 매일매일 결산하여 국가의 투명성과 공정성을 높여야 한다. 청와대가 전자회계시스템을 설치하게 되면 각 부처는 물론 정부기관에도 도입하게 되어 투명하게 경영할 것이다. 정책과 시스템만 새로운 것으로 바꿀 것이 아니라 법관 출신 감사원장 대신에 디지털 경영시스템을 운영할 줄 아는 전문인으로 감사원장을 임명하고 감사원 공무원을 전문인으로 교체해야 한다.

사회구조가 선진화되고 국민들의 욕구 또한 다양하여 각계각층의 목소리를 신속하게 국정에 반영해야 하는 새로운 국정모델이 요구되고 있다. 국민들이 가장 바라고 있는 것은 깨끗한 정부, 정직한 정부, 성실한 정부다.

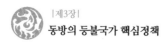

감사원을 국회로 이관해서 국민이 낸 세금이 제대로 쓰이고 있는지를 검사·감독하고 행정기관과 공무원 등의 업무 처리를 제대로 감찰해야 국가경쟁력이 높아져 부강한 나라가 될 것이다. 박근혜 대통령은 전자공학을 전공했으므로 대통령의 업무 스타일을 전자적으로 확 바꾸어야 한다.

15 역대 제왕을 모셔 국혼을 살리기 위해
청와대를 국조전으로 개조하겠다

박근혜 대통령은 십상시와 같은 사람들의 이야기보다는 10인의 현자들을 찾아 국정자문을 받기 바란다.

현재 많은 국민들은 청와대호가 세월호처럼 혹시나 전복되지 않을까 걱정하고 있다. 꽉 막힌 세월호 정국이 청와대의 무대응과 유가족이 요구한 세월호 특별법으로 도저히 풀기 어려운 실타래와 같았지만 뜻밖에도 대리기사 건이 터져 겨우 내년으로 넘어가게 되어 한숨을 돌리게 되었다.

하지만 2014년 11월 28일 세계일보가 1면 머리기사에 "정윤회 국정개입은 사실"이라는 제목으로 '靑비서실장 교체설 등 VIP측근(정윤회) 동향'이라는 청와대 내부 문건이 단독 보도되어 찌라시성 핵폭탄이 터지고 말았다. 대통령 임기가 아직도 3년 정도 남았는데 조기 레임덕과 같은 큰 시련에 봉착될 것 같아 걱정이다. 이와 같은 원인은 어디에 있는가? 원인을 알아야 해결할 수 있지 않겠는가?

우리가 살고 있는 이 복잡한 세상은 영적인 세계와 육적인 세

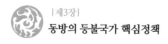

계가 서로 연계되어 살아가고 있다. 요새 국민들의 지탄을 받고 있는 국회의원들이지만 조상의 도움 없이는 당선되기 힘들다고 하지 않는가? 어린이들이 깔깔대며 보는 인형극이 보이지 않는 어른들의 손에 의해 조종된다는 것도 모르고 즐거워하지 않는가? 일부 무속인들이 신내림을 거절할 경우 이유 없이 아픈 경우처럼 인간으로서는 도저히 어찌할 수 없는 경우도 있다.

이번 세월호 사태와 정윤회 사건을 보면서 청와대호가 세월호처럼 침몰되지 않을까 걱정이 되는데 이 난제를 풀기 위해서는 영육 간의 관계를 알아야만 해결할 수 있다고 본다. 아주 오래전 미국에 학회 발표차 다녀오면서 비행기 안에서 "사랑과 영혼"이라는 한 편의 영화를 보고 영혼의 세계에 대해 눈을 뜨게 되었다.

필자는 처와 함께 1976년 프랑스 정부장학생으로 유학을 간 첫해, 천주교 성지인 남불 루르드를 방문한 기억과 함께 1996년 국회의원 시절 나주 성모님의 기적과 메시지를 접하고서 종교에 대해 호기심을 갖게 되었다.

1998년 국회의원 시절 여의도성당에 입교할 때 대모님이 지어준 세례명은 솔로몬으로서 지혜와 막강한 권력을 가진 왕인 것을 알고 한때 좋아했었다. 그러다가 세례를 받기 한 달 전 성모님과 예수님의 메시지를 받고 있는 나주 율리아님을 통해 영적인 성모님께서 솔로몬에서 아브라함으로 바꾸라고 하여 많은 생각을 하게 되었다.

한편 4년간 깨끗한 정치를 했다고 자부했지만 정치적인 음해로 2000년 재공천을 받지 못하고 마음이 너무 아파 정신적인 고통에 많이 시달리게 되었다. 2007년 여름 한 영매자와 대화하다가 인왕산에 올라가게 되었는데 그때 정도전 선생이 영매자에게 불쑥 나타나 "남북통일하고 나라를 세우는데 실패하지 말라"는 메시지를 전해 주었다. 그 후 많은 생각을 하면서 아브라함의 사명과 정도전의 메시지가 내 인생 내비게이션에서 지울 수 없는 방점이 되어 버렸다.

이번 일련의 청와대 사태를 예의 주시하면서 어떻게 해야 현명하게 해결할 수 있을까 지인들과 함께 많은 대화를 해 왔다. 신의 존재를 인식할 줄 모르고서는 해결할 수 없다는 결론에 다다르게 된 것이다.

우리가 보이는 현상만으로는 해석할 수 없고 청와대 내 7궁에 계신 후궁과 어떤 관계가 있지 않을까 생각해 본다. 초대 대통령에서부터 역대 대통령들이 영육 간의 관계를 잘 몰랐기에 방치된 후궁들이 자신들의 존재를 드러내기 위해 대통령들에게 비운의 사건을 만들고 그것이 생길 수 있다는 것이다.

그러면 도대체 이 7궁이 무엇이며, 왜? 청와대 안에 있는지 아는 사람들은 그리 많지 않다. 조선왕조의 임금과 정비인 왕비

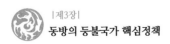

는 죽어서 종묘에 위패가 모셔지지만, 왕의 생모가 후궁인 경우는 세상을 떠난 후 종묘에 위패를 봉안하지 못하고 7궁에 모시게 되었다고 한다. 청와대 7궁에 모셔진 후궁은 (1)인빈 김씨(선조의 후궁), (2)희빈 장씨(숙종의 후궁), (3)숙빈 최씨(숙종의 후궁), (4)정빈 이씨(영조의 후궁) (5)영빈 이씨(영조의 후궁), (6)수빈 박씨(정조의 후궁), (7)순헌황귀비 엄씨(고종의 후궁)이다.

지금까지 우리나라 대통령들은 축복받으면서 좋은 대통령으로 입성하지만 불행하게도 나쁜 대통령의 이미지로 청와대를 떠나게 되었다. 이승만 대통령은 망명, 박정희 대통령 부부는 피살, 전두환과 노태우 대통령은 본인 감옥, 김영삼과 김대중 대통령은 아들 감옥, 노무현 대통령은 자살, 이명박 대통령은 헌정사상 처음으로 아들, 형님, 영부인이 특검조사를 받게 되었다.

최초 여성 대통령으로서 박 대통령도 집권 초기부터 유난히 성(Sex)추문 사건이 많은 이유가 혹시 여성의 수치심을 유발시키기 위해 청와대 7궁 어머니들의 시샘이 아닌가 생각해 본다. 전직 청와대 대변인, 법무부 차관, 검찰총장, 제주지검장, 국회의장, 일본 산케이신문 사건 등 성추문 기사로 우리나라 이미지가 너무 실추되어 해외동포들도 얼굴을 들 수가 없다고 한다. 이번 세월호 참사와 청와대 3인방 사건이 청와대 7궁 내 후궁들의 영적 세계와 어떤 관계가 있지는 않을까 생각해 본다.

지금까지 대통령 가족들이 청와대에서 옛날 영부인이신 조상신들과 함께 기거하면서도 나 몰라라 했다면 분명 자신들의 존재를 알리고 합당한 예우를 받으려고 어떤 식으로든 영향을 미치려고 했을지도 모른다. 새 영부인이 원망과 독기가 가득 찬 청와대에 들어가서도 종교 때문에 혹은 무지해서 인사 한번 올리지 않고 무시하면서 살아갔으니 화가 날 수밖에 없지 않겠는가?

옛날 한때 국모이였던 7궁의 어머니들은 살아서는 구중궁궐의 엄격한 법도와 정비의 시샘과 음모 속에서 숨 한번 크게 쉬지도 못하고 살았던 한 맺힌 신들이 아닌가? 더구나 왕자를 낳은 것이 도리어 화근이 되어 모자가 목숨을 연명하기 위하여 감수했던 수모와 한은 이루 말할 수 없었을 것이다.

자식이 나라의 임금이 되었는데도 본인은 죽고 나서도 후궁이라는 신분 때문에 종묘로 가지 못하고 경복궁 후미진 구석에 내팽개쳐져 있었으니 7궁의 일곱 어머니들은 살아서도 한 많은 삶을 살았고, 죽어서까지 방치되어 자손들로부터 제삿밥 한 그릇제대로 못 얻어먹는 신세가 되었으니 말이다.

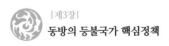

지금의 청와대 자리는 대원군이 경복궁을 지을 때 경무대(景武臺)로 불렀던 곳이다. 무인들이 무예를 연마하면서 시험을 치르기도 하고 전국 유생들이 과거시험을 보던 장소였으며, 궁궐 내내시와 무수리들의 무덤 터였다고 한다. 그러나 일제 강점기에 일본인들이 조선의 주산인 백악산(북악산)의 맥을 끊어 우리 민족의 정기를 끊으려고 경복궁의 남쪽 건물들을 헐어 총독부를 짓고, 경복궁의 북쪽 경무대에 총독 관저를 지어 경복궁을 협공하는 형세를 만들었다. 해방 후 경무대란 이름으로 이승만 대통령이 집무실과 거처로 사용하다가 박정희 대통령 시절 청와대로 개칭되어 오늘에 이르게 되었다.

일부 풍수학자들도 청와대 터를 귀방(鬼方) 즉 귀신의 방위라고 하면서 사람이 살기에 맞지 않는 귀신이나 신명이 활동하는 공간이라고 한다. 청와대 터는 산 자에게는 흉지(凶地), 사자(死者)에게는 길지(吉地)인가 보다. 한마디로 대통령이 집무하고 기거하는 장소로는 적합하지 않다는 것을 하늘에서 계속 보여 주고 있지만 영적으로 우매한 대통령들이 잘 모르고 있었으니 안타깝기 짝이 없다.

박근혜 대통령이 성공한 대통령이 되기 위해서는 칠궁에 계신 일곱 어머니의 영령들과 세월호 유가족 영령들을 달래주기 위해 7대 종단 지도자들과 함께 위령제를 지내는 것이 마땅하리라 생각한다. 왜? 하필 씻김굿으로 유명한 진도 팽목항에서 사고가 났겠는가? 영령들께서 씻김굿을 해달라는 신호로 생각해 본다면 청와대 비서실장, 전남도지사, 진도군수가 봉향례를 올려야 한다고 생각한다.

그리고 7궁 뒤에 세월호 전각을 지어 영혼을 모시면 유가족들도 마음이 풀리리라 생각한다. 개신교에서 반대할지도 모른다고 걱정하는 사람들도 있다. 왜? 이스라엘 역사와 조상들은 섬기면서 우리 역사는 무시하는가? 자기 부모에 불효하고 자기 조상을 돌보지 않은 사람치고 잘되는 사람을 보지 못했다. 대통령이 편안해야 백성이 편안하지 않겠는가?

결국 청와대가 역사적으로 보아 산 사람에게는 좋은 자리가 아닌 비운의 자리라고 생각한다. 특히 박근혜 대통령의 경우는 부모를 잃었기에 부모님의 슬픈 환영에서 벗어나기 위해서라도 청와대를 떠나야 대통령 자신과 나라가 편안해질 수 있다고 생각한다. 진언한다면 국무총리는 세종시로 내려보내 세종시 행정 부처를 책임지게 하고 대통령은 총리관저를 거처로 사용하는 것이 좋으리라 생각한다.

그리고 대통령 비서실은 광화문에 있는 두 개의 정부청사로 옮겨 대통령과 지근거리에서 효율적으로 보좌해야 한다. 프란체스코 교황처럼 낮은 자세로 국민을 대한다면 대환영을 받을 것이다.

현재 청와대 건물은 1만 3천여 년의 마고시대부터 한인, 한웅, 단군, 부여, 삼국, 발해, 고려, 조선 등 대한민국의 박근혜 대통령까지 500여 분의 역대 제왕들의 영정을 그려 모시는 국

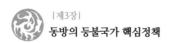

조전으로 리모델링하여 전국 초·중·고·대학생들에게 천부경, 삼일신고, 참전계경을 가르치는 역사와 문화 교육장소로 사용할 것을 제안한다.

그리고 UNESCO 문화재로 등록을 추진하는 것은 물론 앞으로 정치인들이 정치적인 각오를 다짐할 때 국립묘지를 찾아가서 참배하는 대신 청와대 국조전에서 참배하는 것이 바람직하다. 또한 외국에서 국빈이 찾아올 때도 국조전에 인사하도록 하는 것이 당연하지 않겠는가?

박근혜 대통령은 정윤회와 3인방 사건에 대해 언론 보도와 자신에게 등을 돌린 장관과 참모들의 탓만 하지 말고 국민이 납득할 만한 해법을 내놓아야 한다. 지난 대선 전 국회 출입 정치부 기자들 조사에 의하면 대통령이 돼선 안 될 후보 1위와 안 돼도 걱정, 돼도 걱정인 후보가 박근혜라고 했다고 한다.

전자공학을 전공했다는 이유 하나로 박근혜 후보를 지지하고 전자국가혁신정책을 개발하면서 박근혜 대통령이 잘 되기를 기원하고 있다. 이제 박근혜 대통령은 십상시와 같은 사람들의 이야기보다는 10인의 현자들의 자문을 받아 큰 용단을 내리기를 바란다. 모든 책임을 대통령이 지겠다고 국민 앞에 사죄하면서 우리 조상을 잘 모셔 국혼을 살리기 위해 청와대 이전에 대한 비전을 발표한다면 훌륭한 대통령으로서 역사에 길이길이 남게 될 것이다.

16 국정효율화를 위해 국회를 세종시로 옮기겠다

박 대통령은 일주일에 1~2일은 세종시에서 국정을 수행해야 한다.

2014년 4월 15일 세월호 참사 사건과 최근 정윤회 국정개입 의혹 사건에서 보듯이 관피아 문제를 비롯하여 국가기강이 서지 않은 이유는 국회와 세종시가 멀리 떨어져 있기 때문이다. 국회가 열릴 때마다 세종시 정부부처 과장 이상이 국회로 가야 하는데 나머지 공무원들이 일을 제대로 하겠는가?

세종시에 근무하는 공무원은 직급별로 머무는 시간이 다르다고 한다. 1급 공무원은 세종시에 주(週) 하루 근무, 2급은 이틀, 3급은 사흘, 6급 이하는 한 주 내내 근무한다면서 자조적으로 말하고 있다. 가정에서도 부모님이 며칠간 집을 비울 때 자식들의 정신이 해이해진 것과 무엇이 다르겠는가?

세종시는 2002년 9월 30일 노무현 전 대통령이 선거공약으로 추진한 "신행정수도특별법(행정수도를 세종시로 이전)"으로 추진하였으나, 2004년 10월 21일 헌법재판소에서 위헌판정을 받았다. 그러나 당시 열린우리당과 한나라당이 헌재의 법망을 피하여 수도 행정기능을 일부 분할한다는 변칙으로 국민들의 별다른 동의나 토론 없이 2005년 3월 2일 국회에서 "행복도시특별법"을 통과시켜 오늘에 이르렀다.

세종시로 이전되는 기관은 17개 정부부처 중 10부처를 비롯하여 2처, 2청 등 총 36개의 중앙행정기관으로서 60%에 해당되며 2014년에 마무리된다. 이렇게 되면 세종시는 명실상부한 행정수도이지만 국정 운영은 여전히 서울을 중심으로 하고 있어 행정의 비효율성 문제가 갈수록 커지고 있다. 이미 1단계로 국무총리실, 기획재정부, 국토교통부 등 6개 부처가 세종시로 이전했지만, 이들 부처의 주요 업무는 여전히 서울 중심으로 이루어지고 있다. 따라서 행정비효율성의 문제가 국정운영의 비효율성이 된다는 것이다. 세종시에 근무하고 있는 공무원 10명 중 9명은 공히 이 문제를 지적하고 있다.

현재 청와대와 국회가 서울에 있어 국무총리와 경제장관들의 공식일정 중 88%와 86%가 여전히 서울에서 이루어지고 있고, 고위공무원들은 국회 방문을 위해 서울에 상주하고 있다. 세종시에 근무하는 공무원들이 낮에는 차에서 시간을 보내고 밤에는 여관에서 자야 하는 신세를 꼬집어 언론에서 이들을 차관(車館)이라고 부르는 지경이 되었다.

2013년 세종시 국감만 보더라도 문제의 실상이 드러난다. 국회 16개 상임위원회가 628개 피감기관을 대상으로 국감을 진행했지만 전체 20일간의 국정감사 일정 중 단 3일만 세종청사에서 열림에 따라 세종청사에 설치된 국회 상임위원회 회의장은 국감 기간 동안 유명무실했다고 한다. 정부 부처가 세종시에 있지만 산하 기관 등의 감사는 모두 국회에서 진행되었다. 따라서 국회 국정감사장은 세종청사에서 올라온 공무원들로 북새통을 이루었다.

박근혜 대통령이 추진하고자 하는 국가개조를 하기 위해서는 우선 행정의 비효율성과 국정 운영의 비효율성 문제를 해결해야 한다. 즉 비이전부처의 추가 이전과 함께, 청와대 집무실과 국회를 옮겨 세종시를 중심으로 한 새로운 국정운영시스템을 구축해야 한다.

통치권자가 '행정수도'로 세종시를 어떻게 바라보느냐가 중요하다. 박근혜 대통령은 일주일에 1~2일을 세종시에 머물면서 국정을 수행해야 한다. 아니면 이번 총리를 임명할 때부터 책임총리제, 책임장관제 등을 도입해 부처별 업무 추진의 자율성과 책임성을 담보해주면서 총리가 행정부처를 실질적으로 관장하도록 해서 세종시를 중심으로 중앙행정을 효율적으로 작동해야 관피아 문제가 척결될 수 있다. 그리고 감사원은 국회로 이관하여 항시 감사체제로 하여 공무원의 부정부패를 철저히 감독해야 나라가 똑바로 설 것이다.

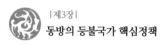

조선일보 오피니언(2014. 7. 1)

[시론] 차라리 國會를 세종시로 옮겨라

김형오 부산대 석좌교수 · 前 국회의장

세종시는 '행정 중심도시'가 아닌 '행정 변두리시'라며 언론에서 세종시의 문제점을 심층 보도했다. 논의 단계부터의 우려가 현실로 다가왔다. 엄청난 자원·인력·시간 낭비가 속속 발생하고 날이 갈수록 더 심해질 것이 너무나 분명하다. 국정의 책임 반열에 있었던 사람으로서 자괴감이 앞선다.

국토 균형 개발론으로 그럴싸하게 포장했지만 사실은 지역 이기주의에 편승한 선거용이었다. 이걸 내세운 노무현 후보는 대통령으로 당선되고 어정쩡한 입장이었던 이회창 후보는 연고지인 충청도에서도 밀려 낙선했다. 여야를 불문하고 충청 의원들은 그다음 총선에서 '행복도시'(행정중심복합도시)를 대문짝만하게 내걸었다. 타 지역 의원들은 또 어정쩡한 태도를 취했다. 당시 한나라당은 대권 경쟁을 앞두고 친박·친이 간에 미묘한 기류가 흘렀다. 다소 소극적이었던 이명박 대통령 시절 '세종시' 추진 문제를 놓고 국회에서 표결이 있었다. 결과는 가결이었고, 여당 내 친박계와 야당은 환영 일색이었다. 뜨거웠던 논의는 잠잠해지고, 박근혜 후보가 대통령이 되었다. 세종시는 그의 '약속'대로 건설되고 있다.

필자는 4년 전 브라질을 방문했다. 브라질 측은 화·수·목 3일 중에 방문해줄 것을 요청했다. 높은 사람들은 그 사흘 말고는 수도 브라질리아에 없다는 것이다. 계획된 '이상도시'를 국토의 중심부, 사람이 살지 않는 밀림 가운데에 건설한 탓에 생긴 현상이었다. 고위 공직자들이 주말은 고향이나 연고지에 머물다 월요일 오후에나 출근하고 금요일이 되면 떠날 채비를 한다. 수도로 계획된 지 50년이 지났건만 아직도 미완성인 이상도시에서 행정의 낭비와 비효율의 극치를 보았다.

　'행복도시'로 건설되었지만 아무도 행복하지 않다. 행복의 조건인 평화·사랑·여유·가족애·안정 중 어느 것 하나 충족시킬 수 없기 때문이다. 서울과 세종시를 오가느라 시간을 다 써버린다. 세종시 근무자는 직급별로 머무는 시간이 다르다고 한다. 1급 공무원은 세종시에 주(週) 하루 근무, 2급은 이틀, 3급은 사흘, 6급 이하는 한 주 내내 근무한다고 자조적으로 말한다.

　곳곳에서 편법이 생기고 비상식이 판을 친다. 근무지가 서울이냐 세종시냐에 따라 공무원 선호도가 확연히 달라진다. 이대로 가다간 브라질보다 더 못한 결과가 나올 수도 있다. 우리 구조상 그 나라처럼 아예 사흘간을 유령도시로 비워둘 수는 없다. 국가 경쟁력도, 삶의 질도, 근무 환경도 더 나빠질 것이 분명한데 정치권은 원죄(原罪) 의식으로 쉬쉬하며 눈을 감고 있다.

이미 수천억 원이 투입됐고 앞으로 더 많이 들어갈 세종시를 포기할 수는 없다. 그렇다고 몸 따로 머리 따로인 행정도시로는 나라를 망칠 것 같다. 방법은 하나밖에 없다. 합칠 수 있는 것은 합쳐야 한다. 청와대를 옮기는 것은 헌법을 비롯한 여러 문제가 있다. 그렇다면 국회를 세종시로 옮기자. 국회가 옮겨간다 해서 기를 쓰고 반대할 서울 사람도, 국민도 별로 없을 성싶다. 공무원을 수시로 불러대는 버릇은 고쳐야겠지만 세종시 안에서 왔다 갔다 하면 지금처럼 길바닥에서 하루를 소모하는 일은 없게 된다. 이런 기대감도 생긴다. 말 많고 탈 많은 국회가 서울 여의도를 떠나 세종시로 옮기면 껍데기뿐 아니라 속도 바뀌지 않을까…….

17 대한민국 국호(國號) 영문표기 'Korea'를
'Corea'로 원상회복하겠다

박근혜 대통령께 청원하였으나
안전행정부의 무성의하고 한심한 답변은 'NO'

　2014년 대한민국 KOREA는 국내외적으로 큰 몸살을 앓고 있다. 소위 청와대의 정윤회문건 유출사건과 대한항공 KAL기 '땅콩리턴' 사건으로 국내외 언론은 물론 온 국민이 예의 주시하고 있다. 청와대 사건은 박근혜 대통령과 일반인 정윤회 씨 및 박지만 회장 간의 삼각관계로 대통령으로서도 풀기 힘든 권력암투로 비치고 있어 박 대통령 취임 이래 최대 위기이다. "물보다 진한 피"를 택할 것인지?, "피보다 진한 물"을 택할 것인지? 우리나라 미래의 갈림길에 서 있다.

　한편 173cm, 40대 미모의 여인인 조현아 전 대한항공 부사장은 국토교통부 조사와 검찰에도 조만간 출석해 관련 내용에 대해 조사를 받을 예정이다. 여론을 들끓게 했던 조현아 전 부사장이 폭행 사실을 부인하고 있어 아버지인 대한항공 조양호 회장까지 고개를 숙였지만 회사는 물론 대한민국 "KOREA"의 이

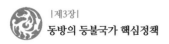

미지 회복은 무엇으로 해야 할까? KAL의 장래가 불안하다. 국민은 착잡한 심정이다.

필자는 우리나라 국호 영문표기 KOREA에 문제가 있다고 생각하여 2008년 『우리대통령, Analog대통령?, Digital대통령?』이란 책에서부터 지적해 왔다. 금년 2014년 7월 18일 박근혜대통령께 "'Korea'를 'Corea'로 원상회복하여 주십시오!"라고 청원을 하였다. 하지만 청와대는 대답이 없고 안전행정부의 한심하고 무성의한 답변만 받았다. 청와대 대통령 비서실장 앞으로 등기 발송한 편지와 청원내용은 다음과 같다.

대통령님! 안녕하십니까? 정호선 인사드립니다.

저는 前 동양TV방송국, 경북대 공대 전자과 교수, 15대 국회의원, 박근혜 대통령후보 특보, 새누리당 전자국가혁신특별위원장, 국가개조연구원장, 한반도세계평화포럼 대표, CAB국회방송 회장을 맡으면서 남북평화통일과 국가개조에 대해 많은 정책을 연구해 왔습니다.

다가오는 2014년 8월 15일 광복절을 맞이하여 국민들에게 통큰 선물을 하나 주십시오. 1910년 일본에 의해 강제로 바뀐 우리나라 국호의 영문표기 'Korea'를 원래의 'Corea'로 바꾸어 전 세계에 선포해 주십시오.

금년은 일본에 강제 병합된 지 104년이 되는 해입니다. 해방이 된 후 각 개인의 이름은 일본식 이름에서 한국식 이름으로 다시 바꾸었지만, 우리나라 국호의 영문표기는 아직도 일본에 의해 강제로 바뀐 'Korea'에서 원래의 'Corea'로 바꾸지 못하고 있습니다. 선처하여 주십시오. 감사합니다.

〈박근혜 대통령께 드리는 청원서 내용〉

박근혜 대통령님! 국사에 정말 노고가 많으십니다.

다가오는 2014년 8월 15일 광복절을 맞이하여 국민들에게 통큰 선물을 하나 주십시오. 1910년 일본에 의해 강제로 바뀐 우리나라 국호의 영문표기 'Korea'를 원래의 'Corea'로 바꾸어 전세계에 선포해 주십시오. 가깝고도 먼 일본과 사이좋게 지내야하는데 취임하신 지가 1년 반이나 되도록 서로 인사도 하지 못하고 지내니 얼마나 가슴이 답답하십니까? 우리 국민도 마찬가지입니다.

우리가 우방이라고 믿고 있는 미국은 지난 7월 15일 일본의 집단 자위권 행사를 용인하는 방향으로 미·일 방위협력지침(가이드라인)을 개정하기 위한 협상에 착수했다고 합니다. 또한 토니애벗 호주 총리는 지난 7월 8일 호주를 방문한 아베 신조 일본 총리와 만난 자리에서 일본은 "아시아에서 호주의 가장 가까운 친구", 일본인에 대해 "대표적인 일등 세계 시민"이라고 극찬하

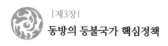

며 친밀감을 표시했다고 합니다. 우리는 어느 나라를 믿고 살아가야 합니까? 인시참사와 같은 내치와 국제고아가 되어가는 외치가 이러할 진데 국민들은 어떻게 정부를 믿고 따르겠습니까?

우리가 이렇게 나약하게 된 이유는 나라는 되찾았지만 영문표기 국호가 원래는 Corea이었는데 아직도 Korea로서 원상회복을 하지 못하고 일본이 지어준 그대로 사용하고 있기 때문이라고 생각합니다. 금년(2014년)은 일본에 강제 병합된 지 104년이 되는 해입니다. 해방이 된 후 각 개인의 이름은 일본식 이름에서 한국식 이름으로 다시 바꾸었지만, 우리나라 국호의 영문표기는 아직도 일본에 의해 강제로 바뀐 'Korea'에서 원래의 'Corea'로 바꾸지 못하고 있습니다.

대통령님, 국회의장님, 국무총리님, 대법원장님께서는 이와 같은 사실을 알고 계십니까? 해방된 지가 언제인데 아직도 일본이 지어준 'Korea'를 'Corea'로 사용해야 합니까? 바꾸려면 돈이 많이 든다고 하는데 걱정하지 마십시오. 국민성금으로 충분하리라 생각합니다.

이로 인해 민족혼(民族魂)은 잠만 자고 있으며, 남북은 분단된 채 정치권은 이전투구만 하고 있으니 참으로 안타까운 일이 아닐 수 없습니다. 대통령님께서 'Korea'를 원래의 'Corea'로 바꿔주지 않으신다면 4,500만 국민과 해외동포를 포함 남북한 7

천만 한민족이 합심하여 제2의 3·1 운동 차원에서 CKC(Change Korea to Corea) 운동을 추진해야 하겠습니다.

일제 잔재의 청산과 대한민국의 역사적인 정통성 회복, 통일한국 건설, 동북아시아의 중심국가로서 동방의 등불 역할을 완수하기 위한 서명운동을 펼쳐 금년 내에 청와대와 국회 및 정부에 대한민국 국호 영문표기 'Korea'를 'Corea'로 바꾸도록 청원하고자 합니다. 대통령님, 국회의장님, 국무총리님 청원을 하면 받아 주시겠습니까?

'Corea'라는 국호 영문표기는 진취적인 '고구려'의 기상을 이어받은 통일국가 '고려'가 국제사회에 알려지기 시작한 때부터 현재에 이르기까지 영어 이외의 언어권인 프랑스, 스페인 등 유럽을 비롯한 여러 국가에서 사용되고 있으므로 'Corea'로의 국호 영문표기의 변경을 통해 미래지향적이고 진취적인 국가 이미지를 전 세계 만방에 드높여 자랑스러운 통일한국의 기치를 세워야 합니다.

필자가 직접 대한민국 국회도서관 자료를 검색한 결과 "한일수호조규(병자수호조약 강화조약)(Treaty of Peace and Friendship between the Kingdom of Corea and the Empire of Japan.(Féb. 26, 1876))" 외 8개 조약문에 우리나라 국호의 영문표기는 1910년까지 '고려'를 어원으로 한 'Corea'이었으나 강제적인 "한일합병조약(Treaty Regarding the

Annexation of Korea to the Empire of Japan(Aug. 22, 1910))" 이후 'Korea'로 바뀌게 됨을 알게 되었습니다.

일본은 국제적 관습에 따라 국호 영문 표기를 알파벳 순서에 따르므로 일본의 'Japan'보다 'Corea'가 앞서기 때문에 일본을 먼저 쓰기 위해 'Corea'를 'Korea'로 바꾸어 버렸다고 합니다. 그 당시 "대한매일신보"는 일본의 탄압에도 굴하지 않고 이 사실을 전국에 알렸으며 울분을 참지 못해 Japan을 Zapan으로 쓰자고 주장한 학생들도 있었다고 합니다.

대통령님, 국회의장님, 국무총리님, 대법원장님 이제라도 늦지 않으니 언론과 함께 해외 동포를 포함, 7,000만 한민족이 모두가 힘을 합쳐 'Korea'를 'Corea'로 원상회복하고 평화적인 남북 통일까지 이룩하여 천손민족, 동방의 등불국가를 건설해야 하겠습니다. 아무쪼록 청원을 꼭 들어 주시기 바랍니다. 감사합니다.

〈청 원 내 용〉

1. 역사적 정통성을 회복하고 통일의 기초를 마련하기 위해 대한민국 국호의 영문표기를 'Korea'에서 'Corea'로 바꾸어 사용할 것을 청원합니다.

2. 향후 남북교류를 비롯한 통일관련 행사, 국제행사 참가 시

국호의 영문표기를 'Corea'로 사용하여 한반도의 단일성을 전 세계에 널리 알리고, 민족의 자긍심을 고취할 수 있도록 변경 사용할 것을 청원합니다.

3. 이를 위해 남북한 당국자 간 회담을 통해 한민족의 국호 영문표기 'Korea'에서 'Corea'로 바꾸는 문제를 공식의제로 논의할 것을 청원합니다.

다음 자료는 대한민국 국회도서관 홈페이지(www.nanet.go.kr) 전자도서관 자료실에서 검색한 내용입니다. 참조하여 주십시오.

I. Corea로 표기된 조약 제목

1. 한일수호조규(병자수호조약, 강화조약)/1876년 2월 26일 조인 (Treaty of Peace and Friendship between the Kingdom of Corea and the Empire of Japan.(Feb. 26, 1876)

2. 한일무역규칙(한일통상잠정협약)/1876년 8월 24일 조인(Regulation under which Japanese Trade is to be Conducted in Corea(Aug. 24, 1876)

3. 한일통상장정 및 해관세칙/1883년 7월 25일 조인(Regulation under which Japanese Trade is to be Conducted in Corea and Import and Export Tariff of Corea(Aug. 25, 1883)

4. 봉천여조선변민교역장정 24조(1883년 3월)(Twenty-four Rules for the Traffic on the Frontier between Liaotung and Corea, etc.(March, 1883.)

5. 한성조약 및 부칙/1885년 1월 9일 조인(Convention between Corea and Japan for the Settlement of Differences between Two Countries(Jan. 9, 1885)

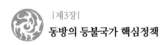

6. 한불수호통상조약(1886년 6월 4일)(Traite d'Amitie et de Commerce Entre la France et la Coree(le 4 juin 1886.)

7. 한일양국맹약(한일공수동맹)/1894년 8월 26일(Treaty of Alliance between Corea and Japan(Aug. 26, 1894)

8. 한·청통상조약에 관한 재한청국공사와 한국외부대신간의 왕복문서(1899년 12월 12일, 1899년 12월 13일)(Correspondence between Chinese Minister at Seoul and Corean Minister for Foreign Affairs Regarding the Treaty of 1899 between Corea and China(Dec. 12 and 13, 1899.)

9. 기유각서(한국의 사법급 감옥사무를 일본정부에 위탁하는 각서)/융희 3년 (1909년) 7월 12일 조인(Memorandum(Memorendom)(Concerning the Administration of Justice and Prison in Corea)

II. Korea로 표기된 조약 제목

1. 한일합병조약/1910년 8월 22일 조인(Treaty Regarding the Annexation of Korea to the Empire of Japan(Aug. 22, 1910)

2. 한일합병에 관한 선언/1910년 8월 29일(Declaration as to the Annexation(Amexation) of Korea to the Empire of Japan(Aug. 29, 1910)

3. 한국중앙은행에 관한 한·일각서/융희 3년(1909년) 7월 26일 조인(Memorandum Concerning the Establishment of the Bank of Korea(July 26, 1909)

18 "정신과학육성법"을 제정하여 사람
휴먼소프트과학을 발전시키겠다

KAL 사건과 청와대 사건에 관련된
사람 소프트(영, 마음, 정신, 혼, 기)과학을 연구하여
정상사회를 만들어야!

최근 대한항공 KAL "조현아 땅콩사건"과 청와대 "정윤회 문
건 유출사건"을 보고 있노라면 사회 지도층 인사들이 정말 정상
인가 할 정도로 비정상 사회로 가고 있어 걱정이 태산이다. 온
통 거짓말투성이로 거짓말 경진대회를 하는 것 같아 젊은 학생
들이 따라 배울까 봐 또 걱정이 태산이다. 많은 지도자들의 소
프트웨어(영, 마음, 정신, 혼, 기)가 고장이 난 것이 분명하다. 사람들의
하드웨어를 고치는 병원은 많으나 소프트웨어를 고치는 병원이
없어 큰 문제가 되고 있다.

우주에는 5가지 힘(중력, 전자기력, 약력, 강력, 소용돌이력)이 존재하여
실제 활용되고 있지만, 현대 물리학에서는 물체가 어떻게 형상
을 유지하는지 그 힘은 어디서 오는지 설명을 못 하고 있다.
필자는 평소 기(氣)에너지에 대한 관심이 있으며 기의 정체를

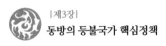

밝혀보고자 많은 기 연구자들과 대화도 하고 수련을 받아 보기도 하면서 1998년 15대 국회의원 시절 사람의 소프트웨어인 영, 마음, 정신, 혼, 기(氣)에 관련된 "정신과학육성법"을 제정하려다 과학과 미래를 예측 못 한 동료 의원들의 반대에 부딪혀 이 법을 통과 못 시킨 것을 지금도 가장 아쉽게 생각하고 있다.

우주에는 60% 정도 기에너지가 있으며 인체에는 전자기기에서의 전기처럼 누구에게나 기가 흐르고 있다. 다만 기가 잘 순환되지 못해 기가 약한 사람, 혈기왕성한 사람으로 구분할 따름이다. 이 기(氣)는 혈액이 몸 안에서 병원균과 싸우고 노폐물을 청소하고 세포를 복구할 수 있도록 영양분과 산소를 운반해주는 힘에 해당된다고 볼 수 있다. 대우주를 움직이는 기(氣)는 만물(萬物)의 근원이다.

『성경』 구절에 "흙으로 사람을 짓고 생기를 코에 불어넣으니 사람이 생령이 되었다"는 구절이 있다. 여기서 생기(生氣)란 생명의 기를 뜻하는 것으로 기는 생명체를 창조하는 데 있어서도 필요한 근원이 되는 것이다. 자연의 요소요소에 기가 모이고 흩어지는 과정을 통해 생명체와 비생명체는 생성되고 소멸된다.

그래서 불교 교리에 유정(有情)의 생명과 비정(非情)의 생명으로 구분하여 흙 등은 비정의 생명이고 동물, 인간 등은 유정의 생명으로 나누지만, 모든 유정과 비정의 생명에서 기를 완전히 제거하면 물질의 세계는 곧 소멸되고 만다. 다시 말해 기가 없이 물질로만 존재할 수 없다는 것이다.

우주는 하나의 기운으로 구성되어 있으며 원천 에너지인 일기(一氣) 또는 영점장(零點場, zero point field)에서 만물이 생성되며 정보인 이(理), 에너지인 기(氣), 물질인 기(機)의 3요소로 나누어진다. 즉 에너지 흐름이 기(氣)이며 흐름을 제어하는 것이 이(理)이고 에너지 밀집체가 기(機)이다.

만물은 에너지 관점에서 생물이건 무생물이건 살아있는 존재로서 우주 자체가 물질, 에너지, 정보의 3대 요소로 구성된 하나의 생명체이다. 마음(心)이 기(氣)와 결합하여 신(身)이라고 하는 체(體)를 만든다.

현대 과학은 원자들 간의 작용하는 힘들에 대해서는 잘 밝히고 있지만 물질의 형상이 유지될 수 있도록 하는 작용력에 대해서는 많이 연구되어 있지 않다. 우리가 잘 알다시피 에너지 밀집체는 작은 밀집체끼리 결합하여 좀 더 큰 밀집체로 구성을 한다.

예를 들어, 물질의 최소 단위인 쿼크가 첫 번째 에너지 밀집체라면 이에 흐르는 기(氣)에 의해 쿼크라는 기(機)가 만들어지고 기(氣)가 계속 흘러 쿼크가 존재한다. 쿼크들의 결합에 의해 전자나 양성자가 생성되고 이어서 수소, 헬륨이 이루어지며, 이러한 과정이 계속 반복되면서 만물이 형성된다. 상위 차원으로 갈수록 크기가 커지고 파장이 길어진다.

필자는 우주의 기를 체험, 체득한 경험을 살려 기(氣)의 정체는

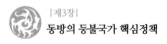

무엇이며 우리가 어떤 메커니즘으로 기를 느끼는가를 설명해보고자 한다. 기의 흐름은 맥동이나 회전 운동하는 형태 즉 소용돌이치는 움직임 자체라고 보며 회전 방향에 따라 그 특성이 달라진다고 본다.

기(氣)는 단순한 에너지 개념과는 다르다. 에너지는 강약의 양적 개념만 있지만 기는 청탁(淸濁)이라는 질적 개념이 포함된 에너지이다. 질은 양과 달리 정보의 함량이 많다. 질적인 정보는 운동의 방향과 관계가 있다.

상하 사방이 없는 우주공간에서 서로 구분이 되는 운동은 나선운동밖에 없으며, 나선운동은 원운동과 직선운동이 결합되어 진행방향이라는 기준이 있다. 오른나사방향과 왼나사방향운동을 하는 소용돌이장(Torsion Field)은 비틀림장이라고도 하며 기의 작용을 설명하는 데 유용하다.

소용돌이장은 팽이가 약간 기운 상태에서 회전축이 천천히 원을 그리면서 도는 것과 같은 각운동(角運動)으로서 스핀상태의 각운동 자체에서 발생하는 힘이다. 지구도 세차운동이라는 각운동을 하는데 23.5도 기울어져 자전하고 있으며 25,800년을 주기로 자전축이 한 바퀴 돈다고 한다.

우주에는 은하계나 태풍의 눈처럼 소용돌이 모양이 많이 있으며 기에너지인 우주초원력도 나선 모양을 하고 있다고 볼 수 있으며, 또한 나선 모양을 하고 있는 손금이나 머리의 가마 등으로 기가 들어온다고 볼 수 있다.

　이 소용돌이장의 입체적 모양은 원추형 형태로서 이탈리아 수학자 레오나르도 피보나치(Leonard Fibonacci. 1170~1240)의 수열에 의한 황금비(golden ratio) '1.618'에 근접하고 있다. 몸에서 나가는 기는 시계방향으로 회전하면서, 나가고 들어오는 기는 반시계방향으로 회전하면서 들어온다고 볼 수 있다. 이 피보나치수열은 중학교 때 배운 간단한 수열이지만 꽃이나 잎의 배열에 숨어있어 마치 "자연은 신이 쓴 수학책이다"는 갈릴레오의 말이 실감날 정도이다.

　사람, 지구, 하늘과 연결된 우주의 기 에너지는 현대과학으로 아직 명쾌하게 풀려지지 않는다. 차기 정부는 사람의 소프트웨어(영, 정신, 마음, 혼, 기) 분야 연구자들에게 많은 지원을 해주어 미래 산업의 원동력으로 발전시켜야 하겠다.

19 진리 탐구와 대학 자율성을 위해 국립대학 총장 직선제를 실시하겠다

박근혜 정부의 총장직선제 폐지는
헌법과 법률을 위배, 대학의 자율성을 침해하며
이런 작금의 사태는 커다란 유감이다.

박근혜 정부의 인사 난맥상이 대학 총장 인사에서도 나타나고 있다. 경북대학교 차기 총장 임명에 빨간불이 켜졌다. 경북대는 4개월째 총장 공석 상태로 지난 9월부터 부총장이 총장 권한 대행을 맡고 있어 학교행정이 원활하지 않고 있다. 하지만 교육부는 아무런 이유도 밝히지 않고 경북대의 차기 총장 임명에 제동을 걸었다.

경북대는 2010년 교수들의 직선에 의해 제17대 총장을 선출하였지만 이명박 정부가 총장직선제와 함께 대학민주화의 대표적인 산물인 학장직선제를 대통령령인「교육공무원임용령」의 개정이라는 형식으로 폐지하였다. 지난 4년 동안 교육부가 강압적으로 총장 선거를 간선으로 하도록 종용하여 왔다. 이에 반대하여 경북대, 부산대, 전남대, 목포대를 비롯하여 여러 대학에서 반대투쟁을 벌였지만 교육부에 무릎을 꿇게 되었다.

경북대는 교육부 안을 따를 수밖에 없어 2014년 9월부터 임기가 시작되는 총장을 선출하기 위해 지난 6월 차기 총장 선출을 하였지만 선출과정에서 공정성 논란으로 지난 10월 재선거에 들어가 우여곡절 끝에 새 총장 후보자를 선출하였다. 재선거를 치른 만큼 대학 자체 윤리검증까지 거쳐 총장임용후보로 1순위인 김사열 생명과학부 교수와 김상동 수학과 교수(2순위)를 총장 임용 후보자로 선정하고 교육부에 11월 3일에 추천한 뒤 임명을 기다려왔다.

교육부는 12월 16일 경북대에 공문을 보내 대학 측이 추천한 총장 후보자를 임용 제청하지 않기로 했다는 것이다. 교육부의 공문에는 '교육공무원 인사위원회의 검증을 거쳤지만 적격자가 없어, 경북대 제18대 총장 임용 후보자의 재선정 절차를 거쳐 다시 추천하라'고 했다는 내용이다. 하지만 교육부는 추천 교수를 임용하지 않기로 한 데 대한 구체적인 사유를 밝히지 않았다.

임용을 기다리는 교수는 "교육부의 처사에 당혹스럽다"며 국립대 교수를 맡아오면서 음주운전 이력조차 없는 등 법적 하자가 없다고 했다. 교육부가 대학 구성원의 뜻이 담긴 결과를 비상식적으로 뒤집는 것은 '대학자치'를 훼손하는 행위라고 지적하면서 분개했다. 그리고 후보자는 "이유를 밝히지 않고 임용을 거부한 것은 이해할 수 없다"며 "조만간 교수회와 논의를 거쳐 대책을 세울 계획"이라고 밝혔다. 경북대 소속 교수들도 "경북

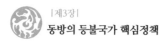

대와 그 구성원 의견을 철저히 무시한 처사이며, 국립대를 교육부의 하위기관으로 보는 행위에 지나지 않는다."며 반발하는 분위기다.

교육부의 이와 같은 처사의 결과로 지난달 공주대 총장 임용 후보자 1순위인 김현규 교수가 제기한 '총장임용 제청 거부처분' 취소 소송에서 법원이 원고승소 판결을 내렸지만, 대학 측에 '총장 임용 후보자 재선정'을 요구하는 공문을 보내 학교 측의 반발을 불러왔다.

지난해 2013년 6월 10일 전국국공립대학교수회연합회에서 "교육부의 국립대학 자율성 침해를 엄중하게 규탄한다."는 성명서를 내기도 했다. "우리 전국국공립대학교수회연합회는, 박근혜 정부의 교육부가 '총장직선제 폐지'라고 하는 이명박 정부의 잘못된 정책을 이어감으로써, 헌법과 법률을 위배하면서 국립대학의 자율성을 침해하고 있는 작금의 사태에 대해, 커다란 유감을 표명하며 이를 엄중하게 규탄한다."는 내용이었다.

필자는 1976년 경북대학교 조교로 임용된 후 프랑스 정부장학생으로 선발되어 공학박사 학위를 받고 1980년부터 1996년 15대 국회의원이 되어 정계에 진출할 때까지 후학을 가르치면서 청춘을 바친 대학이라 경북대학교에 남다른 애정이 있다. 또한 부인도 예술대학 미술과에 봉직하고 있으며 두 아들도 경북대학을 졸업하였다.

그동안 교육부는 총장직선제 폐지를 위해 2012년부터 국고에서 지원하는 각종 사업 및 교수 정원 배정 등을 연계시키면서 "총장직선제 개선"이라는 미명 아래 "직·간접 선거의 배제"를 강요하였다. 교육부의 강요는 「교육공무원법」이 보장하고 있는 총장직선제 선택권을 부정하는 불법적인 행위이다.

제24조(대학의 장의 임용) 제3항 "추천위원회는 해당 대학에서 정하는 바에 따라 다음 각 호의 어느 하나의 방법에 따라 대학의 장 후보자를 선정하여야 한다. 1. 추천위원회에서의 선정 2. 해당 대학 교원의 합의된 방식과 절차에 따른 선정"하도록 되어 있다.

부산고등법원 판결(2013.11.20 선고 2013누1591) "대학 교원에게 대학 총장 후보자 선출에 참여할 권리가 있고 이 권리는 대학의 자치의 본질적인 내용에 포함된다고 할 것이므로 결국 헌법상의 기본권으로 인정할 수 있다." 교육공무원법 제24조 제3항은, "총장 후보자 선정과 관련하여 직접선출 방식을 보장하지는 않더라도, 최소한 총장 후보자 선정을 추천위원회에서 할 것인지, 아니면 교원의 합의된 방식과 절차에 의할 것인지를 '대학 교원'이 우선적으로 결정하도록 한 것으로 해석함이 타당하다."고 했다.

뿐만 아니라, 교육부는 권한의 범위를 넘어 '총장직선제 폐지'를 내용으로 하는 학칙 및 규정을 제·개정하여 보고하라고 국립대학에 거듭 강요하고 있다. "대학의 자율성"을 확대하기 위한

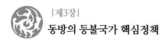

2011년 7월 21일의 「고등교육법」 개정 및 2012년 1월 22일의 「고등교육법시행령」 개정을 통해 국립대학의 학칙 개정 보고 의무와 교육부장관의 학칙 시정 요구권이 삭제되었다.

문제의 핵심은 '불법적인 대학 자율성 침해'이다. 총장직선제는 대통령직선제와 마찬가지로 1980년대 민주화 과정에서 쟁취된 것이다. 1953년에 제정된 「교육공무원법」에서부터 총장은 "교수회의 동의를 얻어" 임명하도록 되어 있었다. 하지만 교수회의 권리를 5·16쿠데타 세력의 국가재건최고회의가 1963년 12월 5일 「교육공무원법」 개정을 통해 대통령이 일방적으로 총장을 "임면"하는 것으로 바꿈으로써 위헌적으로 침탈하였고, 그 뒤 오랜 '총장임용제'의 어두운 시절을 거친 후, 대학 민주화의 지난한 노력 끝에 1980년대 말부터 총장직선제가 부활하여 1990년대 들어 법률에 의해서도 보장되는 권리로 회복되었다.

총장직선제는 대통령직선제와 마찬가지로 시행과정에서 여러 가지 문제가 있었다는 사실은 인정되어야 하며, 교수들은 총장직선제를 '지고의 가치'로서 절대 고수하여야 한다는 입장도 아니다. 하지만 법률이 총장직선제를 선택할 수 있도록 보장하고 있음에도, 법치국가의 정부기관이 그것을 폐지하라고 강요하는 사태는, 헌법이 보장하는 '대학 자율성'과 '법치주의'를 심대하게 침해하는 것으로서 한시바삐 시정되지 않으면 안 되는 것이다. 내가 만일 대통령이라면 진리탐구와 대학 자율성을 위해 대학총장직선제를 반드시 실시하도록 하겠다.

[국교련 성명서]

2013. 06. 10.

교육부의 국립대학 자율성 침해를 엄중하게 규탄한다.

1. 우리 전국국공립대학교수회연합회는, 박근혜 정부의 교육
   부가 '총장직선제 폐지'라고 하는 이명박 정부의 잘못된 정
   책을 이어감으로써, 헌법과 법률을 위배하면서 국립대학의
   자율성을 침해하고 있는 작금의 사태에 대해, 커다란 유감
   을 표명하며 이를 엄중하게 규탄한다.

2. 총장직선제는 헌법이 보장하고 있는 "대학의 자율성"의 내
   용인 것은 물론이고, 「교육공무원법」이 구체적으로 명시하
   여 보장하고 있는 제도이다. 또한 "대학의 자율성"을 확대
   하기 위한 2011년 7월 21일 「고등교육법」 개정 및 2012년
   1월 22일 「고등교육법시행령」 개정을 통해 학칙 개정 보고
   의무와 교육부장관의 학칙 시정 요구권이 삭제됨으로써,
   국립대학 학칙의 제·개정은 전적으로 국립대학의 자율에
   맡겨져 있다.

3. 그런데도, 지난 5월 24일 교육부(학술장학지원관 대학재정지원과)는
   「2013년도 대학 교육역량강화사업 기본계획」의 "지원금 조

정"이라는 항목에 아래와 같은 내용을 포함시켰다.

○ 총장직선제 개선 관련 규정을 실질적으로 유지하지 않는
대학의 경우 금년도 지원금 전액 삭감 또는 환수. 같은 날
교육부(대학지원실)는 「국립대학 사무국장 협의회 참고자료」의
"협조요청 사항"에 아래와 같은 내용을 포함시켰다.

4. 총장직선제 개선 관련 '14년 대학 재정지원 사업 연계 안내
○ '14년 대학 재정지원 시 학칙 및 자체규정의 총장직선제 개
선 정도와 비례하여 인센티브 부여 예정

5. 대학 협조 요청 사항
○ 총장직선제 개선을 위한 자체규정 제·개정 미완료 대학은
조속히 자체규정 제·개정 추진 요망
※ 목포대, 부산대, 전남대, 전북대, 한국방송통신대 자체규정
제·개정 미완료
○ 학칙 및 자체규정 제·개정을 이미 완료한 대학도 총장직선
제 개선 여지가 남아 있는 대학은 실질적인 총장직선제 개
선이 될 수 있도록 관련 규정 재개정 추진 요청 ('14년 인센티브
부여 연계)
- 아울러, '13년 대학교육역량강화사업에서 불이익을 받지 않
도록 최소한 현행 수준은 유지 필수
※ 현행 규정을 기준으로 조금이라도 총장직선제 요소를 강화할
경우 지원금 전액이 삭감 또는 환수되므로 각별한 주의 요망

4. 요컨대 교육부는 지금, 국민의 세금으로 운용하는 대학교육역량강화사업을 내세워, 국립대학에 대해 학칙과 규정을 "실질적으로 유지"하고, "제·개정"하고, "현행 수준으로 유지"하고, "조금이라도 총장직선제 요소를 강화"하지 말 것을 강요하고 있는 것이다. 학생들을 지원하는 대학교육역량강화사업과 관련하여 국립대학이 재정적인 불이익을 당하고 싶지 않으면, 학칙과 규정을 일일이 교육부에 보고하고 검사를 받으라는 것이다. 이것은, 법적인 권한 없이 국립대학의 학칙 및 규정을 '총장직선제 폐지'라는 획일적인 내용으로 제·개정하도록 강요함으로써 헌법과 법률이 보장하고 있는 국립대학의 자율적인 권한을 침해하는 위헌·위법적인 행위로서, 법치국가의 정부행위로서는 도저히 허용될 수 없는 것이다.

5. 국립대학 사무국장협의회에서 배포된 자료는 실로 경악을 금할 수 없는 것이다. 사무국장들에 대한 "협조 요청"의 의미는 무엇인가? 교육부가 파견한 사무국장들에게 파견 대학의 학칙 및 규정 제·개정을 감시하고 "조금이라도" 교육부의 뜻에 맞지 않는 상황이 벌어질 가능성이 있으면 재정적 불이익을 내세워 협박하라고 지시한 것 아닌가? 대한민국 국립대학의 사무국장은 교육부가 파견한 '식민지 총독'이란 말인가?

6. 교육부는 도대체 무엇 때문에 이토록 위헌·위법적인 강박을 거듭하면서까지 국립대학 총장직선제를 폐지하는 데 혈안이 되어 있는 것인가? 총장직선제의 폐해가 과연 이 위헌·위법보다 더 큰가? 총장직선제를 폐지하고 '선호도 조사'라는 교육부의 발명품을 동원하여 추천위원회가 총장후보자를 선정하는 제도를 도입한 다수의 대학에서, 지금까지 없었던 심각한 혼란이 생겨났고, 심지어는 소송 사태까지 벌어지고 있다. 교육부의 '총장직선제 폐지' 정책은 이미 실패한 것임이 명명백백하게 드러났다. 그런데도 왜 교육부는 그 잘못된 정책에 편집증적으로 집착하는 것인가? 우리 국교련은, '총장직선제 폐지'에 앞장섰던 김응권 전 교육과학기술부 차관이, 지난 2013년 2월에 국립목포해양대학교 총장 후보자 공모에 응모했다가 국교련이 규탄 성명을 발표한 지 하루 만에 자진 철회했던 일을 똑똑히 기억하고 있다.

7. 우리 국교련은, 박근혜 대통령이 2012년 11월 1일 대통령 후보로서 한 인터뷰에서, "대학 정책이 정부의 강요보다 자율성에 맡겨져야 한다.", "총장직선제를 교과부가 일률적으로 폐지하라, 마라 강요하기보다 학교 자율에 맡기는 것이 옳다", "학교가 직접 추진한다면 그럴 수 있지만 교과부가 총장직선제나 국립대 법인화에 대해 일률적으로 강요하는 것은 바람직하지 않다고 본다."라고 밝혔다는 사실을 기억

한다. 또한 우리 국교련은, 서남수 교육부장관이 2013년 4월 18일 전국 국공립대학 총장협의회 정기총회에서, "대학의 자율성은 생명이다. 대학이 교육부의 강요에 의해 움직인다면 소기의 성과를 얻을 수 없다", "교육부는 대학의 자율적 노력을 뒷받침하도록 지원할 것"이라고 밝혔다는 사실에 주목한다. 동시에 우리 국교련은, 대통령과 교육부장관이 '대학의 자율성'을 강조하는 한 편에서, 박근혜 정부의 교육부가 이명박 정부 때보다 오히려 더 '대학의 자율성'을 심각하게 침해하고 있는 참담한 현실을 목도한다.

8. 이에 전국 국립대학 교수들을 대표하는 교수회의 연합체인 우리 국교련은, 우선 일차적으로 아래와 같이 요구한다.

1. 교육부는 '총장직선제 폐지'를 위한 위헌·위법적인 일체의 기도를 즉각 폐기하라.
2. 박근혜 대통령은 「2013년도 대학 교육역량강화사업 기본계획」(2013. 5.) 및 「국립대학 사무국장 협의회 참고자료」(2013. 5. 24)의 총장직선제 부분에 관한 책임자들을 전원 엄중 문책하라.

2013. 6. 10.
전국국공립대학교수회연합회

20 우주 카오스 원리로 세상을 바꾸기 위해 카오스 프랙털 연구소를 설립하겠다

카오스(Chaos)는 혼돈(混沌)으로서 천지창조의 과학적 이론이며,
프랙털(Fractal)도형은 카오스 수식으로 얻어진 우주 만물의 형상

태초에 혼돈이 있었느니라. 혼돈(Chaos)의 진정한 의미가 무엇일까? 혼란이라는 의미는 아니다. 지구상에는 하느님, 하나님, 하늘님 조물주, 창조주라고 불리는 소위 초월자가 설계하고 만들었다고 믿어지는 피조물이 있는 반면, 인간이 만든 건축물, 조형물들도 혼재되어 있다.

카오스(Chaos)라는 의미는 성경에 나온 혼돈(混沌)이란 뜻으로서 천지창조의 과학적 이론이다. 프랙털(Fractal)도형은 카오스 수식을 컴퓨터로 계산하여 얻어진 우주 만물의 형상을 나타내는 패턴이다. 눈송이나 태풍, 우주의 성운(星雲)과 같은 자연은 일즉다 (一卽多), 다즉일(多卽一)처럼 프랙털 구조로 되어 있으며, 카오스 수식이 공(空)이라면 프랙털은 색(色)이라고 볼 수 있다.

우선 우리 주변에는 사람을 포함, 식물과 동물을 비롯하여 하늘의 별, 아름다운 산, 바다, 들판은 물론, 담배 연기, 파도치는

모양들이 우리가 보기에는 불규칙한 것 같지만 저 높은 우주 차원에서 프랙털 형태로 아름답게 배치되어 있다. 이러한 규칙을 알아내어 과학적으로 연구하는 분야가 카오스(chaos)의 학문세계이고 이 수식을 그림으로 표현하는 연구가 프랙털(fractal) 그래픽이다.

이와 같은 수많은 혼돈현상을 수학적으로 표현해보고자 하는 학자들의 노력의 결과 카오스수식이 만들어졌으며 이 수식을 계산하면 프랙털(Fractal)그림으로 나타난다. 예를 들어 간단한 모양인 눈꽃송이나 고사리 잎을 수식으로 표현하여 프랙털 그림으로 나타낼 수 있다. 최근 들어 컴퓨터의 그래픽 기능이 향상되어 아름다운 자연을 컴퓨터상에 표현하는 것이 더욱 용이해졌다. 만일 신이 천지를 창조하고 생명을 잉태할 때 사용한 카오스 이론을 알게 된다면 화가가 자연을 캔버스에 그릴 필요가 없어질 것이다.

사진작가는 자연을 사진에 담고, 화가는 자연을 그대로 그리기도 하고 자기 생각대로 변형시켜 보면서 자연의 형상과 유사한 작품을 제작하기 위하여 많은 시행착오를 한다. 조물주도 모든 만물을 만들 때 많은 시행착오를 거쳤을 것이며 인간의 형상에 대한 카오스 수식이 인간의 설계도와 DNA 속에 들어 있을 것이다. 21세기에 들어서면서 우리는 아날로그 시대에서 새로운 디지털 시대를 맞이하여 정신적으로 영적인 사고의 대전환점에

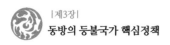

서 있다. 미술 분야에서도 붓과 물감을 사용하지 않고도 컴퓨터만으로 그림을 그리는 새로운 디지털 미술시대가 열리고 있다.

필자는 경북대학교 전자공학과 교수 시절 인간의 두뇌를 반도체 칩으로 설계하여 사람처럼 똑똑한 컴퓨터를 만들고자 사람 뇌의 특별한 기능인 카오스와 프랙털, 퍼지이론, 신경회로망에 대한 연구를 하여 해외특허 59건, 국내특허 50건을 특허출원하였다. 카오스 수식을 계산하여 컴퓨터 시뮬레이션을 하면서 자연은 소우주와 대우주의 구조로 되어 있음을 알게 되었으며 혼돈세계 속에서 어떤 질서를 발견할 수 있었고, 이 질서 속에서 다시 아름다운 혼돈현상을 느낄 수 있었다.

1999년부터 국내외 10여 차례 전시회에서 아내 박남희 교수(경북대학교 미술과 서양화 전공)와 함께 부부전을 갖게 되었으며 아날로그 미술과 디지털 미술의 복합적인 전시를 시도해 보았다. 필자의 부부 작품에서는 우주의 무한대성과 생명의 영원성과 조물주와 인간의 관계 및 철학, 종교, 과학의 연관성에 대한 평소의 생각을 담아 보았다.

카오스 아트는 다양한 카오스 수식을 계산한 아름다운 프랙털 그림 이미지를 미술 분야로 발전시킨 새로운 예술장르(genre)이다. 카오스 아트 의상은 필자가 연구한 300여 종의 카오스 프랙털 패턴을 실크, 면, 폴리에스테르 등에 컴퓨터 프린팅 방법으로 염색한 첨단 섬유패션이다.

또한 카오스 아트의 실용화를 위해 필자의 카오스 아트 작품을 의상과 접목시켜 디지털 섬유 디자인 기법으로 카오스 넥타이, 카오스 스카프, 모자, 신발, 여성 언더웨어 등 각종 의상을 디자인하여 문화상품으로 개발했다. 사람들이 곤충이나 새처럼 아름다운 자연색깔의 옷을 입는다면 마음이 아름다워질 것이고 세상이 밝아져 자연과 조화로운 세계가 되지 않을까 하는 생각에서이다.

사양 산업처럼 생각하고 있는 섬유패션산업을 살리기 위해 지난 10월 초 경북대학교 테크노파크 빌딩 216호에 "카오스아트피아㈜"를 설립하고 대구 섬유산업 회사들과 함께 "경대카오스아트협동조합"을 만들었다. 첫 상품으로 삼국통일을 염원하는 뜻에서 5세기경 유물인 백제, 신라, 고구려의 국보인 왕관사진을 넣어 40개 카오스 스카프를 개발했다.

카오스 나비의 미약한 펄럭임이 전 세계 태풍을 일으킬 수 있듯이 카오스 패션이 새로운 디지털섬유산업 분야에 선풍을 일으켜 낙후된 섬유산업을 살릴 계기가 되는 것은 물론, 아름다운 옷으로 아름다운 마음을 만들고 아름다운 세상을 만들기 위해서이다.

카오스 의상은 우주 공간에 약 65% 정도로 엄청나게 많은 원초적인 하늘의 기(氣)에너지를 받아들여 사람의 세포를 활성화시켜 면역력을 높이는 것은 물론, 사람의 의식을 향상시켜 우주와 일체가 되어 우주와 내가 하나가 되는 우아성(宇我城)을 쌓는 데 큰 도움이 될 것이다.

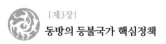

이제 21세기 첨단 디지털 시대에 석가모니와 예수님께서 일찍이 깨달으셨던 공과 색 즉 카오스 수식이 공(空)이라면 프랙털은 색(色)인 철학적인 의상, 일즉다(一卽多), 다즉일(多卽一)의 프랙털 구조의 의상 시대가 도래했다. 남자들은 물론 아름다움을 추구하는 여성들이 카오스아트 패션 의상을 즐겨 입게 된다면 세상은 더욱 아름다워지고 우주 에너지에 민감한 여성들의 건강에 큰 도움이 될 것이다.

따라서 대학과 연구소는 첨단 카오스철학과 프랙털 사상을 하루빨리 연구하여 모든 학문을 융합하여 학문 간의 벽을 허물어 인류의 육체건강, 정신건강, 영적 건강을 위해 많은 연구업적을 내주기 바란다. 내가 만일 대통령이라면 우주 카오스 원리로 세상을 바꾸기 위해 카오스 프랙털 연구소를 설립하여 차세대 성장 동력으로 하겠다.

21 한반도의 사상전쟁과 중동의 종교전쟁을 종식시키기 위해 국회의사당에 세계 종교UN을 창설하겠다

　조물주가 만들었는지 저절로 만들어졌는지 알 수 없는 출생의 비밀을 간직한 아름다운 지구별은 어리석은 극동과 중동의 정치지도자들의 불장난으로 핵폭발의 위기에 처해 있다. 극동인 한반도에서는 형제 간의 한 핏줄인지도 모른 채 남북한 간의 사상전쟁을 하고 있으며, 중동 지역에서는 아브라함의 자손으로서 이삭과 이스마엘이 한 형제인 줄도 모른 채 종교전쟁을 하고 있다.

　우리 국민들은 역사를 되돌아보면서 과거 위정자들의 당파싸움으로 나라가 망하게 되었음을 잘 알고 있다. 현재 여야 정치인들도 보수, 진보, 좌파, 우파로 편 가름하고 있어 우리 민족의 운명은 풍전등화와 같아 걱정이 태산이다. 작금의 우리 현실은 난파선과 같아 한반도 배가 어디로 가고 있는지도 모른 채 선상에서 국민들은 우왕좌왕하고 있다.

　최근 헌법재판소의 통합진보당 해산 결정을 놓고 진보와 보수

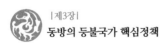

진영에서 통진당 해산 결정을 평가하고 향후 과제를 전망하는 원탁회의와 토론회를 각각 개최한다면서 지겨운 사상논쟁으로 국민들을 편 가름하려 하고 있다.

또 한편 저쪽 중동지역에서는 이슬람 국가인 IS(Islamic State)를 건설하기 위해 이슬람교를 기반으로 이라크와 시리아를 통일하여 이슬람국가를 만들려 하고 있다. 이 단체는 두 가지 파로 나뉘져 있는데 시아파와 수니파이다. 현재 시리아 사태에서 정부군에 속하는 시아파는 이슬람교에서 약 10~20% 정도이고 나머지는 수니파가 약 80~90% 정도이다. 시리아의 영토 중 약 30% 이상을 반군인 수니파가 장악하고 있다고 한다.

미국은 중동에서 이집트를 시작으로 시리아와 이라크의 민주화 바람을 일으켰지만 성공하지 못 했다. 이번 사태를 계기로 다시 민주화를 일으키고 이스라엘을 지키기 위한 외교를 펼칠 것으로 예상된다. 현재 수니파의 자금력과 행정력은 알카에다의 전투력과 레바논 헤즈볼라의 행정력을 갖추고 있다는 평가를 받고 있다. 또한 유럽의 경기가 좋아지지 않는 이상 유럽 청년들의 용병지원은 계속 있을 것으로 예상되기 때문에 이번 IS사태를 진압하는 것은 그리 쉬워 보이지 않는다.

1998년 국회의원 시절 여의도성당에 입교할 때 대모님이 지어준 세례명은 솔로몬으로서 지혜와 막강한 권력을 가진 왕인 것을 알고 한때 좋아했었다. 그러다가 세례를 받기 한 달 전 성모님과 예수님의 메시지를 받고 있는 나주 율리아님을 통해 영적인 성모님께서 솔로몬에서 아브라함으로 바꾸라고 하여 많은 생각을 하면서 아브라함의 두 아들로부터 생겨난 기독교와 이슬람교의 분쟁 해결 방안에 대해서 많은 관심을 갖게 되었다.

한편 2007년 여름 한 영매자와 대화하다가 인왕산에 올라가게 되었는데 그 때 정도전 선생이 영매자에게 불쑥 나타나 "남북통일하고 나라를 세우는 데 실패하지 말라."는 메시지를 전해주었다. 그 후 신라 김유신 장군과 고려 태조 왕건의 통일에 이어 세 번째 삼국통일에 대해 많은 생각을 하게 되었다. 아브라함의 사명과 정도전의 메시지가 내 인생 내비게이션에서 지울 수 없는 방점이 되어 버렸다.

박근혜 정부는 남북평화통일과 같은 미래 국가비전을 제시해야 함에도 세월호 사건과 인사 국정 난맥상으로 2년을 거의 허송세월하고 있다. 현 정치권은 여·야간 정책에 대한 뚜렷한 차별도 없이 친이와 친박 간, 그리고 친노와 비노의 갈등구조로 조선 말과 비슷한 정치상황에 놓여 있어 국민들은 답답할 따름이다. 이제 우리는 과거 역사를 바로 알아 4대 강대국 속에서 지혜를 발휘하여 남북통일과 세계평화를 위해 전 국민이 화합하고 대동단결하여 민족의 혼과 정기를 바로 세워야 할 때이다.

현재 국회는 서울에 있고 많은 정부 부처는 세종시에 있어 〈내가 대통령이라면!〉(16)을 통해 국정 효율화를 위해 국회를 세종시로 옮기겠다고 주장한 바 있다.(http://cafe.daum.net/hosun2010, 2014. 12. 10) 한편 국회를 세종시로 옮기고 세계평화를 위해 국회의사당에 세계 종교UN을 창설할 것을 여러 번 주장해 왔다.

비둘기에게 모이를 너무 많이 주면 스스로 먹이를 찾으려 하지 않는 것처럼 진리를 찾는 성직자도 마찬가지라고 본다. 진리를 찾기가 먹이 찾는 일보다 몇 십 배 더 어렵다. 진리를 찾아야 가르칠 수 있을 터인데……. 보통 사람들은 돈이 풍족하면 놀고 싶고 술도 마시고 싶고 성적 욕구도 채우고 싶은 것이다.

성직자는 달라야 하는데 자기를 이기지 못하면 보통 사람과 다를 바가 없다. 비둘기에 먹이를 사 주려고 용돈을 너무 많이 쓰면 비둘기에 오히려 해롭듯이 종교인에게 너무 많은 돈을 주면 성직자에게 해가 된다. 결국 신자인 자기에게 그 해가 돌아온다.

종교는 사회의 으뜸(宗)이 되는 가르침(敎)이다. 국민이 원하는 것은 종교계의 전면적인 쇄신과 자정이다. 한국불교를 대표하는 조계종에서 낯 뜨거운 일들이 잇따라 터지고 있다. 불국사 경내에 골프연습장이 설치되고 일부 승려들의 해외 원정 골프, 원정 도박 의혹이 제기되고 있었다.

종교 세속화는 불교만의 문제가 아니다. 기독교계에서는 교회 운영권을 둘러싸고 연중 고소, 고발과 폭력이 그치지 않고 있다. 한국 기독교를 대표하는 한기총(한국기독교총연합회)마저 회장 선거를 둘러싸고 금권선거 논란에 휩싸여 결국 해체 요구를 받는 지경에 이르고 있었다.

종교계 타락의 원인은 어디에 있는가? 우선 가까이에서 원인을 찾자면 시장경제와 자본주의의 병폐가 종교계까지 침투되어 일부 몰지각한 성직자들이 신도를 뺏기지 않으려고 자기 종교만이 최고라면서 이웃 종교에 대한 비상식적인 폄하는 물론 참된 진리 탐구의 길을 가로막는 돈이라는 악마에 걸려들고 있기 때문이다. 진정으로 종교지도자를 위해서는 신도들이 헌금을 줄이고 검소한 생활을 하면서 정신적으로 영적 성장할 수 있도록 도와주어야 한다.

그리고 좀 더 근원적인 원인을 찾자면, 우리 민족엔 적어도 1만 년 이상 유구한 역사, 찬란한 문화, 훌륭한 사상, 세계적인 철학이 전해져 내려오고 있지만, 일본에 의해 역사가 단절되고 4대 강대국에 의해 남북이 분단된 채 종교, 이념, 사상, 문화 등 모든 분야에서 동질성을 회복하지 못하고 혼돈상태에 빠져들고 있기 때문이다.

또한 우리나라뿐만 아니라 외국도 마찬가지이다. 창세기를 열었던 에덴동산 성전의 거룩함은 이미 사라지고 믿음의 조상 아브라함의 고향 이라크가 왜? 생존권으로 하여금 인간들의 싸움터가 되어 버렸는가를 진정으로 성찰해야 한다. 역사에 길이 남겨야 할 고귀하고 성스러운 문화재가 처참하게 파괴되어 버린 것을 우리 인류 후손들에게 어떻게 납득을 시켜야 할지 참으로 난감한 현실에 있다.

현재 이 시각에도 남북한 간의 사상문제와 이스라엘과 이란 간에 종교와 문화의 충돌로 핵전쟁이 발발할 위험에 처해 있다. 이 위험을 제거하지 않고서는 지구촌의 평화는 없다. 이와 같은

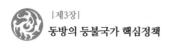

국내외의 제반 난제를 해결하기 위해서는 정치, 외교, 경제로는 풀 수가 없고 모든 사상의 근본이 되고 있는 종교로 문제를 풀어야 한다.

우리 한민족은 21세기 디지털 혁명 시대에 웅대한 비전을 세워 남북한 평화통일을 슬기롭게 이룩하고 세계 평화와 인류의 행복을 위해 새 하늘 새 땅에 이상적인 세계를 건설해야 할 막중한 사명을 가지고 있다.

우선 제일 먼저 한반도에서 1국가 2체제로 남북 상생의 평화통일을 이룩하기 위해 국회의사당을 세종시로 옮기고 현 국회의사당에 '세계종교UN'을 새로 창설하여 세계종교를 화합시켜야 한다. 우리나라는 종교 백화점처럼 세계 거의 모든 종교가 혼재하고 있지만 큰 문제가 없는 것은 종교는 달라도 마고시대로부터 내려온 천지인(天地人) 사상을 이어온 천손민족이라는 자부심을 갖고 있기 때문이다.

현재 UN이 육체적인 유엔이라면 종교UN은 정신적인 유엔이다. 천주교 교황청을 확대한 형태로 세계종교UN을 통해 종교, 종파 간의 화합을 이루어 종교전쟁과 사상전쟁을 종식해야 한다. 이 일치 운동은 정치권과 종교의 거룩한 의무이며 세계 모든 정치와 종교 지도자의 소명이자 궁극적 목표가 되어야 한다.

세계가 더 이상 패권정치와 경제전쟁으로 부패되기 전에 종교 지도자들이 할 수 없는 종교혁명을 신도들이 주도하고 선도해서 조물주의 뜻에 따라 전쟁, 기아, 공해가 없는 아름다운 신천지를 한반도에서부터 만들어 나가야 한다. 사랑과 자비와 인정이 넘치는 아름다운 가정과 정직한 사회, 올바른 나라를 바로 세워 전 세계에 그 모범을 보여 주어야 하겠다. 현재의 총체적인 부정과 부패의 국가위기를 극복하고 세계에서 종교선진국이 되도록 정치, 종교, 사회, 통일 등 모든 분야에서 아날로그가 아닌 디지털적인 사고로 정치와 종교를 바로 세워야 한다.

우선 우리 모두가 참여하여 올바른 종교관, 세계관, 우주관을 근간으로 세계적인 전략과 비전을 준비하고 사상과 이념을 초월하여 남북한이 상생의 통일을 이룩할 수 있는 올바른 통일관과 국가관을 세운 후에 정치와 종교지도자는 봉사와 사랑과 희생정신으로 재외 동포를 포함하여 한민족이 하나가 될 수 있도록 리더십을 발휘해야 하겠다.

차기 대통령은 행정부에 종교청을 신설하도록 하여 세계적인 종교통합정책을 세우고 남북한 및 해외 종교 관련 자료를 정리하여 "세계종교디지털문화엑스포"와 같은 행사를 통해 종교문화를 교류하여야 한다. 국회의사당에서 세계 종교인 대표회의를 개최하고 "세계종교UN 창설 준비위원회"를 만들어야 한다.

국회의원회관은 세계종교UN 파견 대표의 300개 사무실로 사용하고 국회도서관은 종교도서관, 국회방송은 종교방송국, 국회헌정기념관은 세계종교대학원대학교로 활용하면 된다. 각 종단으로부터 추천받은 고졸 학생들을 신입생으로 받아들여 대학 4년, 대학원 2년, 박사과정 4년, 인턴 5년 동안 초기 종교에 관련된 언어를 포함, 전 세계 역사, 문화, 사상, 철학을 비롯하여 종교 교리와 의식을 전부 가르친다. 샛별 같은 이들 젊은 성직자들이 배출되면 어두운 촛불은 꺼지기 마련이다.

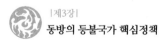

제일 중요한 국회본회의장은 진리의 전당으로서 각 종단에서 진리를 법으로 만들어 발표하도록 하고 화백회의로 만장일치된 것만 전 세계에 내놓게 한다. 참다운 진리는 하나이기 때문에 투표를 해서는 안 된다. 1년 내내 한 건도 나오지 않을 수 있지만 큰 문제는 없을 것이다. 모든 회의 과정을 종교방송에서 전 세계로 중계하기 때문에 세계인들이 종교 지도자들보다 먼저 깨우칠 수 있기 때문이다.

　미래에 우리 한반도에서 새로운 신천지가 전개되고 아름다운 동방의 등불 국가가 건설되어 지성 민주주의와 영성 시장경제 체제를 근간으로 물질과 정신이 균형 잡힌 지구촌의 중심이 될 수 있도록 차기 대통령은 미리 준비해야 하겠다. 우리 모두 앞으로 지구촌의 평화를 위해 남북통일, 민족통일, 천하통일을 이룩해야 할 막중한 사명을 가지고 있다는 것을 깨우쳐야 하겠다. 국회의사당 건물 꼭대기에 커다란 세계종교UN의 상징인 LED 전광판 불빛이 전 세계로 퍼져나가 인도 시성 타고르 시인의 동방의 등불이 켜질 날을 우리 모두 기대해 보자.

22 EU연합방식 1국 2체제 평화통일을 위한 분권형 집정제 헌법 개헌을 하겠다

신라 김춘추 대왕, 고려 태조 왕건에 이어
세 번째 통일을 2020년에는 반드시 이룩해야 하겠다.

2014년 갑오년은 세월호 사고, 청와대문건 유출사건, KAL땅콩회항사건 등 정말 다사다난했던 한 해이었지만, 2015년 을미년은 청양(靑羊)띠 해로서 상서롭고 좋은 일만 생기는 밝은 새해가 되기를 바란다. 과거를 되돌아보면 120년 전 을미년은 명성황후 시해사건(明成皇后弑害事件, 1895. 8. 20(양력 10. 8))인 을미사변을 겪은 치욕적인 양띠 해이었지만, 일본에 36년간(1910~1945) 지배당한 후 해방된 지 70년이 되는 해이기도 하다. 과거 조선시대 말 정치인의 잘못으로 죄 없는 백성들만 이루 말할 수 없는 고통을 당해 왔지만, 금년 2015년은 청양(靑羊)띠 해로서 국민들이 깨우치고 각성해서 좋은 정치인을 선출해야만 국민들이 행복해질 것이다.

1910년 일본에 합병되어 조선 왕정시대가 무너졌지만, 남북이 갈라져 세계에서 유일한 분단국가로서 지금도 같은 민족끼리 서로 싸우고 죽이는 동족상잔(同族相殘)의 아픔 속에 살아가고 있다. 우리 남한은 민주주의와 시장경제 체제로 어느 정도 잘살게 되었지만 다양한 사회적 갈등요인으로 많은 문제가 노출되고 있으며, 북한은 공산주의 체제로 주민이 많은 고통 속에 살아가고 있다.

현재 우리나라는 정치, 경제, 사회 지도자들의 리더십 부족과 국민이기주의로 이념갈등, 세대갈등, 지역갈등, 노사갈등, 남녀갈등, 빈부갈등 등 온갖 갈등으로 이제 저출산, 저성장, 고령화 사회가 되어 버렸다. OECD국가 중에서 갈등지수 1위, 빈부격차 3위라는 세계에서 부끄러운 나라가 되어 버렸다.

이와 같은 사회적 문제의 근본적인 원인은 어디에 있으며 어떻게 치유해야 할까? 모든 문제는 고려와 조선 시대 1천 년 동안 한 형제로 같이 살아 왔지만 우리의 의지와는 달리 4대 강대국의 의도대로 남북이 분단되었기 때문이다. 이제 우리 힘으로 남북평화통일을 하는 것 외의 다른 치유 방도가 없다.

남북평화통일을 위해서는 친박, 비박, 친노, 비노의 천박한 패거리정치, 그들만의 정치가 아닌 민족과 국가를 위하는 큰 정치를 해야 한다. 로마제국이나 통일신라가 멸망한 것은 외부 침략 때문이 아니라 국민들에게 희망찬 비전을 제시하지 못했기 때문이다. 국민의 염원을 해결해 줄 수 있는 통일대통령, 홍익대통령이 나와야 한다. 새로운 종교관, 세계관, 우주관을 가지고 사상과 이념을 초월하여 남북한이 상생하는 통일을 이룩할 수 있는 영도자가 필요한 때이다.

오늘날 우리 사회는 가정, 사회, 학교, 나라에 존경하는 어른이 없으며 황금만능, 퇴폐적인 성문화, 이기심으로 국민의 정신은 썩어가고 있다. 국가를 바로 세워야 할 정치, 경제, 사회, 종교 등 지도층의 윤리와 도덕마저 실종되어 사회 질서는 무너져 내려 버린 이 혼란의 시대, 그 원인은 어디에 있는가?

첫째, 우리나라의 중심사상과 중심세력이 없기 때문이다. 둘째, 1인 집권형인 대통령 중심제와 제왕적 총재 정치 때문이다. 셋째, 선거제도에 모순이 있기 때문이다.

이와 같은 문제를 해결하기 위해서는 국민의 정신이 허탈할 때 정신적인 지주가 필요하고, 경제가 어려울 때 과학기술의 힘이 필요하며, 사회의 질서가 혼란할 때 선정을 베풀 수 있는 새로운 정치 철학이 요구되고 있다. 다종교, 다욕구, 다정당, 다언론의 상황에서 국민정신을 통합하기 위해서는 우리 토양에 맞는 철학과 사상이 필요하며 그 해답은 다음과 같다.

첫째, 한국의 전통 중심사상으로서 홍익인간, 이화세계를 기반으로 한 천지인(天地人) 조화사상으로 남북평화통일을 해야 한다. 둘째, 대통령의 권한을 나누어 국가의 원수와 행정의 수반으로 분리하는 "분권형 집정제"를 도입해야 한다. 셋째, 마을·면·동과 시·군·구 및 시·도 단위로 현명한 어른을 선출하는 새로운 지성민주주의 선거방법으로서 국가 중심 세력인 "국정원로회의" 제도를 도입해야 한다.

현재 우리나라 대통령제는 변질된 형태의 대통령제로서 내각책임제적 요소와 대통령제적 요소가 혼합되어 있어 국회와 행정부 간에 조직과 운영에서 독립적이지 않아 균형적인 권한의 배분과 권력 통제가 제대로 이루어지지 않고 있다. 따라서 제왕적 대통령제의 양상과 국정 운영에서 대통령 1인의 독주 체제가 나타나며 절대 권력은 절대 부패를 낳게 되어 역대 대통령이 불행하게 되었다.

대통령의 1인 독주 체제를 막고 평화통일을 위해서는 분권형 집정제(分權型執政制)를 도입해야 한다. 이 제도는 새로운 정치 시스템으로서 지식과 지혜를 갖춘 도덕적인 사람 즉 현인들이 국정에 적극적으로 자문하고 참여해서 직접민주주의, 참여민주주의, 양방향민주주의를 지향하는 새로운 정치제도이다. 이 제도의 핵심은 대통령의 권한을 행정수반과 국가의 원수 역할로 나누어 효율적으로 국정을 운영하는 제도이다.

분권형 집권제를 골자로 한 헌법을 개정해서 1국가 2체제 유럽연합방식 남북평화통일을 준비해야한다. 즉 대통령과 국무총리 역할을 분담하는 분권형 대통령제로서 대통령은 아버지, 국무총리는 어머니 역할을 조화롭게 하면서 국정을 펼쳐야 한다. 국무총리는 세종시로 내려가는 부처를 전담하고, 대통령은 국방과 외교를 중심으로 국제적인 마인드와 디지털적인 생각으로 북한과 협상하면서 평화통일을 이룩해야 한다.

남북통일 방식에는 크게 나누어 베트남 방식으로 전쟁하는 통일과 전쟁을 하지 않은 세 가지 평화통일 방식이 있다. 독일식으로 북한을 흡수하는 방식, 남북 동시선거 방식, 휴전선을 그대로 두고 국방과 외교 및 화폐만 통일하는 점진적인 부분통일로서 1국가 2체제 유럽연합방식이 있다.

골드만삭스(Goldman Sachs)사는 1국가 2체제 유럽연합방식으로 통일한다면 북한의 자원과 노동력, 남한의 기술과 자본이 상생 결합하여 2025년에는 1인당 GDP(Gross Domestic Product)가 3만 6,813달러, 2050년에는 8만 1,462달러로 미국에 이어 세계 두 번째로 잘살 것이라고 예측한 바 있다.

남북이 서로 상생하는 통일로서 1국가 2체제 유럽연합방식을 해야 하기 때문에 통일을 대비하고 현 대통령제의 문제점을 해결하기 위해서는 새로운 정치시스템인 분권형 집정제로 헌법을 개정해야 한다.

분권형 집정제 통일헌법 개정 내용은 다음과 같다.

첫째, 대통령의 역할을 국가원수와 행정수반으로 나눈다.

둘째, 국가원수는 국정원로회의(영수: 시·도 대표 17명)의 의장이 맡으며 통일, 국방, 외교 등 외치를 담당하고, 행정수반은 수상(부수상: 정무, 행정, 여성)이 담당한다.

셋째, 국정원로회의 선출은 수신·제가·치국형 인사로서 반상회를 부활하여 마을과 아파트 단위 30호 기준으로 반상회 대표 및 남·여 부대표 3명을 선발하고 면·동 대표와 시·군·구 대표 및 시·도 대표 10명씩 즉 마을(반) → 리(통) → 면(읍, 동) → 군(시, 구) → 도(광역시) → 국가 단위로 선출해 나간다. 총 5단계 지성민주주의 방식으로 단계별 국정원로회의 위원을 선출한다.

넷째, 국정원로회의 위원은 각 정당의 수상 후보자 선출과 주요 국사에 대한 인터넷 여론 조사에 의무적으로 참여한다. 다섯째, 수상의 임기는 4년 중임이며 각 정당의 후보 중 국민의 직선에 의해 선출되며 부수상과 장관은 국회 청문회를 거쳐 인준받는다.

결론적으로 분권형 집정제의 핵심인 국정원로회의 의장인 영수와 책임 행정부의 수상을 중심으로 권력을 나누어 국정을 이끌어 가면 제왕적 대통령 1인에 집중된 권위주의 통치와 독주 현상을 청산하고 국정의 원활한 운영을 기할 수 있다. 이러한 새 모델에 의한 국정 운영은 종래의 국정 운영방식과 비교할 때 획기적인 시스템이다. 정치인과 국민들이 인식을 완전히 새롭게 하고 국민의 헌법이므로 국민이 혁명적인 차원에서 헌법 개정을 반드시 이루어 내야 한다. 따라서 정국도 안정되고 남북통일도 앞당기게 되어 한국이 21세기 세계의 주역이 될 수 있다.

2016년에 선출되는 국회의원은 Cleanliness(청렴), Honesty(정직), Sincerity(성실)한 사람들이 당선되어야 하며 통일국가를 세우는 것이 그들에게 부여된 시대적 소명이다. 다음 20대 국회에서는 평화통일국가인 대고려연합국(Grand Corea Union)의 건국을 위한 평화통일헌법 제정과 국가상징인 국호(國號), 국기(國旗), 국가(國歌)도 새로 제정해야 한다. 앞으로 꿈같은 일이 눈앞에 전개되도록 20대 국회의원과 19대 대통령은 북한정부 지도자와 함께 EU연합방식 1국 2체제 평화통일을 위해 통일헌법을 제정해야 한다. 신라 김춘추 대왕, 고려 태조 왕건에 이어 세 번째 통일을 2020년에는 반드시 이룩해야 하겠다.

세계 종교테러를 해결하기 위해 마고 역사와 한민족 천부사상으로 종교를 화해시키겠다

종교는 옳은 길을 비추는 "진리의 등불"이 되어야 한다.

오늘(2015. 1. 21) 세계적인 톱뉴스에서 IS는 일본 언론인 2명을 인질로 하여 2억 불을 요구하고 있다고 보도했다. 일본 아베 수상이 중동에 가서 IS를 격퇴시키기 위해 반IS국가에 2억 불을 지원하겠다는 약속의 응징으로 보인다. 아베 수상의 수심이 깊어지고 있다. 어떻게 해결해야 할까? 우리도 결코 강 건너 불이 아니다.

2015년 1월 7일에 프랑스 파리의 샤를리 에브도(Charlie Hebdo) 총격사건이 발생하였다. 복면을 쓴 이슬람 원리주의 성향의 두 테러리스트가 프랑스 파리에 소재한 풍자신문 〈샤를리 에브도〉 본사를 급습하여 총기를 난사하여 12명이 사망하고 10명이 부상당한 충격적인 사건이었다. 자신의 종교는 절대로 조롱당할 수 없다는 신념에서 비롯된 것이다.

현재 중동지역에서는 이슬람교를 기반으로 이라크와 시리아를 통일하여 이슬람국가(Islamic State)를 만들려는 IS라는 단체가 있다. 이 단체는 두 가지 파로 나뉘어져 있는데 시아파와 수니파이다. 정부군에 속하는 시아파는 이슬람교에서 약 10~20% 정도이고 반정부군인 수니파의 약 80~90% 정도가 시리아의 영토 중 약 30% 이상을 장악하고 있다고 한다.

미국 국무부가 집계한 국가별 테러리즘 리포트에 의하면 2005년 이후 10년 사이에 테러에 의해 16만여 명이 목숨을 잃었고 약 32만 명이 부상을 입었다고 한다. 그중 대부분이 이라크·파키스탄·아프가니스탄·시리아와 같은 이슬람권 국가에서 발생했다는 것이다. 현재 수니파의 자금력과 행정력은 알카에다의 전투력과 레바논 헤즈볼라의 행정력에 비교되고 있다. 또한 유럽의 경기가 좋아지지 않는 이상 유럽청년들의 용병지원은 계속 있을 것으로 예상되기 때문에 이번 IS사태를 진압하는 것은 그리 쉬워 보이지 않는다.

현재 지구촌 인구의 대다수가 거주하는 개발도상국에 그리스도교와 이슬람교가 동시에 빠르게 확산되면서 종교 간의 갈등이 날로 고조되고 있다. 급변하는 세상에서 미래가 불투명할수록 좀 더 많은 사람이 신(神)에 대한 갈증을 느끼게 된다. 종교 간 갈등은 자칫 세속의 정치 논리와 결합될 경우 평화를 위협함은 물론 민주주의와 경제 발전까지 가로막게 된다.

사촌지간인 그리스도교와 이슬람교가 서로 자신의 신(神)이 우월하다고 다투면서 전쟁도 불사하고 있다. 같은 예수 그리스도를 믿으면서 가톨릭과 개신교가 싸우고, 같은 알라신을 섬기면서 수니파와 시아파가 반목하는 것은 어리석음에서 비롯된 것이다. 인간의 종교에 대한 그릇된 열정이 신(神) 본연의 성스러움을 훼손시키고 있는 것이다.

약 4천 년 전 아브라함의 두 아들인 이삭과 이스마엘을 추종하는 세력끼리 서로 종교싸움으로 십자군전쟁을 포함하여 수많은 종교전쟁이 일어났다. 정말 어리석기 짝이 없다. 예수 그리스도의 탄생으로부터 619년 뒤 무함마드가 가브리엘 천사에게 받은 계시를 근거로 쓰인 코란 경전의 내용은 성경 교리와 별반 다르지 않다.

서양 종교인들의 믿음의 조상이라고 하는 아브라함의 고향 이라크가 왜? 인간들의 싸움터가 되어 버렸는가를 진정으로 성찰해야 하겠다. 역사에 길이 남겨야 할 고귀하고 성스러운 문화재가 처참하게 파괴되어 버린 것을 우리 인류 후손들에게 어떻게 납득을 시켜야 할지 참으로 난감한 일이다. 어느 종교든 자신만의 종교가 옳고 우월하다는 생각을 버려야 한다. 남의 다른 점을 존중하고 배려할 줄 알아야 한다.

아름다운 지구별에서는 이 시각에도 남북한 간의 사상문제와 기독교와 이슬람교 간의 종교의 충돌로 전쟁이 발발할 위험에 처해 있다. 이 위험을 제거하지 않고서는 지구촌의 평화는 없다. 이와 같은 국내외의 제반 난제를 해결하기 위해서는 정치,

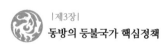

외교, 경제로는 풀 수가 없고 모든 사상의 근본이 되고 있는 종교문제를 해결해야 한다. 종교는 사회의 으뜸(宗)이 되는 진리의 가르침(敎)이다. 진리를 찾기란 매우 어렵다.

종교계 타락 원인은 어디에 있는가? 우선 가까이에서 원인을 찾자면 시장경제와 자본주의의 병폐가 종교계까지 침투되었기 때문이다. 최첨단 정보화 시대에 전 세계인이 원하는 것은 종교계의 전면적인 쇄신과 자정으로서 종교개혁이 절대 필요한 시점이다. 그 중요한 역할을 우리 한민족이 해내야 한다. 그 이유는 전 세계 모든 종교의 근원인 사상과 철학을 우리민족이 이어왔기 때문이다.

그 핵심은 1만 3천여 년 전부터 유구한 역사, 찬란한 문화, 훌륭한 철학과 사상이 마고성으로부터 우리 한민족에게 전해져 왔다는 것이다. 신라시대 박제상 선생님의 『부도지』에 자세히 기술되었으며, 그래서 우리민족을 천손민족이라 하고 이스라엘 민족을 선택된 민족 즉 선민이라고 한다.

하지만 삼국시대에 불교가 들어오고 조선시대 유교와 근래에 기독교가 들어오면서 통치자들이 외래 종교를 정치에 이용하여 백성들이 근본 사상을 잃어버렸기 때문에 우리 정체성이 상실되어 가고 있다. 또한 일본에 의해 역사가 왜곡되고 4대 강대국에 의해 남북이 분단된 채 종교, 이념, 사상, 문화 등 모든 분야에서 동질성을 회복하지 못하고 혼돈상태에 빠져 들어가고 있다.

따라서 우리 한민족은 21세기 디지털 혁명 시대에 웅대한 비전을 세워 남북한 평화통일을 슬기롭게 이룩하고 세계 평화와 인류의 행복을 위해 종교문제를 해결해야 할 막중한 사명을 가지고 있다. 우리나라에는 종교 백화점처럼 세계 거의 모든 종교가 혼재되어 있지만 큰 문제가 없는 것은 종교는 달라도 마고(麻姑)시대로부터 내려온 천지인(天地人) 사상을 이어온 천손민족이라는 자부심을 갖고 있기 때문이다.

현재 UN이 육체적인 유엔이라면 종교UN은 정신적인 유엔이다. 천주교 교황청을 확대한 형태로 세계종교UN을 창설하여 종교, 종파 간의 화합을 이루어 종교전쟁과 사상전쟁을 종식시켜야 한다. 이 일치 운동은 정치권과 종교의 거룩한 의무이며 세계 모든 정치와 종교 지도자의 소명이자 궁극적 목표이다.

세계가 더 이상 패권정치와 경제전쟁으로 부패되기 전에 종교지도자들이 할 수 없는 종교혁명을 신도들이 주도하고 선도해서 조물주의 뜻에 따라 전쟁, 기아, 공해가 없는 아름다운 지구촌

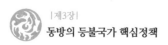

을 한반도에서부터 만들어 나가야 한다. 현재의 총체적인 부정과 부패의 국가위기를 극복하고 세계에서 종교 선진국이 되도록 정치, 종교, 사회, 통일 등 모든 분야에서 아날로그가 아닌 디지털적인 사고로 정치와 종교를 개혁해야 한다.

차기 대통령은 행정부에 종교청을 신설하고 종교융합정책을 세워 국회의사당에서 세계 종교인 대표회의를 개최하고 "세계 종교UN 창설 준비위원회"를 만들어야 하겠다. 국회본회의장에서는 진리의 전당으로서 각 종단의 진리를 법으로 만들어 발표하도록 하고 화백회의로 만장일치된 것만 전 세계에 내놓게 한다. 참다운 진리는 하나이기 때문에 투표를 해서는 안 된다. 모든 회의과정을 종교방송에서 전 세계로 중계하기 때문에 세계인들이 종교 지도자들보다 먼저 깨우치게 될 것이다.

우리 선조들은 생존을 위하여 각 시대마다 다른 종교를 받아들여 왔다. 그래서 우리나라가 불교, 유교, 도교, 기독교를 속수무책으로 받아들여 종교의 중병을 앓게 되었다. 이제 늦었지만 국가철학으로 〈천부 3경〉을 제시하고, 국가사상으로 〈홍익인간과 이화세계〉를 내세울 때가 되었다. 천부삼인 삼신사상을 기초로 한 선사상(仙思想)의 결실, 즉 마고사상을 복원해야 한다. 일찍이 고원 최치원 선생은 그가 쓴 〈난랑비서문〉에서 "유불도가 선에서 나왔으니 다시 선으로 통일될 것"을 예언하였다. 지금이 그러한 논의를 시작해야 할 때이다.

인류의 어머니인 마고대신이 성인들을 지구로 보내 마고성으로부터 추방당한 인간들을 교화하여 구원시키려 하였다는 소설이 출간되었다(『The Great Mother MAGO』(마고), 노중평 · 정호선 공저, 크로바 2012). 마고님께서 단군왕검을 보내어 인간의 혼을 교화시키고, 석가를 보내 마음을 교화시키고, 공자를 보내 정신을 교화시키고, 예수를 보내 영을 교화시키려 하였지만 이들 성인들은 모두 사악한 인간들을 교화하는 데에 실패하였다고 이야기한다.

그래서 이제는 지금까지의 종교와 사상으로는 해결할 수 없다는 것이다. 현재 종교가 무용하다면 대안종교가 필요하다고 볼 수밖에 없다. 그렇다면 무엇을 대안으로 내놓아야 할 것인가? 세계인이 잃어버린 인류의 어머니 마고를 찾아야 인간구원과 해혹복본을 실현할 수 있다. 마고역사와 한민족의 천부사상으로 세계 종교를 융합하여 종교를 개혁하고 종교전쟁을 종식시켜야 세계평화가 온다. 종교는 옳은 길을 비추는 "진리의 등불"이 되어야 한다.

24 디지털경제정책을 추진하여 증세 없는 복지사회를 만들겠다

세계지식정보은행, 전자화폐제도,
유비쿼터스 민통선지역 개발

지혜 있는 자는 모든 것을 천국으로 변형시키는 비밀을 알고 우둔한 자는 모든 것을 아름답게 만드는 비밀을 모를 뿐이다.

새누리당 김무성 대표는 국회 교섭단체 대표연설(2015.2.3)에서 증세 없는 복지는 불가능하다고 밝혔다. 박근혜 대통령의 대선 공약이었던 '증세 없는 복지'에 대해 반기를 든 셈이다. 그는 "증세 없는 복지는 불가능하며 정치인이 그러한 말로 국민을 속이는 것은 옳지 못하다."고 대통령을 정면으로 비판하면서 돌직구를 날린 셈이다. 유승민 새누리당 원내대표가 새로 선출되면서 '증세 없는 복지'의 재검토 요구가 봇물처럼 터지고 있다. 하지만 김무성 대표와 유승민 의원도 지난 대선 때 중책을 맡은 장본인으로서 책임을 면할 수는 없다.

어쨌든 지금과 같이 표를 의식한 복지정책과 엄청난 세수 부족이 계속 이어진다면 국가 재정의 악화로 아르헨티나와 그리스처럼 곤경에 처할 것은 뻔하다. 이제 '증세 없는 복지정책'의 근본적인 손질이 불가피한 시점이다. 무엇보다 박근혜 대통령의 국가정책 잘못을 솔직히 시인하는 사과가 우선이다.

이제 박근혜 대통령은 우리나라 역사를 거슬러 올라가 역대 선왕들의 지혜는 물론 지난 대통령들의 정책을 참조해야 할 때이다. 그 어려운 농경사회에서 산업사회 진입을 성공시킨 아버지 박정희 대통령과 IMF 사태를 해결하면서 산업사회에서 정보화사회 정책을 추진한 김대중 대통령의 결단을 곰곰이 새겨 보아야 한다. 이미 후기 정보화 사회로 진입한 지금, 산업사회 말기와 같은 아날로그 경제정책으로는 일자리 창출을 비롯하여 부국강병정책이 전혀 먹혀들지 않고 국민의 저항에 부딪힌다. 완전히 새로운 처방을 내놓아야 할 때이다.

첫째, 전 국민 일자리 창출을 위해 제일 먼저 추진해야 할 정책은 '제2새마을운동'처럼 "지식정보화운동"이다. 전국 대학과 국·공립 도서관에 소장하고 있는 책, 약 2,000만 권과 모든 영상자료와 미술 및 음악 관련 자료를 컴퓨터에 입력하여 지식정보댐을 구축하자는 것이다. 지식정보댐(Big Data)을 건설하는 데 교수들이 앞장서고 전 국민이 동참하여 세계에서 제일 큰 전자도서관을 만들자는 것이다. 전 국민 일자리 창출과 한글문화의 세계화 및 세계적인 지식정보국가를 건설하기 위해 역사에 길이 남을 수 있는 전자도서관사업인 〈세계지식정보은행〉의 설립을 하루빨리 추진해야 한다.

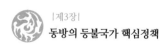

세계지식정보은행은 선진국에서 강탈해간 우리 문화재의 책 내용을 사진 찍어서 전자자료화한다. 또한 한자문화권 국가인 중국과 일본 등 국가의 전자도서관 사업을 수주 받아 오면 일거리는 얼마든지 있다. 따라서 사회문제가 되고 있는 여성의 출산과 육아문제, 노인의 치매문제, 장애우와 청년의 실업문제가 모두 해결될 수 있다. 전국 경로당과 집에서 컴퓨터로 입력 작업을 하게 되면 수백만 명의 일자리가 한꺼번에 창출되어 민생경제가 활성화되고 생산적 복지시스템이 정착될 것이다.

둘째, 요사이 대다수 국민의 분노를 사게 하는 사건들의 주역은 많이 배우고 국가로부터 많은 혜택을 받아온 사회 지도층 인사들이다. 경제선진국 구호가 무색할 정도로 부정부패가 만연되어 국가기강 해이가 그야말로 가관이다. 정말 이 나라가 제대로 가고 있는가 한번 되돌아볼 필요가 있다.

이러한 부정부패로 국제투명성기구에서 발표한 우리나라 부패인식지수 순위는 세계 180개국 중 43위이다. 또한 우리나라 행복지수는 세계 178개국 중 102위로 우리는 불행하다고 생각한다. 서민의 삶은 팍팍한데 고위층의 부정부패 뉴스가 연일 터져 나오니 행복하겠는가?

MB정부 때 한국은행에서 5만 원 고액권을 발행한 이후 부정부패는 더욱더 만연되고 있다. 고액권을 발행하게 되면 고액 현금거래로 탈세, 불법자금 수수는 더 용이하게 되는 것은 누구나 아는 사실이다. 박근혜 대통령은 부패지수를 낮추어 투명국가를 반드시 만들어야 한다. 서민이 못살고 서민에게 기회가 주어지지 않는 것은 바로 투명하지 않기 때문이다. 불투명성은 강자에게 편리하고 특권층에게 유리하다.

투명국가를 가로막는 부정부패의 원흉은 무엇인가? 검은 돈, 현금거래이다. 그러면 원인을 제거하기 위해서는 "종이돈"을 없애 버리고 전자화폐를 사용하면 가능하지 않겠는가? 종이돈 없이 생활할 수 있겠는가? 교통편은 교통카드를 사용하고 물건을 구입할 땐 신용카드나 체크카드를 사용하면 가능하다. 교통카드와 같은 선불카드와 은행카드와 같은 후불카드로 모든 결제를 할 수 있도록 전자화폐제도를 전국적으로 도입하면 모든 것은 해결 가능하다.

전자화폐를 사용하게 되면 모든 거래가 온라인상에서 이루어지므로 고소득자의 탈세가 어렵고 수백조 원의 지하자금이 나오게 되어 경제가 활성화될 것이다. 또한 우리나라가 최초로 시행한다면 개발된 시스템을 다른 나라에 수출할 수 있으며 세계 화폐가 전자화폐로 통일될 것이다. 종이돈은 어디를 가도 지옥을 만들어 내고 전자화폐는 어디를 가든 천국을 만들어 낼 것이다.

셋째, 민간통제지역(Civilian Control Zone)을 세계에서 가장 정보화가 잘된 세계평화도시(World Peace City)로 개발하여 전쟁의 상처를

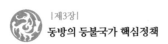

평화의 상징으로 승화시켜 나가야 한다. 민간통제지역(CCZ)은 '한국전정전협정(1953.7.27.)'에 의해 설치된 비무장지대(DMZ)와 함께 서해안에서 시작하여 동해안까지 250㎞의 휴전선을 따라 DMZ의 남쪽으로 5~20㎞에 걸친 광활한 지역이다. 서울시 면적의 약 3배, 여의도 면적의 1,140배의 넓은 땅이다.

따라서 우리가 세계평화를 선도하고 세계정부를 세우기 위해서는 민통선 지역을 16개 참전국을 포함, 우리를 도와준 67개 나라의 미니 도시인 세계평화도시로 개발해야 한다. 인천공항에서 설악산, 금강산까지의 250㎞에 고속도로와 KTX 철길을 내어 UN참전국의 문화관광 벨트로 조성해서 세계평화자유무역지역 즉 무비자, 무관세 지역으로 선포하여 세계적인 평화, 문화, 교육 및 무역의 중심지를 만들어 미래 국가성장 동력으로 하자는 것이다.

이 사업을 추진하기 위해서는 67개 나라들에게 다시 한 번 세계평화를 위해 이 프로젝트에 참여하도록 해서 전쟁을 평화로 바꾸는 역할을 해 주기를 부탁해야 하겠다. 우리가 KTX 철길과 고속도로를 건설하고 보은(報恩) 차원에서 참전국에게 기차역 건물을 중심으로 평화도시를 건설하도록 수만 평의 땅을 한정기한으로 분양해 주어 각 나라별로 독특한 건축 양식으로 건물들을 짓도록 한다.

우선 전쟁기념관을 비롯하여 미술관, 음악관, 영화관, 최고 시설의 병원, 대학교, 식당, 호텔을 짓고 또한 세계에서 제일 질 좋고 값싼 상품을 팔도록 하여 카오스 프랙털 개념의 미니 국가를 조성하도록 한다. 그리고 설악산과 금강산 사이 강원도 어느 지역에 세계평화공원을 조성, 한가운데에 세계에서 제일 크고 높은 366층 1,000m 높이의 원추형 마고성과 같은 평화 건물을 짓는다. 이 평화 건물에는 UN과 세계평화기구를 유치하고 평화공원을 에덴동산처럼 지상낙원의 소도시로 조성한다.

또한 이 지역 일대에 세계에서 유명한 조형물 즉 프랑스 에펠탑, 미국 자유의 여신상, 이집트 피라미드, 이태리 피사의 사탑, 중국의 만리장성 일부 등을 실물 그대로 만들어 세계 관광지로 개발한다. 이렇게 되면 한반도에서 전쟁은 사라질 것이며 영세중립국과 같은 효과가 얻어져 전쟁 없이 평화만 존재하게 되어 유토피아 세계가 펼쳐질 것이다. 전쟁비용을 줄여 세수가 확보된다.

DMZ와 CCZ는 아픈 상처의 딱지이지만 유일무이한 세계적인 보물단지로서 세계 어디를 뒤져봐도 이런 곳은 없다. 이 보물을 잘 활용할 수 있는 혜안을 가진 지도자가 나타나 세계를 우리의 홍익철학과 천지인사상에 품을 수 있는 원대한 꿈을 실현할 수 있는 날인 대고려연합국(Grand Corea Union)의 건국일이 빨리 오기를 기대한다.

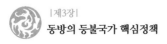

본 칼럼은 박근혜 대통령의 '증세 없는 복지' 정책을 추진하려면 위의 세 가지 정책 외에 여러 가지 새로운 정책을 추진해야 하므로 청와대의 수석과 정부의 장관들에 아날로그개념이 아닌 디지털개념으로 무장한 인재를 임명해야 한다는 것을 골자로 하고 있다.

앞으로 김무성 새누리당 대표와 유승민 원내대표는 청와대 경제수석 및 경제부처 장관들과 '증세 없는 복지' 정책으로 다툴 것이 아니라 아날로그시대와는 완전히 다른 새로운 디지털시대의 경제정책으로 대통령을 보좌하여 역사에 길이 남는 대통령이 되도록 해 주기 바란다.

25 아시아 인프라 투자은행(AIIB)과 고고도 미사일 '사드'(THAAD) 문제, 민통선 지역 (CCZ) 개발로 해결하겠다

　박근혜 대통령이 오바마 대통령과 시진핑 주석의 러브콜 사이에서 고민이 깊어지고 있다. 미국이 반대하는 아시아 인프라 투자은행(AIIB)가입과 중국이 반대하는 고고도 미사일 요격 시스템인 사드(THAAD) 배치 요구에 솔로몬과 같은 지혜가 절실히 필요한 시점이다. 결정을 잘못하다간 국론 분열은 물론 한반도에서 세계 3차 대전이 일어날 가능성이 있어 매우 신중히 결정해야 하겠다.

　박근혜 대통령의 머릿속에는 항상 〈통일대박〉, 〈DMZ 평화공원〉, 〈유라시아 철도 연결〉이라는 큰 생각이 떠나질 않고 있다. 이 세 가지 화두야말로 우리 한민족이 사는 길이요, 동방의 등불국가가 되는 길이고, 자신의 노벨평화상 수상의 길이라는 것도 잘 알고 있다. 하지만 이 길목에는 북한의 핵과 탄도미사일 개발이라는 두 개의 큰 바위가 길을 가로막고 있다.

　박근혜 대통령의 수심이 깊어지고 있다. 갈 길은 먼데 해는 서산에 저물어 가고 있다. 통일대박, DMZ 평화공원, 유라시아 철도 연결 어떻게 해결해야 하나? 필자가 수년 전부터 주장한 민간통제지역(CCZ) 세계평화도시 개발이 유일한 해결의 열쇠이다. 카오스(Chaos)철학과 프랙털(Fractal)사상으로 수백만 명의 6.25 참전 희생자의 영혼을 달래주어야 우리가 산다.

지난 8일 토니 블링켄(Tony Blinken) 미국 국무부 부장관이 외교현안을 논의하기 위해 입국한 날 북한은 동해로 미사일 5발을 발사해 미국에 대한 불만을 우회 표시했다. 그는 9일 조태용 외교부 1차관을 면담하는 것을 시작으로 10일까지 머무르면서 정부 주요 인사들과 면담을 가지고 THAAD는 북한을 겨냥한 것이라고 하면서 중국의 우려를 불식시키려 노력했다. 연이어 16일 입국한 대니얼 러셀 미 국무부 동아태 차관보는 한·미 간의 동맹이 얼마나 강한지 분명하다고 하면서 미국 입장을 전달했다.

고(高)고도 미사일 방어체계 '사드'의 한반도 배치 문제와 관련해 미·중 한반도 담당 차관보가 하루 간격으로 방한한 것에 대해 북한 조선중앙통신은 미국 고위 관리들의 연쇄방한에 거부감을 드러내며 미국을 '남북관계 개선을 막는 훼방꾼'으로 규정하면서 "북남관계가 풀려 조선반도에 평화적 환경이 조성되는 것을 무엇보다 두려워하는 자들의 심술궂은 행위"라고 비판했다.

한편 지난 16일 중국 류젠차오(劉建超) 외교부 차관보는 서울 외교부 청사에서 이경수 외교부 차관보와의 면담 자리에서 사드 문제와 관련, 압박 수준으로 중국 측의 관심과 우려를 표명하면서 적절하게 처리하기를 희망한다고 했다.

청와대는 민경욱 대변인 브리핑을 통해 사드 도입 문제와 관련해 막대한 예산이 드는 사드를 우리 돈으로 구입하는 것도 문제이지만, 미군이 사드를 배치하는 것을 당장 반대할 명분도 실리도 없어 고민이다. 우리 정부의 입장은 3NO(No Request, No Consultation, No Decision)이며 요청이 없었기 때문에 협의도 없었고 결정된 것도 없다고 했다.

미·중 양국이 아시아 지역 패권을 놓고 경쟁하는 가운데 미국이 한반도에 사드를 배치하려는 의도는 북한 위협을 명분으로 중국을 견제하려는 것 아니냐는 인식이다. 중국의 우려 정도를 고려할 때 사드가 한반도에 배치 결정이 된다면 한·중 관계에 상당한 부정적 영향이 뒤따를 것이다.

또 다른 중요 현안은 중국 주도 1,000억 달러 규모의 아시아 인프라 투자은행(AIIB)에 우리나라가 참여하는 것을 미국 정부가 반대하고 있지만 미국의 싱크탱크인 피터슨경제연구소는 미국도 가입해 중국을 견제해야 한다고 했으며 우리나라에서도 경제적인 측면에서 필요성이 있다는 의견도 있다는 부분이다.

사드 배치와 AIIB 가입 문제에서처럼 우리는 G2사이에서 4대 강대국에 휘둘리지 않고 주도적인 관점에서 항상 남북평화통일을 염두에 두고 정책을 추진해 나가야 한다. THAAD와 AIIB문제를 해결하기 위해서는 근본문제가 어디에 있는가를 우선 파악해야한다. 모든 문제는 남·북한 간의 통일문제이다. CCZ에 세

계평화도시를 건설하는 주도적인 정책을 추진해 나가야 우리민
족에게 미래가 있다.

북한의 미사일을 막기 위해서 미사일을 미사일로 막는 것은
적의 화살을 화살로 막는 것과 같아서 매우 어려우므로 CCZ 민
통선 지역에 미사일 방어판을 만들어야 한다. 그것이 바로 세계
평화공원도시 개발 프로젝트이다. AIIB 자금으로 이 평화도시
를 개발하면 북핵도 무용지물이고 THAAD도 필요 없으며 남북
통일문제도 해결된다.

민간통제지역(CCZ)은 '한국전정전협정(1953.7.27)'에 의해 설치된
비무장지대(DMZ)와 함께 서해안에서 시작하여 동해안까지 250㎞
의 휴전선을 따라 DMZ의 남쪽으로 5~20㎞에 걸친 광활한 지
역이다. 서울시 면적의 약 3배, 여의도 면적의 1,140배의 넓은
땅이다.

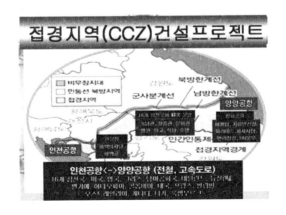

따라서 우리가 세계평화를 선도하고 세계정부를 세우기 위해서는 민통선지역을 16개 참전국을 포함, 우리를 도와준 67개 나라의 미니 도시인 세계평화도시로 개발할 것을 필자는 꾸준히 주장해 왔다. 인천공항에서 설악산, 금강산까지 250㎞에 고속도로와 KTX 철길을 내어 UN 참전국의 문화관광벨트로 조성해서 세계평화자유무역지역 즉 무비자, 무관세 지역으로 선포하여 세계적인 평화, 문화, 교육 및 무역의 중심지를 만들어 미래 국가성장 동력으로 하자는 것이다.

이 사업을 추진하기 위해서는 67개 나라들에게 다시 한 번 세계평화를 위해 이 프로젝트에 참여하도록 해서 전쟁을 평화로 바꾸는 역할을 해 주기를 부탁해야 하겠다. 우리가 KTX 철길과 고속도로를 건설하고 보은(報恩) 차원에서 참전국에게 기차역 건물을 중심으로 평화도시를 건설하도록 수만 평의 땅을 한정 기한으로 분양해 주어 각 나라별로 독특한 건축 양식으로 건물들을 짓도록 한다.

우선 전쟁기념관을 비롯하여 미술관, 음악관, 영화관, 최고 시설의 병원, 대학교, 식당, 호텔을 짓고 또한 세계에서 제일 질 좋고 값싼 상품을 팔도록 하여 카오스 프랙털 개념의 미니 국가를 조성하도록 한다. 그리고 설악산과 금강산 사이 강원도 어느 지역에 세계평화공원을 조성, 한가운데에 세계에서 제일 크고 높은 366층 1,000m 높이의 원추형 마고성과 같은 평화 건물을

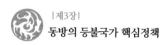

짓는다. 이 평화건물에는 UN과 세계평화기구를 유치하고 평화공원을 에덴동산처럼 지상낙원의 소도시로 조성한다.

DMZ와 CCZ는 아픈 상처의 딱지이지만 유일무이한 세계적인 보물단지로서 이 보물을 잘 활용할 수 있는 혜안을 가진 영적 지도자가 나와야 하겠다. 인류의 어머니 마고의 역사와 홍익인간, 이화세계사상으로 지구 알을 품을 수 있는 원대한 꿈을 가지고 대고려연합국(Grand Corea Union)을 건국해야 하겠다.

DMZ에선 아직도 무지한 인간의 전쟁은 끝나지 않았지만 자연은 인간의 의도와는 아무 상관없이 지구에 단 하나밖에 없는 '자연생태공원'을 만들어 가고 있다. 치졸한 전략과 전술의 드라마는 끝났지만 수백만 명의 생명을 앗아간 것도 모자라 숨겨진 무기는 아직도 생명을 노리고 있으며, 세계에서 유일한 전쟁세트장으로 남아 전 세계인에게 깨달음의 기회를 주고 있다.

민간통제지역(Civilian Control Zone)을 세계평화도시(World Peace City)로 개발하여 전쟁의 상처를 평화의 상징으로 승화시켜 나가자. 한없이 넓은 한민족의 치마폭에 미국과 중국은 물론 세계의 영혼을 품어 천손민족의 자긍심으로 동방의 등불국가를 세우자. 한민족의 아름다운 우주 평화사상을 온누리에 전파하여 전쟁, 기아, 공해가 없는 아름다운 지구촌을 건설해 나가자.

평화통일과 인류행복을 위한 홍익주의 외교정책을 펼치겠다

〈통일대박〉, 〈DMZ평화공원〉, 〈유라시아 철도연결〉
〈CCZ세계평화도시〉
동방의 등불국가 건국의 길

현재 우리나라는 100년 전과 아주 흡사하게 위급한 상황에 처해 있다. 왕을 비롯한 위정자들은 급변한 세상을 제대로 인식하지 못하고 당쟁만 일삼아 백성은 도탄에 빠져 희망을 잃어가고 나라는 뜨거워지는 물속에서 죽어가는 개구리 신세였다.

아시아라는 마을에 비유해 보면 중국은 대궐 같은 집에서 중화주의를 펼치면서 날로 부자가 되어가면서 아시아 인프라 투자은행(AIIB)을 주도하고 있으며, 일본은 잃어버린 20년의 고통을 감수하면서 경제를 되살려 제국주의의 부활을 꿈꾸고 독도침탈의 기회를 노리고 있다. 미국은 한반도에 고고도미사일 사드(THAAD)를 배치하려 하고 있으며 러시아는 배고픈 곰처럼 먹이를 찾으면서 자국의 이익을 위해 중병에 걸린 한반도를 제멋대로 요리하고 있다.

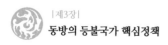

4대 강대국에 둘러싸인 우리 한민족 집 식구들은 치매 걸린 사람처럼 역사를 잃어버리고 자기 조상이 누구인지도 모른 채 정신병에 걸려 있고, 미국과 구소련이 허리를 부러뜨린 것도 잊어버리고 육체적으로 중병에 걸려 있는 토끼 신세인데 용궁에 끌려간 토끼처럼 꾀를 내어 살려고 애써야 하는데도 남북이 만날 헐뜯으며 이판사판 한판 붙을 태세이다.

　한 여론조사에 의하면 일본인의 85%, 한국인의 83%, 중국인의 62%가 무력 충돌이 일어날 것이라고 전망하고 있다. 전쟁과 식민 지배로부터 탈피한 지 70년이 지난 한반도는 지금 기로에 서 있다. 이처럼 한반도에서 전면전쟁 가능성이 높아지고 있는데도 불구하고, 우리 정부와 정치권은 물론 국민들까지도 설마 설마하면서 너무도 안일하게 대처하고 있으며 당국에서는 심지어 불안감을 조장한다고 야단을 치고 있다.

　미국은 왜 이 시점에서 사드와 포병부대를 추가로 남한에 배치하려고 할까? 일본은 왜 평화헌법을 개정하려고 할까? 한국의 독도를 고집하고 있는 속내는 뭘까? 미국을 등에 업고 한반도에서 전쟁에 참여할 수 있는 길을 찾고 있다.
　그리고 중국은 왜 다시 이북과 가까워지려고 할까? 남한에 사드 배치를 왜 반대하고 있을까? 중국 또한 한반도의 전쟁 가능성을 인지하고 비상시에 이북 영토에 대한 중국의 역할을 준비하고 있다. 한반도에서의 전면전이 일어나면 우방국인 미국은 물론 일본과 중국까지도 속내는 반기는 입장일 것이다. 이들은 전쟁 최고의 수혜국가가 되기 때문이다.

지금까지 이북이 동해상으로 실험 발사한 각종 중장거리 미사일의 낙착지점을 남한으로 반경을 그려보라. 모두가 남한의 중요 기반시설 내지는 군사 시설이 있는 지점과 일치하고 있을 것이다. 핵발전소, 주요 군부대, 공군부대 위치 등의 좌표를 사전 입력해 두고 미사일이 떨어지는 거리와 방향을 확인했다면 이해가 빠를 것 같다.

전쟁이 일어난다면 북한은 남한의 전기와 통신을 최우선적으로 마비시키려 할 것이다. 원자력발전소 자체 파괴가 아니더라도 주변의 송신탑만 몇 개 파괴되어도 전기 공급은 중단된다. 그리고 주요 방송과 통신시설이 파괴된다면 방송과 인터넷은 물론 이동통신이 불가능하게 되어 통신두절이 될 뿐만 아니라 국제적으로 고립되어 온 국민들은 깜깜 지옥 속에 갇히게 될 것이다. 공항 활주로, 고속도로, 항만, 철도 등도 초기에 폭격대상이 된다. 모든 이동수단이 마비되고 수도시설과 가스시설도 폭격대상이 되어 전기와 식수 공급중단 사태로 우리는 순식간에 아비규환이 될 것이다.

이와 동시에 수백 대의 무인비행기가 소량의 폭탄과 화학무기를 탑재하고 새벽에 미리 입력된 각 군부대 좌표로 날아와서 동시에 공중에서 자폭한다. 이북의 수천 대의 방사포가 새벽에 쉴

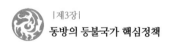

새 없이 수도권에 일제히 폭격을 가한다. 각종 비대칭 무기와 탱크를 앞세운 특수부대의 이북지상군이 남하하기 시작한다. 우리 공군력과 해군력, 자주 포대들은 순식간에 무용지물이 되고 전방의 군부대는 우왕좌왕하느라 정신이 없다. 상상만 해도 아찔하다.

우리 군은 통신도 두절되고 지휘 통제도 되지 않는 상태에 놓인다. 이 모든 것이 우리 모두가 잠든 새벽에 일어난다면 서울은 순식간에 함락될 수도 있다. 더군다나 우리 내부에 있는 친북세력들이 일제히 거리로 나와서 방화와 폭력 범죄를 일으킨다. 일단 먼저 전면적인 공격을 받고 난 후 후속적인 대응 내지는 대처는 엄청난 인명피해와 경제적인 손실은 물론 패전으로 이어질 수밖에 없다. 결국 적화통일로 갈 수도 있다는 얘기다.

피해를 줄일 수 있는 유일한 길은 도발위험을 감지했을 때 우리가 선제공격을 할 수 있느냐에 달려있다. 과연 전시작전권이 미국에 있는데 우리의 군 통수권자가 결정적인 긴박한 순간에 선제공격 명령을 내리고 동시에 비상계엄령을 내릴 결단력과 추진력이 있을까?

전쟁을 막을 수 있는 유일한 길은 평화밖에 없다. 북한이 공격하든 남한이 선제공격하든 한반도는 불바다가 된다. 전쟁 대신 평화의 길은 박근혜 대통령의 통일대박, DMZ 평화공원, 유라시아 철도 연결이 가능하도록 여야는 물론 온 국민이 일치단결하여 박근혜 대통령이 노벨평화상을 받도록 추진하는 것이다.

박근혜 대통령은 독일 드레스덴(2014.3.28.) '한반도 평화통일을 위한 구상'이라는 연설에서 인도적 문제 해결, 남북 공동번영, 동질성 회복을 역설하였다. 그리고 구체적으로 〈통일대박〉, 〈DMZ평화공원〉, 〈유라시아 철도 연결〉을 주장하였다. 이 세 가지 화두야말로 우리 한민족이 사는 길이요, 동방의 등불국가가 되는 길이고, 박 대통령의 노벨평화상 수상의 길이라고 생각한다.

　　이 제안이 현실화된다면 남북관계는 한 단계 더욱 발전될 것이고 통일 기반도 좀 더 단단해지겠지만 임기 3년차인데도 진전이 없다. 남남북녀 결혼처럼 상대가 있기 때문에 문제의 핵심은 '남북공동번영'이며 남북상생통일 홍익주의이다. 이는 남북경제협력을 통해 이루어져야 하며 인도적 문제와 남북 동질성 회복도 가능해진다.

　　우리나라 경제도 성장잠재력 축소, 급속한 고령화, 출산율저하 등으로 전망이 밝지 않다. 따라서 우리나라 경제발전의 도약도 4대 강대국과 한국전 참전국과의 연대로 남북경협과 동북아 경제협력에서 찾아야 한다. 이제 진보와 보수 및 좌파 우파로 분열된 사상논쟁을 끝내고 대통령을 중심으로 통일대박, DMZ 평화공원, 유라시아 철도 연결의 선결과제인 "민통선지역(CCZ) 세계평화도시"의 건설을 위해 국민대통합이 필요하다. THAAD 배치와 AIIB 가입 문제에서처럼 4대 강대국에 휘둘리지 않고 우리가 주도적으로 남북평화통일을 추진하기 위해서는 북한과

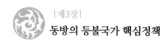

상관없이 DMZ 아래 우리 땅인 CCZ에 세계평화도시 건설정책이 절대적으로 필요하며 우리 민족의 미래가 여기에 있다.

CCZ는 서해안에서 동해안까지 250㎞의 휴전선을 따라 DMZ의 남쪽으로 5~20㎞에 걸친 광활한 지역이며, 서울시 면적의 약 3배, 여의도 면적의 1,140배의 넓은 땅이다. 민통선 지역에 한국전쟁 때 도와준 16개 참전국을 포함하여 67개 나라의 세계평화도시를 건설하여 무비자, 무관세 지역으로 선포하고 세계적인 평화, 문화, 교육 및 무역의 중심지로 만들어 미래 국가성장동력으로 추진해야 한다.

AIIB, ADB, 세계은행 자금으로 인천공항에서 양양공항까지 250㎞에 걸쳐 고속도로와 KTX 철길을 내고 SOC를 하여 보은(報恩) 차원에서 참전국에게 평화도시를 건설하도록 수만 평의 땅을 한정기한으로 분양해 나누어 준다. 각 나라별로 전쟁기념관을 비롯하여 연구소, 미술관, 음악관, 영화관, 최고 시설의 병원, 대학교, 식당, 호텔을 짓고 나라마다 고유양식의 평화도시를 건설하도록 한다.

북한지역에서는 개성공단과 금강산까지 67개국의 상품을 생산하는 공단을 건설하여 값싸고 양질의 노동력으로 자원을 개발하고 남한의 기술과 자본이 결합하여 경쟁력 있는 "Made in Corea" 제품을 생산한다면 남북 상생으로 세계 최대 투자금융기관인 골드만삭스가 발표한 것처럼 2050년에 GDP 8만 1천 달러로 G2 경제 강국이 될 것이다.

민통선지역(Civilian Control Zone)을 세계평화도시(World Peace City)로 개발하여 전쟁의 상처를 평화의 상징으로 승화시켜 한없이 넓은 한민족의 치마폭에 미국, 중국, 러시아, 일본은 물론 참전국 희생자의 영혼을 품어 천손민족의 자긍심으로 동방의 등불국가를 세워야 한다.

한민족의 아름다운 우주 홍익사상으로 남북평화통일을 이루어 다시는 이 땅에 전쟁, 기아, 공해가 없는 아름다운 지구촌을 건설해 나가자. 카오스(Chaos)철학과 프랙털(Fractal)사상으로 수백만 명의 6·25 참전 희생자의 영혼을 달래주어야 우리가 산다. DMZ와 CCZ는 아픈 상처의 딱지이지만 유일무이한 세계적인 보물단지이다.

〈통일대박〉, 〈DMZ 평화공원〉, 〈유라시아 철도 연결〉이라는 박 대통령의 꿈이자 우리 한민족 모두의 꿈이 실현되어 박근혜 대통령이 노벨평화상을 수상하도록 일치단결하자. 1만여 년의 한민족의 역사와 찬란한 문화인 홍익인간 이화세계사상으로 지구 알을 품을 수 있는 원대한 철학으로 대고려연합국(Grand Corea Union)을 건국하자. 평화통일과 인류행복을 위한 홍익주의 외교정책을 펼쳐야 세계 정신지도국가가 된다. 미래 주인공인 청소년들이 적극적으로 참여해야 한다. 그래야 당신들의 미래에 희망이 있기 때문이다.

27 한반도 운명을 바꿀 〈5가지 힘〉의 정책
을 추진하겠다

한반도의 미래를 여는 새로운 5가지 힘:
통일, 나눔, 여성, IT, 문화

최근 윤덕민 국립외교원장의 조선닷컴 칼럼에서 일본인의
85%, 한국인의 83%, 중국인의 62%가 동아시아에서 무력 충돌
이 일어날 것으로 생각한다는 한 여론조사 결과가 소개되었다.
전쟁과 식민 지배로부터 탈피한 지 70년이 지난 한반도는 사느
냐 죽느냐의 기로에 서 있다.

현재 한반도에 사는 우리 한민족은 유구한 약 1만여 년의 역
사를 잃어버리고 자기 조상이 누구인지도 모른 채 치매에 걸린
정신병 환자이고, 미국과 구소련이 허리를 부러뜨려 일어서지도
못한 채 누워 있는 육체적으로 중병에 걸린 호랑이와 같다.

이 불쌍한 호랑이를 잡아먹기 위해 이리 떼와 같은 4대 강대
국은 호시탐탐 노리고 있으나, 정치인들은 조선 말처럼 친이,
친박, 비박, 친노, 비노로 갈라져 천박한 정쟁이나 하고 있으니
국민들은 어찌 살아가야 하나?

현재 한반도는 G2국가인 미국과 중국 사이에 끼여 샌드위치 신세이다. 미국은 북한의 핵과 미사일을 방어하기 위해 수 조 원의 사드(THAAD·고고도 미사일 방어 체계)를 한반도에 배치하라고 하는데 중국은 반대하고, 한편 미국의 눈치를 보면서 겨우 중국의 아시아 인프라 투자은행(AIIB)에 막차를 타긴 탔다. 왜? 우리가 주도적으로 국제관계를 처리할 수 없는가? 가장 중요한 통일도 4대 강대국의 눈치를 봐야 하니 한심하지 않은가? 대통령의 가장 중요한 전시작전권은 언제 가져올 것인가?

우리나라가 국제적으로 힘이 없고 국내적으로 동서가 갈라져 있는 만큼 진보와 보수, 좌파와 우파의 싸움, 종북과 친미의 갈등 등 정치적인 문제를 빨리 해결해야 하겠다. 젊은이와 여성들에게는 일자리를 만들어 주어야 어려운 경제 문제가 해결되고 국민들에게 희망이 보일 것 같다. 그 핵심 열쇠는 치매에 걸린 정신병을 치료할 수 있는 홍익사상의 복원과 흡수통일, 적화통일, 무력통일이 아닌 평화통일이라고 생각한다.

조선일보는 대통령 직속 통일준비위원회와 함께 창간 95주년 행사의 일환으로 '광복 70주년'을 기념하기 위해 과거 70년을 되돌아보고 미래 70년을 설계하기 위해 국민의 지혜를 모으고자 '제6회 아시안 리더십 콘퍼런스' 행사를 준비한다고 하니 실낱같은 희망이 보인다.

이 행사는 '한반도의 미래를 여는 새로운 힘'(New Forces Reshaping Our Lives)이라는 주제로 5월 19~20일간 서울 신라호텔에서 세계 최고 전문가들과 함께 한반도의 운명을 바꿀 〈5가지 힘〉 즉 통일, 나눔, 여성, IT, 문화에 대해 집중 조명한다는데 아주 뜻깊은 행사라고 생각한다.

[통일] 첫째, 통일은 한반도의 미래를 결정할 새로운 힘이 될 것이다.

통일은 크게 나누어 휴전선을 없애고 하는 통일과 그대로 두고 하는 통일, 두 가지 방법이 있다. 휴전선을 없애기 위해서는 독일식 흡수통일, 베트남식 전쟁통일, 남북 동시선거 방식이 있다. 이 방법은 남북의 합의가 어렵고 또한 돈도 많이 들고 대 혼란이 오기 때문에 거의 불가능하다.

두 번째 방안 즉 휴전선을 그대로 두고 하는 1국가 2체제 유럽연합방식 통일이 있다. EU처럼 국방과 외교 및 전자화폐만을 공동으로 실행하는 방안이다. 이와 같은 체제로 남북정상 간의 합의가 이루어진다면 박근혜 대통령 임기 내에 통일헌법을 제정하고 국민 투표에 부치면 된다. DMZ 평화공원, CCZ 세계평화도시 건설, 유라시아 철도 연결이 되어 박근혜 대통령의 통일대박이 이루어진다. 노벨평화상 수상도 가능하다.

[나눔] 둘째, 6.25 전쟁에 참여한 남북한 70여 나라에 민간통제지역(CCZ)을 분양해 나누어 준다.

CCZ는 서해안에서 동해안까지 250㎞의 휴전선을 따라 DMZ의 남쪽으로 5~20㎞에 걸친 광활한 지역이며, 서울시 면적의 약 3배, 여의도 면적의 1,140배의 넓은 땅이다. 민통선 지역에 한국전쟁 때 도와준 16개 참전국을 포함하여 67개 나라의 세계 평화도시를 건설하여 무비자, 무관세 지역으로 선포하고 세계적인 평화, 문화, 교육 및 무역의 중심지로 만들어 미래 국가성장 동력으로 추진한다.

AIIB, ADB, 세계은행 자금으로 인천공항에서 양양공항까지 고속도로와 KTX 철길을 내고 SOC를 하여 보은(報恩) 차원에서 참전국에게 평화도시를 건설하도록 한다. 각 나라별로 전쟁기념관을 비롯하여 연구소, 미술관, 음악관, 영화관, 최고 시설의 병원, 대학교, 식당, 호텔을 짓고 나라마다 고유양식의 평화도시를 건설한다.

북한지역에서는 개성공단과 금강산까지 70개국의 상품을 생산하는 공단을 조성하여 값싸고 양질의 노동력과 남한의 기술과 자본이 결합된 "Made in Corea" 제품을 판다면 2050년에 GDP 8만 1천 달러로 G2 경제 강국이 될 것이다. 우리의 경제개발 경험을 나눔으로써 새로운 대한민국으로 거듭날 수 있다.

[여성] 셋째, 여성의 일자리를 창출해야 출산율이 높아지고 저성장의 늪에서 탈출할 수 있다.

'제2새마을운동'처럼 "지식정보화운동"을 추진해야 한다. 전국 대학과 국공립 도서관에 소장하고 있는 책, 약 2,000만 권과 모든 영상자료와 미술 및 음악관련 자료를 컴퓨터에 입력하여 지식정보댐을 구축한다. 지식정보댐(Big Data)을 건설하는 데 교수들이 앞장서고 전 여성들이 동참하여 세계에서 제일 큰 전자도서관을 만들자는 것이다.

여성 일자리 창출과 한글문화의 세계화 및 세계적인 지식정보 국가 건설을 위해 역사에 길이 남을 수 있는 전자도서관 사업인 〈세계지식정보은행〉의 설립을 추진해야 한다.

선진국에서 강탈해간 우리 문화재의 책 내용을 사진 찍어서 전자자료화하고 한자문화권 국가인 중국과 일본 등 국가의 전자도서관 사업을 수주 받아 오면 일거리는 얼마든지 있다.

따라서 사회문제가 되고 있는 여성의 출산과 육아문제, 노인의 치매문제, 장애우와 청년의 실업문제가 모두 해결될 수 있다. 전국 경로당과 집에서 컴퓨터로 입력 작업을 하게 되면 수백만 명의 일자리가 한꺼번에 창출되어 민생경제가 활성화되고 생산적 복지시스템이 정착된다.

[IT] 넷째, 제2의 IT혁명으로 핀테크와 빅데이터 활용하기 위해 디지털정부가 되어야 한다.

청와대의 국정전자상황실에 국가 경제상황, 각종 통계자료 등 "실시간전자상황시스템"을 설치하고 정부 부처의 모든 중요자료를 비행기 계기판처럼 컴퓨터 모니터에 실시간으로 표시하고 각 장관실에도 "실시간국가전자통계시스템"을 설치한다. 또한 청와대의 국정상황실에 국세청 자료의 "전자회계시스템"을 설치하고 정부부처의 예·결산 자료를 비행기 계기판처럼 컴퓨터 모니터에 표시하고 각 장관실에도 이 시스템을 설치하여 매일매일 투명 결산 처리한다.

국민 모두 빅데이터를 자유자재로 활용할 수 있도록 통신망 고도화를 위해 "ICT 융합 인프라"를 구축한다. 국가 및 기업 40여 개 정보통신망을 통합하여 국가 재정 낭비를 막고 통신사 간의 과도한 경쟁체제를 조정하여 통신비용을 절감하고 향후 통일에 대비한 국가 주도의 정보망 구축 및 운용역량을 확보한다. 전국 대학생에게 컴퓨터 이론과 소프트웨어 코딩 교육을 실시한다.

[문화] 마지막으로, 고급스러운 문화야말로 우리의 가치를 한 단계 끌어올리는 힘이 될 것이다.

전 지구인의 시원(始原)인 약 13,000년 전 마고의 역사와 문화를 차원 높은 한류로 발전시켜, 대고려국(Grand Corea Union)의 문화 영토를 전 세계로 넓히고, 마고문화산업을 통해 문화경제를 활

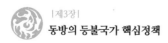

성화시켜 국가위상을 높여야 한다. 천손민족, 동방의 등불국가로서 세계적인 정신지도국가의 역할을 담당, 인류행복과 세계평화에 기여한다.

신라시대 박제상 선생의 『부도지』(符都誌)에 의하면 마고성(麻姑城)은 지상에서 가장 높은 성이고 천부(天符)를 받들어 선천(先天)을 계승하였다고 한다. 마고는 선천을 남자로 후천을 여자로 궁희와 소희를 낳았고, 이 두 딸이 역시 선천과 후천의 정을 받아 결혼하지 않고 각각 황궁, 청궁, 백소, 흑소를 낳아 황인종, 청인종, 백인종, 흑인종의 기원이 되었다고 한다.

마고 문화콘텐츠(만화, 캐릭터, 다큐멘터리, 마고엔젤합창단, 게임, 연극, 드라마, 영화, 오페라, 뮤지컬 등)를 제작하여 제2의 싸이, 소녀시대와 같은 세계적인 K-Pop스타를 발굴하여 문화경제대국을 건설한다. 이제 남성의 호전적인 생각으로는 전쟁 없는 세상을 만들 수 없다. 여성시대를 맞이하여 전 세계 인류의 어머니인 마고(麻姑)의 모성애로 인류행복, 세계평화, 우아일체가 완성되는 세상을 만들어야 한다. 현재의 대한민국은 이념으로, 지역으로, 종교로, 지연으로, 학연으로, 빈부격차로 사분오열되어 있다. 하늘을 잊어버린 하늘의 자손, 천손사상을 잃어버린 민족, 국혼을 상실한 천박한 나라이다. 우리 남북한은 물론 전 세계 한민족만점(몽골반점)은 모두 하늘의 자손이라는 징표를 알게 되는 날 세계에서 존경받는 나라가 될 것이다. 전 우주의 창조원리인 카오스 철학과 프랙털 사상으로 남북통일, 민족통일, 천하통일을 이룩할 날이 머지않았다. 왜냐하면 역사는 반복되기 때문이다.

28 전쟁보다 무서운 출산기피, 멸종되는 대한민국 : 젊은 여성에게 호소하는 인구정책을 펼치겠다

국가 존속 위협 '시한폭탄' 출산율 1.18명, 120년 후
인구수 1,000만 명 시대,
한반도 주인은 중국과 일본인 포함 동남아 외국인으로 바뀔 듯!!!

작년 2014년 8월 22일 새정치민주연합 양승조 국회의원은 국회 입법조사처에 의뢰해 남한인구 약 5,000만 명의 변화와 추이에 관련된 심각한 자료를 발표했다. 현재 출산율 1.18명으로 저출산이 계속된다면 70년 후에는 인구가 절반인 2,500만 명으로 줄고 120년 후에는 5분의 1인 1,000만 명으로 급감하여 2305년에는 한국에는 남자 2만 명, 여자 3만 명이 남아 지구상에서 거의 멸종된다는 충격적인 내용이다.

한국은 2001년부터 2014년까지 합계 출산율이 1.3명으로 일본의 1.4명보다 낮으며 세계 평균 출산율 2.54명의 절반 수준이다. 현재 인구를 유지하기 위해서는 적어도 출산율이 2.1명 이상이어야 한다. 일찍이 2006년 옥스퍼드대학 문화인류학을 연구하는 데이비드 콜먼 교수는 지구상에서 가장 먼저 인구가 소멸되는 1호 국가로 한국을 지명했으며 불명예스럽게도 국제사회에서 저출산 문제가 언급될 때마다 남한(South Korea)이 항상 빠짐없이 등장한다고 한다.

지난주 2015년 4월 2일 밤 KBS1 교양프로그램인 '명견만리'에서는 '인구쇼크, 청년이 사라진다-일본의 길을 갈 것인가?'라는 주제의 내용을 방송하였다. 지난 10년 동안 15세-29세의 우리나라 청년인구가 65만 명이나 줄었으며 앞으로 더 가파르게 감소해 군대에 갈 자원이 부족할 것이라는 충격적인 내용이었다. 통계청에 따르면 2014년 현재 914만 명에 달하는 학령인구(6~21세)가 2060년에는 488만 명까지 약 절반 가까이 감소한다는데 초·중·고는 물론 대학도 절반은 문을 닫게 될 것이다. 앞으로 교회와 백화점 및 영화관 사업도 큰 타격을 입을 것이다. 세계적인 경제 예측가인 해리 덴트 박사도 신간 『2018 인구 절벽이 온다, The Demographic Cliff』에서 "한국의 가장 위험한 시기는 지금부터 2016년까지이고 그리고 2018년과 2019년이다"라고 주장했다.

1960~70년 박정희 대통령 시절 "아들딸 구별 말고 하나만 낳아 잘 기르자"라고 정관수술을 장려하는 등 산아제한 운동을 펼쳤는데, 40년을 내다보지 못한 탓에 아이러니하게도 박근혜 대통령은 "아기 낳기 운동", 출산 장려 정책을 펼치지 않으면 안

되게 되었다. 농경사회에서는 자식이 "자산(asset)"이었기 때문에 많이 낳았지만 무한 경쟁시대인 산업사회에서는 육아와 교육비 때문에 자식이 "비용(expense)"이라는 생각으로 바뀌게 되었다.

저출산·고령화문제는 북한의 핵과 미사일 위협보다도 더 심각한 문제로 국가존립의 문제인데도 여·야 간의 진보와 보수로 사상논쟁만 하고 있으니 한심할 따름이다. 국민들은 먹고 살기에 바빠 인생, 철학적인 생각을 할 여유도 없고 많은 젊은이들은 일자리가 없어 3포기(연애, 결혼, 출산)상태로 희망을 잃어버리고 방황하고 있다.

우리보다 앞선 일본의 경우 저출산·고령화문제가 오래 전부터 예상된 위기였지만 폐해가 닥칠 때까지 정부와 국민 모두 '나쁜 진실'을 일부러 외면해버려 오늘과 같은 상황을 맞게 됐었다고 한다. 지난 20년 동안 일본 청년의 1/3이 사라진 예를 보더라도 일본을 타산지석으로 삼아야 하는데 우리 정치인들은 대책을 세우지 않고 허구한 날 복지정책으로 싸움만 하고 있다.

늦게나마 정부가 2016~2020년을 인구 위기에 대응하는 마지막 '골든타임'으로 정하고 합계 출산율을 1.4명까지 끌어올리겠다고 한다. 경력 단절과 같은 고용 문제, 내 집 마련, 양육비와 교육비 등 사회 경제적 문제를 동시에 풀겠단다. 우리의 저출산 문제는 양육과 교육비 부담으로 출산을 기피한 탓도 있지만 연애를 하다가 젊은 남자 친구들이 군대에 가버려 혼기를 놓쳐서 결혼열기가 식어버린 탓도 크다고 볼 수 있다.

한 여론조사에 의하면 전국에 거주하는 25~39세 기혼여성

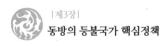

1,500명을 대상으로 조사한 결과 응답자 10명 중 8명은 "아이를 키우는 데 드는 보육·교육비가 부담스럽다."라고 한다. 전체 응답자의 44%는 현재 지출하는 보육비가 절반으로 줄어들면 아이를 더 낳을 의향이 있다고 한다.

한국 사람들이 멸종되지 않고 한반도에서 살아남자면 획기적인 개혁정책을 세워 국민 모두가 일심 단결하여 전면적인 재검토를 할 수밖에 없다. 가치 판단의 능력이 없이는 우리 스스로 국가를 지켜낼 수가 없을 것 같다. 인간생명의 가치는 무엇이고 어떻게 태어나고 살아가고 어떻게 죽어야 하는가에 있어서 가치의 문제는 아주 중요하다. 왜? 우리는 남북한 간의 평화통일을 빨리 해야 하고 지정학적 여건상 다른 나라와 전쟁보다는 평화를 택할 수밖에 없는지 깊게 생각해야 한다. 역사, 과학, 철학적인 사고로 생각의 구(球)를 가능한 한 크게 해서 저출산 문제를 조속히 해결해야 하겠다.

한민족이 지구상에서 사라지지 않기 위해서는 젊은 여성들의 마음을 사로잡아야 하겠다.

첫째, 저출산 대책 성공 사례인 프랑스처럼 젊은 엄마들이 아이를 키우는 데 비용과 노력이 적게 들게 하고 나중에 부모에게 가져다 줄 이득이 크도록 한다면 아이는 제발 좀 그만 낳으라고 해도 마구 태어날 것이다. 결국 남녀 평등사회를 만들고 여성들이 자기 꿈을 실현할 수 있도록 획기적인 국가 정책을 세워야 하겠다.

　둘째, 국민이 있어야 군대를 가고 국가가 존재하지 않겠는가?
국가를 지키기 위한 징병제도를 고쳐야 한다. 수십조 원의 무기
수입을 줄여 복지예산을 확보하고 미국과 일본 등 다른 선진국
처럼 병역의무제에서 모병제로 바꿔야 하겠다. 사병도 경찰처럼
봉급을 많이 주고 출퇴근하게 한다면 청년 일자리도 생기고 결
혼연령도 빨라지고 출산율도 급상승할 것이다. 북한이 핵과 미
사일을 앞세워 남침한다면 어떻게 막겠느냐고 하겠지만 서로 상
생의 통일방안을 내놓고 진지하게 논의한다면 모든 문제가 해결
될 수 있다.

　박근혜 대통령이 주장한 DMZ 평화공원, 유라시아 철도 연결,
통일대박이 가능하도록 하려면 우선 민통선 지역(CCZ)을 개발하
고 북한에는 개성공단에서 금강산까지 공장 벨트를 조성한다면
평화통일도 가능할 것이고 박 대통령은 노벨평화상도 수상할 수
있을 것이라고 필자가 여러 번 주장해 왔다.

　셋째, 가정에서 주부들이 아기를 돌보면서 일을 할 수 있도록
지식정보화 정책을 추진해야 한다. 그리고 창의성 교육을 하고
교육비를 줄이기 위해서는 국영수(국어, 영어, 수학) 위주에서 사과철
(역사, 과학, 철학) 교육을 해야 한다. 지금까지의 모두 다 잘하는 오
리(기어 다니고, 날고, 헤엄치는) 교육시스템에서 사자, 고래, 독수리처
럼 한 분야에서 잘할 수 있는 전문교육 시스템으로 바꿔야 한

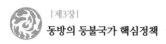

다. 대학생들은 모두 벤처 창업을 하도록 장려해서 자기 사업을 할 수 있는 역량을 키워 주어야 한다.

넷째, 빈부격차를 해소하고 부정부패를 척결하기 위해 전자화폐(1만 원, 5만 원 권 발행 중지)제도로 화폐개혁을 해야 한다. 그리고 공기업을 포함한 모든 기업의 임원은 대통령 월급보다 몇 배 이상 못 넘도록 해야 한다. 대통령보다 일을 더 많이 하는 사람이 누가 있겠는가?

다섯째, 우리 인생에 대해서 다시 한 번 생각해 보도록 해야 하겠다. 사람을 컴퓨터와 비교해 본다면 하드웨어인 육체와 소프트웨어인 혼, 정신(spirit), 마음(mind), 영(soul)으로 구분 지을 수 있다. 우리는 지구에 태어날 때 자기의 대본을 가지고 어떤 인연으로 아버지의 씨와 어머니의 몸을 빌려 탄생했으며 계획된 대본대로 살아가면서 영적 수확을 하고 다시 영계로 간다고 볼 수 있다.

우리는 부모님의 은혜도 갚아드리고 대를 잇기 위해 힘들지만 자식을 낳아 길러준다. 적어도 두 명의 자식을 낳아 주어야 번성하게 된다. 만일 여성들이 자식을 낳아 주지 않는다면 부모님의 은혜에 보답을 하지 않는 것이며, 우리가 다시 지구에 태어나고 싶어도 누가 태어나도록 도와주지 않으면 태어날 수가 없다. 세상에는 공짜가 없다는 것을 빨리 깨달아야 하겠다.

이 우주는 소우주와 대우주 간에 조화롭게 살아가면서 영원불

변하며 일찍이 우리 조상께서 깨우쳐 주신 천부사상이 수천 년 전부터 이어져 왔으며 최근 카오스 과학이 연구되면서 카오스 철학과 프랙털 사상으로 정립되어 가고 있다. 우리 한민족은 전 지구인을 깨우쳐 주어야 할 사명이 있기에 지구촌에서 사라진다든가 멸종될 수는 없다. 하루 속히 1국가 2체제 EU연합방식 남북통일을 이룩하고 종교UN을 설립하여 종교전쟁을 종식시키고 동방의 등불국가를 건국해야 할 사명이 있다는 것을 젊은 청년들이 명심해야 하겠다.

29 디지털과 유비쿼터스 시대에 영성지수가 높고 생각의 구(球)가 큰 인성교육을 실시하겠다

요즈음 많은 국민들은 새누리당의 친박과 반박, 새정치
민주연합의 친노와 비노의 대립 분열상을 보면서 조선
말처럼 대한민국이 또다시 망하지 않을까 걱정이 태산이다.
6·25 한국전쟁 때 4대 강대국의 전쟁터가 되어 버린 우리 강토
에서 또 다시 전쟁이 일어나지 않을까 심히 두려워하고 있다.

특히 세월호 사고 이후 도대체 우리나라 배가 어디에서 어디
로 가고 있는지 걱정하면서 우리 민족의 미래에 대해 걱정하는
소리가 하늘을 찌르고 있다. 정말 살아갈 희망을 잃고 절망하면
서 절규하고 있다. 사회는 온통 남북갈등, 동서갈등, 세대갈등
으로 가득 차 있고 서로 상처를 내면서 편 가름하는 정치로 인해
나라는 멍들어 가고 있다. 국민의 소리에 귀 기울이는 진정한
국회의원은 과연 몇 명이나 될까?

현재 우리는 한반도에서 천당과 지옥을 연상케 하는 두 가지
영화 대본을 선택해야 하는 절박한 시점에 있다. 하나는 남북한

간에 전쟁을 일으켜 한반도가 초토화되는 것이며, 또 다른 하나
는 오순도순 평화롭게 사는 것이다. 만일 전쟁이 일어난다면 서
울의 도시가스시설을 비롯하여 삼성전자와 현대 반도체공장,
LG전자공장, 현대자동차, 포항제철과 같은 산업시설과 원자력
발전소 등이 폭파되어 아비규환의 불바다가 될 것이다. 경제는
파탄이 나고 공든 탑은 무너져 지옥이 될 것이다. 전쟁 후 북한
은 중국의 변방국가로 편입되고 남한은 일본의 경제속국이 될지
도 모른다.

박근혜 대통령은 신라 태종 무열왕 김춘추(604~ 661)가 당나라
군사와 연합하여 백제를 멸망시킨 첫 번째 통일과 고구려 출신
왕건(877~943)이 무력으로 후삼국을 통일하여 고려를 건국한 두
번째 통일에 이어 세 번째 삼국통일을 이룩해야 할 막중한 사명
을 가지고 있다.

한 사람의 성공과 실패의 차이는 능력의 차이가 아니라 생각
의 차이라고 한다. 한순간 생각을 잘못하면 인생을 망칠 수 있
듯이 국가의 운명도 대통령의 통치철학과 국가비전에 의해 크게
좌우된다. 대통령이 장·차관과 청와대 비서진을 비롯하여 수많
은 사람을 임명할 때 과거에 무엇을 했느냐 여부를 보는 것도 중
요하지만 미래에 대한 국가관, 민족관, 세계관을 확고하게 점검
해봐야 하겠다.

제일 우선적으로 이 시대에 맞는 인물인지 아닌지 생각해 보
아야 한다. 디지털(Digital)과 유비쿼터스(Ubiquitous)시대에 알맞은

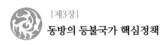

사람으로서 영성지수(SQ)가 높고 생각의 구(球)가 큰 사람을 인사 기준으로 삼는 것이 좋겠다. 대부분 사람들의 인생목표를 들어 보면 수단과 방법을 가리지 않고 어떻게 해서든지 돈과 명예와 권력을 획득하여 건강하고 오래오래 행복하게 살려고 하는 것을 볼 수 있다. 과연 이렇게 사는 게 바람직할까?

그렇다면 바람직한 인생을 살기 위해서는 어떻게 해야 할까? 우리는 매 순간마다 또는 매일, 매년마다 우리의 삶을 과거, 현재, 미래로 나누어 자문자답하면서 살아야 한다. 첫째, 과거에 나는 왜, 어떻게, 어떤 사명을 가지고 태어났었으며, 계획대로 후회 없이 살았는가? 둘째, 현재에 나는 우주의 섭리와 인간의 도리에 대해 제대로 배우고 깨우치고 있는가? 셋째, 미래에 나는 어떤 영적인 농사를 지을 것이며 다음 생을 어떻게 준비할 것인가?

이 문제에 대한 답을 얻기 위해서는 우선 생각의 틀을 지구적 차원이 아닌 우주적인 사고로 바꿔야 한다. 조물주가 만들어 준 지구라는 인공위성을 타고 우주여행을 하고 있다고 생각하면 어떨까? 생각은 크게, 마음은 넓게, 저 무한한 하늘을 보면서 큰 우주관을 가져야 한다. 우주는 누가 만들었는가? 언제 만들었는가? 어디서 만들었는가? 무엇으로 만들었는가? 왜 만들었는가? 어떻게 만들었는가?

이와 같이 자문자답하게 되면 우주의식이 높아져 우주와 교감하게 된다. 우주는 나뭇가지처럼 진화의 방향으로 진행하고 있다. 인과응보 법칙에 따라 뿌린 씨앗은 자기가 거두게 된다. 탄생과 죽음을 생각할 때 육체는 영혼의 옷에 불과하며 영혼이 카오스 이론처럼 되먹임 되고 있음을 알아야 한다. 상부상조 법칙에 따라 서로서로 관용, 자애, 사랑을 베풀어야 한다. 전체의 우주와 나는 분리가 아닌 일체라는 것을 터득하고 철학, 종교, 과학이 하나의 진리를 찾는 일에 동참하고 있다는 것을 알아야 한다.

우리는 지구상에 사는 동안 수많은 사람들과 만나 인연을 맺으면서 성공과 실패의 학습을 통해 영적 완성을 이루면서 살아가고 있다. 우리가 죽을 때 육체는 지구로 되돌려주고 저 세상으로 가지고 가는 것은 자기가 일생 동안 농사지어 가꾼 열매인 자기의 영(靈)이라고 생각한다.

현재는 기술수준이 낮아 인공위성에 많은 사람이 탈 수가 없지만 앞으로 수백 명이 타고 함께 여행한다고 할 때 인공위성에서 싸운다면 다 죽을 수밖에 없지 않는가? 지금은 정보과학시대이지만 앞으로는 생명과학, 영성과학시대로 이어진다. 시대에 맞게 인생관, 국가관, 세계관, 우주관을 바로 세워 바람직한 인생을 위해 살아가야 한다. 돈과 권력과 명예를 자기 자신과 가족보다는 이웃과 인류를 위해 사용해야 한다.

옛날에는 우주와 생명 자체에 대한 정보가 무지했다. 이제 생각의 구를 최대한 크게 하여 상상력을 확장시켜야 한다. 역사(X),

과학(Y), 철학(Z) 실력을 총동원해서 3차원의 생각의 구(球)를 키워야 한다. 인간으로서는 상상할 수 없을 정도의 굉장히 큰 우주와 굉장히 작은 미세 우주가 카오스 프랙털 구조로 상호 연계해서 존재한다는 것을 알아야 한다. 우리는 지구의 몸 안에 있는 한 세포이며 지구는 우주의 한 세포로서 생명을 가지고 있다. 다른 행성들도 우리와 똑같이 살아 있으며 빛과 지혜를 가지고 있다.

우리는 영적인 존재로서 언제나 살아 있는 것이다. 우리는 나이가 없는 영원한 존재이다. 영적인 실체로서 우리는 지금의 생(生) 이전에 많은 경험을 거쳐 존재해 왔으며 이런 경험을 지구에서도 그대로 가지고 왔다. 즉, 우리는 바로 육체 속에 살고 있는 영적인 실체이다. 우리는 사랑과 헌신으로 자신의 영혼을 성장시키기 위한 계획을 가지고 지구에 왔다. 우리는 이곳에 배우러 왔다. 우리의 영혼을 진화시키고 인류 가족을 돕기 위해 인류 행복과 세계 평화를 실행하고자 지금 이 시대와 이 장소를 선택한 것이다.

우리의 생명은 끝없이 진행 중이다. 단지 죽음만이 인간에게 생명의 변형에 대한 자각을 가져다주는 것이다. 영혼이 육체를 입는다는 것은 영혼의 순수한 목적과 의지를 인성 속으로 옮겨 놓는 것을 의미한다. 우리는 사랑 속에서 성장하면서 더욱 지혜로워지는 것이다. 육체는 '물질을 지배하는 마음의 의복'이다.

마음속에서 만들어진 것은 원인이 되며 육체에서 경험되는 것은 결과인 것이다.

우리가 육체에서 벗어났을 때 마음의 힘을 순수하게 사용하는 법을 배우기 위해 지구에 머무르고 있다. 지구상에서 존재하는 균형과 불균형의 경험들을 신속하고 지혜롭게 체험함으로써 자신의 마음을 통제하는 것을 배우게 된다. 만일 어리석은 마음을 가진 자들이 조물주를 대신하여 다른 별에서 창조라는 높은 과업을 부여받게 된다면 지구상의 삶과 같은 대 파괴를 창조할 것이다.

지구에서 우리 역할은 가슴으로 느끼는 사랑의 능력을 갖지 못하는 은하계의 존재들이 보고 배울 수 있도록 지구인들이 물질의 형태로 시범을 보여 주기 위함이다. 우리는 사랑과 지혜로 성장하고 있는 이 지구의 생활 속에서 우리의 행위가 스스로 어떻게 평가받을 수 있는지 생각해 보아야겠다. 우리들이 가슴으로 사랑하는 방법을 우주의 다른 존재들에게 보여 줄 수 있을 만한 모범이 되고 있는가?

우주의 어떤 별은 정신 능력과 과학적, 기술적 수준이 많이 앞서고 있어 우리도 그들에게 배울 것이 많지만 도덕적인 감성에 대해서는 우리가 가르칠 것이 많다고 한다. 훌륭한 영적 지도자들은 우리가 육신을 쓰고 있는 동안에 어떻게 신을 완전하게 사랑하는지를 가르치고 있다. 지구에서 이 교육과정을 완전히 졸업한 자들은 다른 행성인들을 가르치고 스스로 배운 것을 실천하기 위해 이곳을 떠날 수가 있다.

행동은 앎에 대한 시험이다. 은하계의 다른 생명들에게 우리는 무엇을 가르칠 수 있을 것인가? 지구에서 전쟁보다는 평화를 어떻게 성취하는가를 보여 주어야 한다. 극동인 한반도에서의 사상전쟁, 중동에서 종교전쟁을 막아야 한다. 우주는 카오스 프랙털 구조로 되어 있으며 한민족의 천지인사상으로 무지를 깨우쳐 주어야 세계평화가 온다는 것을 지구인은 물론 전 우주인에게도 가르쳐야 한다.

우리가 인생을 마치고 죽을 때 후회하지 않기 위해서는 우주적인 드라마에서 조물주의 연출에 따라 각자가 맡은 배역의 대본을 정확히 숙지하고 지구라는 무대에서 멋있는 연기를 했는지 생각해야 한다. 대통령은 오케스트라의 지휘자이다. 단원들을 선발할 때 영성지수(SQ)가 높고 생각의 구(球)가 큰 사람을 인사기준으로 삼아야 한다. 그래야 평화스런 천상의 소리가 저 우주로 울려 퍼지게 될 것이다.

만일 대통령이 호전적이고 편 가르기를 좋아하면서 시대에 뒤떨어진 어리석은 마음을 가진 사람들을 계속 임명한다면 대통령의 생각과는 반대로 창조과학, 창조경제, 창조외교는 파탄이 나서 과거 불행했던 역사처럼 한반도엔 대 파괴가 창조될 것이다.

전국NGO주관 '국무총리공개추천위원회' 결성 및 추진

성완종 리스트가 온 세상을 발칵 뒤집어 놓고 있다. 성완종 게이트가 단순히 정국을 강타하는 것이 아니라 전 국민을 강타하고 있다. 대통령은 10일간의 해외 순방을 떠나면서 그동안의 국내 행정업무를 국무총리에게 부탁하고 가는 것이 아니라, 순방을 마치고 와서 국무총리를 해임할지 여부를 결정하겠다는 것이다. 국무총리가 현실적으로 국정을 대행할 수가 없는 상황이고, 결국 우리 국정은 고스란히 공백상태에 이미 들어갔다.

국무총리의 사퇴는 야당에서만이 아니라 여당에서도 빨리 결단을 내리라는 압력이 크다. 이번 사건이 대다수 국민의 분노를 사게 하며 경제신진국 구호가 무색할 정도로 지도층의 부정부패가 만연한 것을 보여 주기 때문이다. 정말 이 나라가 제대로 돌아가고 있는지 국무총리 임명 시스템부터 되돌아 볼 필요가 있다.

2000년 6월, 처음으로 인사청문회법이 도입된 이후 현재까지 총리 후보로 지명된 사람은 16명이었는데, 그중 6명이 낙마했다. 김대중 대통령이 지명한 장상 이화여대 총장은 부동산 투기와 아들 이중국적으로, 장대환 매일경제신문 사장은 자녀 위장전입과 부동산 투기, 세금탈루 등으로 국회에서 임명동의안이 부결됐다. 이명박 대통령이 지명한 김태호 경남도지사는 박연차 게이트에 연루됐다는 의혹과 세금신고 누락, 해명과정에서 계속되는 거짓말로 여론이 나빠져 자진 사퇴했다.

박근혜 대통령이 지명한 사람 중 김용준 헌법재판관은 부동산 투기와 아들 병역문제로, 안대희 대법관은 전관예우, 위장전입, 부동산 투기, 세금 탈루 의혹 등으로 스스로 사퇴했다. 문창극 전 중앙일보 기자는 식민사관이 드러나는 강연영상으로 사퇴했다. 박근혜 정부 출범 이후 총리 후보자가 3명이나 낙마하자 새누리당은 인사청문회에서 아예 이완구 후보자 변호인을 자처하고 나섰다. 새누리당 의원들은 질의하기에 앞서 '존경하는 정치인, 평소에 닮고 싶은 정치인'이라는 아부성 발언으로 시작하더니, 각종 미담 사례를 내세우며 검증 대신 칭찬을 했다. 야당에서 제기한 의혹에 대해서는 물타기를 여러 차례 시도하면서 인사 검증보다는 여야 정쟁으로 몰고 가기도 했다.

이제 아무나 총리로 내세울 수는 없다. 국회인사청문회는 말 그대로 후보자가 총리로서 적합한 인물이냐를 검증하는 자리이다. 총리 인준 거부를 오로지 야당과 국민, 여론 탓으로 돌리고 있다. 왜 처음부터 인사 검증을 철저하게 하지 않았는지에 대한 반성은 없다.

새누리당 의원들은 경제를 살리기 위해 무조건 총리를 빨리 뽑아야 한다고 했다. 먹고살기 급급하다고 이완구 총리 인준을 해달라고 했다. 이완구 총리 후보자가 총리가 되어 대한민국 경제가 지금보다 나아졌는가? 이완구 후보자가 총리로 임명된 지 2달 만에 식물총리가 되고 경제는 더 나빠지고 있는데 대통령과 새누리당 의원들은 책임을 지고 있는가? 대한민국 국민들은 먹고살기 급급해도 잘못된 총리를 바라지는 않는다. 이제 제대로 된 총리를 임명해야 한다.

박근혜 대통령이 총리인사검증 시스템에서 결격사유 내지는 국민감정이 용납하기 어려운 문제들을 가진 후보자를 지명했기 때문이다. 겉으로 드러나는 경력은 괜찮을지 몰라도 속사정은 인사청문회 단골 메뉴인 '부동산 투기, 세금 탈루, 병역 문제, 부정부패'가 모두 포함돼 있었다. 오죽하면 대한민국에 이 정도 흠이 없는 사람이 어디 있느냐는 주장까지 나오고 있다.

이제 이완구 총리가 물러난다면 새로운 총리를 물색해야 되고 국회를 통과해야 하는데 많은 시간이 걸릴 수밖에 없다. 박 대통령의 임기 중 골든타임인 지금 신속하게 국민들이 납득할 만

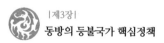

한 좋은 총리후보를 찾아야 하는데 기존의 방법으로는 안 될 것이다. 따라서 새로운 제안을 해 보겠다. "대한민국사이버국회"를 중심으로 전국NGO단체가 합심해서 〈국무총리공개추천위원회〉를 발족하여 국무총리후보를 자천, 타천 공개 추천받아 종편 TV를 비롯하여 많은 언론에서 미리 검증하자는 것이다. 대통령은 검증과정을 지켜보면서 2~3명의 후보를 면접해서 후보를 정해 국회에 넘기면 되지 않겠는가?

현재 우리나라를 냉철하게 진단해 보면 〈부정부패로 정의가 사라진 썩어빠진 대한민국〉, 〈경제 침체에서 벗어나야 할 절체절명의 대한민국〉, 〈외교부재로 강대국이 호시탐탐 노리는 대한민국〉, 〈남북한 이념과 사상논쟁으로 일촉즉발의 대한민국〉이라고 본다. 대통령과 정치인을 포함 모든 국민이 일치단결하여 해결해야 할 아주 중요한 문제점 5가지를 열거해보면 다음과 같다.

1. 1만여 년의 역사와 홍익사상을 잃어버리고 정신병에 걸린 치매 환자
2. 미·일에 의해 일본의 속국이 되고, 미·소에 의해 두 동강 난 반신 불수 환자
3. 사상, 지역, 세대, 빈부, 남녀갈등 등 치유보다는 정권에만 눈이 먼 정치인
4. 진리 탐구보다 돈을 더 밝히는 성직자, 물질만능주의에 빠진 얼간이 국민

5. 자살, 낙태, 해외입양, 저출산으로 지구상에서 제일 먼저 사라질 대한민국이라는 것이다.

차기 대통령이 시급히 추진해야 할 정책 10가지를 제안한다.

1. 국가전자통계 및 회계시스템 운용, 경제 활성화를 위해 전자화폐 개혁
2. 여성, 청년, 노인, 장애우 일자리를 위해 지식정보댐(Big Data) 건설
3. CCZ에 세계평화도시를 건설하여 무비자, 무관세 지역으로 선포
4. 마고역사와 천부경을 국보로 지정, 'Korea'를 'Corea'로 원상회복
5. 남북 역사학자들과 함께 표준 역대 제왕표를 제작하여 전 국민에 보급
6. 9천 년 동안 419분의 역대 제왕을 모시기 위해 청와대를 국조전으로 개조
7. 감사원은 국회로 이관, 대법원장과 검찰총장을 판사와 검사 선거로 선출
8. 분권형 집정제 헌법 개정과 1국가 2체제 유럽연합방식 평화통일 추진
9. 국회를 세종시로 옮기고 국회의사당에 세계종교UN 창설, 정신지도국가
10. 한국과 일본 미래 젊은 세대를 위해 한국–일본 해저터널 추진

이와 같은 방법으로 시대 흐름을 아는 현명한 국무총리를 임

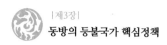

명하고 총리와 함께 국정을 잘 이끈다면 차기 대통령은 노벨평화상 수상은 물론 세종대왕보다 더 훌륭한 대통령으로 역사에 길이 남을 것이며 대한민국은 동방의 등불국가가 되어 세계가 부러워하는 나라, 해외 동포도 긍지를 갖는 나라, 많은 국민들이 행복을 느끼는 나라가 될 것이다.

31 대구(DaeGu)-광주(GwangJu) DGJ연합정부를 세워 삼국통일 완수하겠다

국무총리는 세종시 행정부처를 전담하는 내치,
대통령은 국방과 외교를 담당하는 외치 역할 분담

　대한민국의 발전을 가로막는 3대 악령(惡靈)을 해결하지 못하고
서는 절대로 이 나라에 희망이 없다. 첫 번째 악령은 남·북한
간의 증오, 두 번째는 영·호남 간의 갈등, 세 번째 고질병은
여·야 간의 싸움이다. 이 세 가지 나쁜 영을 제거하는 것 즉 제
령(除靈)을 해야만 정상적으로 건강한 나라가 될 수 있으며 4대
강대국의 틈바구니에서 살아남을 수 있다.

　최우선적으로 우리 민족의 숙원인 남북한 간의 증오문제를 해
결하기 위해서는 상생의 통일방법 즉 휴전선을 그대로 두고 국
방과 외교만 통일하는 1국가 2체제 EU(유럽연합)식 통일을 해야
한다. 그 다음 영·호남 간의 지역감정 문제는 옛날 1,300년 전
신라와 백제의 원한을 털어내고 DGJ(대구DaeGu-광주GwangJu)연합
정권을 세우는 것이다. 마지막으로 여·야 간의 싸움을 종식하기
위해서는 국회의장처럼 대통령 취임 후 즉시 탈당하여 여야 개
념을 없애야 한다.

현재 남북관계는 굉장히 불안정한 상황이다. 북한정권은 물론 남한정부도 매우 마찬가지다. 남북통일에 무관심하면 우리 민족의 운명을 스스로 개척하지 못한다. 1,000년 동안 통일국가로 같이 살아왔으나 4대 강대국의 이간질에 속아 한쪽이 다른 한쪽을 이겨야 한다고 보는 것은 과거 냉전시대의 논리다. 냉전 이데올로기는 우리가 원하는 것이 아니다. 이제 4대 강대국의 눈치를 그만 보고 천손민족답게 독자적으로 해결해야 한다. 우리는 신라 김춘추(604~661년) 고려 왕건(877~943년)에 이어 2022년에 세 번째 남북 평화통일을 꼭 이루어 내야 한다.

차기 정부는 세 번째 삼국통일을 이룩해서 동방의 등불국가를 건국해야 할 막중한 사명을 가지고 있다. 남북이 유럽연합처럼 통일하면 우리나라 1인당 GDP는 2025년에 3만 6,813달러, 2050년에는 8만 1,462달러가 되어 세계적으로 G2 부자나라가 될 수 있다고 골드만삭스사는 발표했다.

우리나라 3대 악령(惡靈)은 모두 마음의 병이며 국민 모두가 생각을 고쳐먹으면 우리 스스로 제령(除靈)할 수 있다. 참좋은국회의원세우기국민운동본부(참조국연합)에서는 2016년 총선에서 오직 국가와 민족만을 생각하는 참 좋은 국회의원을 선출하고, 2017년 대선에서는 남북통일, 민족통일, 천하통일을 이룩할 수 있는 대통령을 당선시켜 동방의 등불국가(Grand Corea Union)를 건국하도록 최선을 다하고자 한다.

1996년 대구에는 영호남 부부모임이 주축이 되어 "영호남한 가족회"가 결성되었으며 아주 화목하게 잘 살고 있다. 약간의 다툼이 있더라도 이웃을 생각하여 서로 참고 오순도순 화목하게 살아가고 있다. 이 모임이 결성된 후 영호남 간에 자매결연도 추진하고 '영호남 음악회'와 '영호남 한마음 미술전시회' 및 대구 사과나무와 나주 배나무 교환 식수도 하여 잘 자라고 있다.

　　필자는 최근 뜻하지 않게 36년간 정들어 살아왔던 제2의 고향인 대구를 떠나 7월 31일 마음의 이삿짐을 싸게 되었다. 이는 전혀 예측 하지 못한 일이었으나 우리 부부는 대구 집을 팔고 경기도 용인시 수지구 신봉동에서 8월 1일부터 새롭게 출발하게 되었다.

　　특히 고향이 대구인 처 박 교수한테 왜? 이사 가느냐고 궁금해 하시는 분이 많다. 자신의 미술작품 세계도 있지만 남편의 꿈을 펼치도록 해주기 위해서라는 친구와 전화 대화를 들으니 정말 가슴이 뭉클하였다. 부족하나마 수신제가(修身齊家)는 한 것 같다는 생각이 들었다. 나라지기 역할에 충실하겠다는 다짐과 이제 영호남의 인연을 자산으로 모든 역량을 다해 국가와 민족을 위해 헌신하는 길이 하늘이 준 운명이라고 생각한다.

　　현재 우리나라 대통령제는 변질된 형태의 대통령제로서 내각책임제적 요소와 대통령제적 요소가 혼합되어 국회와 행정부 간에 조직과 운영에서 독립적이지 않다. 따라서 균형적인 권한의

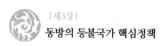

배분과 권력 통제가 제대로 이루어지지 않고 있다. 제왕적 대통령제의 양상과 국정 운영에서 나타나는 대통령 1인 독주체제로서 절대 권력은 절대 부패를 낳게 되어 역대 대통령이 불행하게 되었다.

대통령의 1인 독주체제를 막고 평화통일을 위해서는 분권형 집정제(分權型執政制)를 도입해야한다. 이 제도는 새로운 정치시스템으로서 지식과 지혜를 갖춘 도덕적인 사람 즉 현인들이 국정에 적극적으로 자문하고 참여해서 직접민주주의, 참여민주주의, 양방향민주주의를 지향하는 새로운 정치제도이다. 이 제도의 핵심은 대통령의 권한을 행정수반과 국가의 원수 역할로 나누어 효율적으로 국정을 운영하는 것이다.

차기 정부에서는 집권 즉시 분권형 집권제를 골자로 한 헌법을 개정해서 1국가 2체제 유럽연합방식 남북평화통일을 추진해야 한다. 즉 대통령과 국무총리 역할을 분담하는 분권형 대통령제로서 대통령은 아버지, 국무총리는 어머니 역할을 조화롭게 하면서 국정을 펼쳐야 한다. DGJ(대구DaeGu-광주GwangJu)연합정부에서 국무총리는 세종시로 내려가는 부처를 전담하고, 대통령은 국방과 외교를 중심으로 국제적인 생각을 통해 지구촌에서 전쟁, 기아, 공해를 추방하는 지도자로서 동방의 등불국가(Grand Corea Union)건설에 총력을 기울여야 한다.

32 전자국가혁신 정책으로 국가경쟁력을
높이겠다

　지난 9월 30일 세계경제포럼(World Economic Forum·WEF)에서 발
표한 2015년 국가경쟁력 종합평가에서 한국은 140개국 중에서
26위로 대통령의 성적표라고 볼 수 있다. 우리나라 국가경쟁력
은 2007년 11위까지 올랐지만 2008년 13위, 2009년 19위,
2010년 22위, 2011년 24위, 2012년 19위, 2013년 25위,
2014년 26위를 기록했다. 김대중, 노무현정부에서 이명박, 박
근혜정부로 이어지면서 WEF가 매긴 한국의 국가경쟁력 순위는
2007년 역대 최고인 11위로 올라선 이후 2012년 24위에서 19
위로 상승한 것을 제외하고는 계속 하향 곡선을 그려왔다.

　세계경제포럼은 3대 분야, 12개 부문, 114개 항목을 기준으
로 국가경쟁력을 평가한다. 한국의 경우 12개 부문 중 '제도적
요인'(69위)과 '노동시장 효율성'(83위), '금융시장 성숙도'(87위) 등 3
개 부문이 가장 취약한 것으로 조사됐다. 아주 심각한 부문인
'금융시장 성숙도' 중 하나인 '은행 건전성'은 113위를 기록했다.
또한 '노동시장 효율성' 부문의 하위항목인 '노사 간 협력'은 132
위로 사실상 꼴찌이다.

WEF의 평가방식을 살펴보면 114개 항목 중 34개 항목만 통계 등 계량적 지표를 활용하고 나머지 80개 항목은 설문조사를 통해 점수를 낸다. 한국의 조사를 대행한 한국개발연구원(KDI)은 중소기업 50곳과 대기업 50곳의 최고경영자(CEO)를 대상으로 설문조사가 이뤄졌다고 한다.

스위스 제네바에 본부를 둔 WEF는 저명한 기업인, 경제학자, 정치인 등이 모여 세계 경제 문제를 토론하는 민간회의체다. '다보스 포럼'이란 이름으로 더 잘 알려진 이 기구는 스위스 국제경영개발연구원(IMD)과 함께 양대 국가경쟁력 평가기관으로 꼽힌다.

WEF처럼 매년 국가경쟁력 평가보고서를 발표하고 있는 스위스 국제경영개발연구원(IMD)에 따르면 한국의 국가경쟁력 순위는 61개국 중 25위를 기록하여 경제 성적표가 아주 낮다고 볼 수 있다. IMD의 설문조사 대상은 CEO 뿐 아니라 기업 간부, 금융인, 외국계기업가 등 상대적으로 다양하다.

정부 관계자는 "WEF의 국가경쟁력 평가는 설문조사에 주로 의존하고 있기 때문에 순위에 크게 개의치 않는다."라고 하지만 스위스, 싱가포르, 미국, 독일, 네덜란드, 일본이 각각 1, 2, 3, 4, 5, 6위로 평가되고 있는 이유를 국민에게 설명해 주어야 하겠다.

WEF는 한국의 강점으로 거시경제(5위), 시장규모(13위), 인프라(13위)를 꼽았다. 하지만 약점으로는 정부 규제 등 제도적 요인(69위), 노동시장 효율성(83위), 금융시장 성숙도(87위)를 지적했다. 우리나라 경쟁력을 갉아먹는 세부 항목으로는 대출 문턱이 높고 (119위), 기업 이사회가 제 기능을 못하며(120위), 노사 간 협력이 취약(132위)한데다 정리해고 비용(117위)도 큰 점을 꼽았다.

정부 규제의 효율성·정책결정의 투명성 등을 평가하는 제도 요인은 82위에서 69위로 비교적 큰 폭으로 상승했지만 금융시장 성숙도 순위가 80위에서 87위로 떨어졌다. 이밖에 기술수용 적극성(25→27위), 시장 규모(11→13위), 기업 혁신(17→19위) 분야에서도 뒷걸음질 쳤다. 노동시장 효율성은 작년보다 세 계단 올랐지만 83위로 여전히 낮은 수준이다. 특히 노사 간 협력은 132위로 세계 최하위권이고 고용 및 해고 관행은 115위, 정리해고 비용은 117위, 임금결정의 유연성은 66위에 머물렀다.

정부의 규제개혁 정책에 힘입어 법체계 효율성 순위는 113위에서 74위로 눈에 띄게 높아졌지만 정부규제에 따른 부담은 96위에서 97위로 밀려 경제 주체들이 느끼는 규제 강도는 더 커진 것으로 나타났다. 특히 정부 정책결정의 투명성은 123위로 최하위 수준이다. 정치인에 대한 공공의 신뢰(94위), 공무원 의사결정의 편파성(80위), 정부 지출의 낭비(70위), 사법부 독립성(69위) 항목에서도 좋은 평가를 받지 못했다.

금융시장 성숙도 부문에서 은행 건전성이 113위, 대출의 용이성이 119위, 금융서비스 이용 가능성이 99위로 낙제 수준의 평가를 받았다. 이는 한국 금융이 아직도 상대적으로 낙후돼 있음을 방증하는 평가로 받아들여지고 있다. 벤처자본의 이용 가능성은 107위에서 86위로, 증권거래 관련 규제는 89위에서 78위로 상승했지만 한국의 경제 규모와 다른 분야 순위를 고려하면 턱없이 낮은 수준이다.

이밖에 기업경영윤리(95위), 기업 이사회의 유효성(120위)도 하위권에서 맴돌았다. 지적재산권 보호(68→52위), 투자자 보호(45→21위), 소액주주 보호(119→95위) 항목 순위는 상승했다. 조세정책이 근로 의욕을 얼마나 고취시킬 수 있는지 평가한 항목은 99위, 여성의 경제활동참가율은 91위로 하위권에 머물렀다.

우리나라의 국가경쟁력이 하향 고착화 조짐을 보이고 있다. 국가경쟁력이 약화했다는 것은 성장잠재력이 줄어 선진국 진입이 더욱 멀어졌음을 의미한다. 이번 조사의 객관성을 충분히 담보할 수는 없지만 한편으로 보면 다른 집단보다 실물경제에 대한 안목이 뛰어난 기업가의 눈으로 우리나라의 국가경쟁력을 평가했다는 점에서 그 의미가 작지 않다.

정부와 정치권은 수년째 선진국 문턱을 맴도는 우리 경제의 경쟁력이 갈수록 떨어지는 점을 심각한 문제로 인식해야 하겠다. 주요 경제 주체가 작은 이익을 버리고 국가 경제의 파이를 키우는 데 힘을 모아야 한다. 양보를 위해서는 각 주체 간의 신뢰가 중요하다. 좀 더 큰 틀에서 근본적인 국가경쟁력 향상 방안도 모색해야 한다. 경제 정의를 세우는 것도 그중 하나이다.

국가경쟁력을 높이려면 기존의 아날로그(Analog)식 방식으로는 한계가 있어 디지털(Digital) 경제 시스템으로 전환해야 한다. 박 대통령은 서강대 전자공학과 출신이므로 전공을 살려 전자대통령, 전자국무총리, 전자국가체제로 국가를 대 개조하여 세계적인 동방의 등불국가를 건설한다면 세종대왕과 같은 성군이 될 수 있다. 지난 대통령 선거 때 박근혜 후보가 전자공학을 전공했다는 이유 하나로 새누리당에 입당하여 대외협력특보와 전자국가혁신위원장을 맡아 대통령인수위원회에 "전자국가혁신5개년계획"을 건의했다.

1. 청와대 국정전자상황실에 실시간 "전자통계시스템" 구축
2. 모든 행정기관에 투명한 "전자회계시스템" 가동, 부정부패 척결
3. 지하자금 양성화를 위해 "전자화폐제도" 실시, 고액권 발행 중지
4. 서민과 청년 일자리창출 "전자도서관" 구축, 정보화 새마을 사업
5. 통신망 고도화를 위해 "ICT융합 인프라" 구축, 이동통신비 절감

위의 정책은 전자국가혁신 정책으로서 국가경쟁력을 대폭 높일수 있으며 아직도 유효하다. 이번에 『내가 만일 대통령이라면!!!』 책을 펴내는 이유도 여기에 있다. 그리고 이 책에서 필자가 주장한 전체 33개 정책은 모두 실현 가능한 실사구시정책으로서 실현될 수 있는 기회가 오길 기다리고 있으며 반드시 오리라 생각한다.

33 창조통일연합을 제3당으로 창당하여 동방의 등불국가를 건국하겠다

현재 우리나라 국회의원들은 세월호처럼 침몰하고 있는 한국호 선상에서 구조해 달라고 아우성치는 승객인 국민을 외면한 채 친박-비박의 좌장은 "한심한 영토싸움"과 친노-비노의 수장은 "천박한 공천싸움"만 하고 있다. 국회의원들의 머릿속에 들어 있는 4대 악령(惡靈) 즉 남·북한 간의 증오, 영·호남 간의 갈등, 여·야 간의 싸움, 보·혁 간의 역사전쟁의 나쁜 영혼을 제거하지 않고는 절대로 이 나라에 희망이 없다. 신라와 로마가 멸망한 것은 국민 간의 내분과 최고 지도자가 창조적인 비전을 제시하지 못했기 때문이다.

정치개혁과 국회개조를 위해 〈참좋은국회의원세우기국민운동연합(참조국연합)〉을 창립하여 (2015. 5. 29) 청렴하고 정직하면서 성실한 국회의원(선원)을 새로 뽑기 위해 많은 행사를 해 왔다. 지난 10월 28일 국회의원회관 귀빈실에서 16개 원외정당과 6개 창당준비위원회 및 시민단체가 연합하여 "정치협동조합"인 〈창조통일연합〉을 창당하여 남북통일, 민족통일, 천하통일을 하기로 결의 했다.

이제 우리는 진보와 보수 끝없는 대립의 고질적인 양당 정치의 파행을 새 이념의 중도 통일정당으로 치유해야 한다. 인물중심에서 정책중심의 정당으로 완전히 탈바꿈하여 정치문화를 새롭게 바꾸어야 한다. 저물어 가는 대한민국을 마무리하고 새로운 철학, 새로운 사상, 새로운 이념하에 한민족의 신인류를 중심으로 새로운 국회, 새로운 정당으로 새나라인 동방의 등불국가를 건국해야 한다.

지난 11월 11일 국회도서관 대강당에서 역사적인 남북통일, 민족통일, 천하통일을 위한 "창조통일연합" 창당선포식과 함께 20대 정책을 발표하면서 〈동방의 등불국가〉 건국을 만천하에 선언하였다. 현명한 사람은 기회를 만들고, 평범한 사람은 기회를 기다리고, 어리석은 사람은 기회를 포기한다. 우리들의 아들과 딸들을 위해 침몰해 가는 대한민국의 배를 구출해야 되지 않겠는가? 위기의 한국호를 구출하기 위해 참조국연합에서는 많은 국민이 정의의 투사로 알고 있는 국회의원 조경태, 유승민, 이정현, 천정배 의원과 박찬종, 김부겸 前의원 및 최근 탈당한 박주선 의원을 〈7인국회의원구국결사대〉로 추대하기로 하였다.
이 들의 구국결사대가 합심하여 "창조통일연합"의 공동대표를 맡으면서 창당을 한다면 후원금은 물론 젊고 유능한 선원들이 전국 각지에서 구름처럼 모여들 것이며 총선에서 제1당은 물론 2017년 대선에서 정권을 창출하여 나라를 바로 세울 수 있을 것이다. 우리 국민 모두는 해외 동포를 포함 구국결사대가 한마음이 되어 새로운 배를 만들 수 있도록 기도해 주고 후원해 준다면 용기백배하여 신바람으로 나라를 구할 것이다. 국민들은 후원금으로 1만원 이상 약정을 하고 내년 총선 후 격려금으로 드린다면 4년간 남북통일, 민족통일, 천하통일을 위해 열심히 일 할 것이다.

〈부정부패로 정의가 사라진 썩어빠진 대한민국〉, 〈경제침체에서 벗어나야 할 절체절명의 대한민국〉, 〈외교부재로 강대국이 호시탐탐 노리는 대한민국〉, 〈남북한 이념과 사상전쟁으로 일촉즉발의 대한민국〉을 대 개조하지 않으면 정말 큰일 난다. 이러한 분열과 갈등을 극복하지 않고서는 국제경쟁에서 도저히 살아남을 수가 없다. 또 다시 속국이 되든가 변방국가로 전락되어 후손들에게 치욕스런 유산을 물려 줄 수밖에 없다.

썩어빠진 정치권만 탓하지 말고 애국, 애족, 애민의 정신으로 무장된 좋은 사람들이 정쟁과 권력추구에 여념이 없는 세력, 무능하고 부패한 세력을 몰아내고 좋은 국회의원을 뽑아야 하겠다. 국가 발전을 위해 활동해 온 모든 단체들이 결집하여 오늘의 타락한 정치판을 새로 바꿔야 한다.

우리의 숙원인 남북통일은 2022년에 유럽연합방식(1국가 2체제)으로 하기로 하고 통일국가상징(國名, 國花, 國旗, 國歌, 憲法)을 만들어 보자. 우리 젊은 이들이 지난 월드컵대회 때처럼 대~한민국을 외쳐대듯이 새로운 국가상징으로 대~고려연합국을 외치도록 하자. 2016년 총선(4월)과 2017년 대선(12월)에서 참 좋은 국회의원 300명과 참 좋은 대통령을 선출하자. 시대는 올바른 지도자를 기다리고 있다. 우리 모두 한마음, 한뜻으로 〈7인국회의원구국결사대〉와 함께 대고려연합국(Grand Corea Union) 동방의 등불국가를 건국하자.

1. 마고(麻姑) 할미 꽃 (2016 중요일간지 신춘문예 응모작품)

– 天秘 정호선(前 경북대 교수, 15대국회의원)

지리산 양지바른 무덤가, 꼬부라진 노고초(老姑草)
머리에 품은 자식 온 세상으로 멀리 멀리 보내고
궁희, 소희 시집가고 외로운 천산(天山) 마고성

이름 모를 자색빛 꽃 한 송이 하얀 머리칼 되어
지팡이 벗 삼아 혼(魂)의 손자 단군 찾아
일만 년 힘겹게 찾아 나선 하얀 백두봉(白頭峰)

이른 봄 따사로운 햇볕아래 힘겹게 솟아난 할미꽃
칼, 거울, 북의 장단 맞춰 신(神)의 손자 공자 찾아
광활한 넓은 땅 어렵게 찾은 산동성(山東省)

고귀한 자태로 가을바람에 휘날린 보랏빛 망토
마야(麻若)와 오순도순 심(心)의 손자 석가 찾아
생로병사 윤회하는 수레바퀴 인생 보리수(菩提樹)

은빛 털옷 걸친 체 반역의 무리에 두근거리는 가슴
막내 딸 마리아의 아들, 영(零)의 손자 예수 찾아
삼위일체 한 몸으로 못 박힌 갈보리 동산

무지한 딸들의 나물 칼날, 민초 속에 숨어 살던 운명
손자 손녀 아프면 자기 헌신하는 마고(麻姑) 할미
인류 어머니 네 손자 합동하여 성묘하는 날 언제일까?

/ 323

2. 태양새의 비상(2016 중요일간지 신춘문예 응모작품)

— 天秘 정호선(前 경북대 교수, 15대국회의원)

시공초월 정보물결 넘실대는 지구
열린마음 우주생각 가상공간 세계
천손민족 동방등불 퍼져가는 새빛
남북통일 지구평화 풍요로운 천국

직접참여 양방민주 선진정치 시대
지성민주 영성경제 아름다운 사회
홍익인간 이화세계 세계평화 철학
인류공존 자비사랑 한민족의 사상

영적성장 자손번영 우리들의 사명
지식지혜 하늘생각 진리광장 국회
바른정치 선진국가 대한민국 희망
애민애족 배달문화 하늘부합 사랑

인종초월 사상초월 살맛나는 세상
만년역사 환인자손 감사하는 마음
인류평화 지구사랑 슬기로운 지혜
아시아의 황금시대 태양새의 비상

3. 위대한 대통령_(2016 중요일간지 신춘문예 응모작품)

- 天秘 정호선(前 경북대 교수, 15대국회의원)

허리가 두 동강이 난 호랑이
포수 총에 맞아 쓰러진 호랑이
가죽이나 고기를 탐내는 네 명의 포수
역사와 조상이 누구인지 모른 치매환자
세월호처럼 대한민국호 침몰하는 것은 아닐까?

부패지수는 43위, OECD 국가 중 자살률 1위
부정부패로 정의가 사라진 썩어빠진 대한민국
경제침체에서 벗어나야 할 절체절명의 대한민국
외교부재로 강대국이 호시탐탐 노리는 대한민국
남북한 이념과 사상논쟁으로 일촉즉발의 대한민국

우리에겐 정말 대통령 복이 있는가? 없는가?
최첨단 디지털 전자공학을 전공했으나 아날로그식 선장
친박.비박의 한심한 선장싸움, 친노.비노의 천박한 취직전쟁
남.북한 증오, 영.호남 갈등, 여.야간의 싸움, 보.혁간 역사전쟁
4대 악령(惡靈) 속에서 의식 잃고 휘둘리는 불쌍한 승객

역사와 문화를 되찾아 혼을 살려줄 홍익대통령!
천지인 천부사상으로 공생공존공익 화합대통령!
마고문화로 한민족을 품을 수 있는 문화대통령!
새로운 우주관으로 종교UN 창설할 영적대통령!
동방의등불국가 건설할 유럽연합식 통일대통령!

우리나라 국민 모두에게 행복한 에너지가
팡팡팡 샘솟으시기를 기원드립니다!

– 권선복(도서출판 행복에너지 대표이사, 한국정책학회 운영이사)

　누구나 한번쯤은 어린 시절 장래희망으로 대통령을 꿈꿔 왔던 기억이 있을 것입니다. 아무 것도 모르는 어린 나이에 왜 대통령이 되고 싶어 했을까요? 언론에 비춰지는 모습이 단순히 멋있어 보였기 때문일까요? 아마도 그런 이유는 아니었을 것입니다. 대통령이라는 꿈에는 늘 '내가 대통령이 된다면?'이라는 전제가 따라 붙었습니다. 그 뒤에 이어지는 대답은 모두 다 달랐겠지만, 아마도 대부분 비슷한 지점으로 수렴했을 것이라 생각합니다. '모두가 잘 사는 나라를 만들겠다.' 혹은 '모두가 행복한 나라를 만들겠다.'는 것. 잘 사는 나라와 행복한 나라는 모두의 바람이기도 하지 않을까요?

이 책의 대전제도 그렇습니다. 저자 정호선 박사는 이 책을 통하여 현재 우리나라의 대내외적 상황을 예리하게 분석하고 있습니다. 뿐만 아니라 그에 따라 '내가 대통령이라면' 펼치고 싶은 정책들을 새로운 철학과 원리에 입각하여 제시하고 있습니다. 저자의 방대한 지식과 다방면의 경험들이 어우러져 나온 33개의 정책들은 노력하면 모두 실현 가능한 것들로 구성이 되어 있습니다. 나라와 민족에 대한 마음으로 수도 없이 고민한 저자의 흔적이 역력합니다. 이 정책들이 행복하고 잘 사는 나라의 지름길로 우리를 이끌어줄 것은 분명해 보입니다.

국내뿐만 아니라 전 세계적으로도 사건·사고가 끊이지 않아 불안하기만 한 요즘입니다. 이런 때일수록 지도자의 강한 리더십과 역량이 필요하다고 생각합니다. 더불어 그 지도자를 든든하게 지지해줄 수 있는 국민들의 믿음도 필요합니다. 『내가 대통령이라면』은 우리나라의 앞길을 등불처럼 환하게 밝히는 지침서가 되어 줄 것입니다. 이 책을 읽는 미래의 지도자, 그리고 국민들의 삶에 행복과 긍정의 에너지가 팡팡팡 샘솟으시기를 기원드립니다.

하루 5분 나를 바꾸는 긍정훈련

행복에너지

'긍정훈련' 당신의 삶을
행복으로 인도할
최고의, 최후의 '멘토'

'행복에너지
권선복 대표이사'가 전하는
행복과 긍정의 에너지,
그 삶의 이야기!

인터파크
자기계발 분야 주간
베스트 1위

권선복 지음 | 15,000원

권선복

도서출판 행복에너지 대표
영상고등학교 운영위원장
대통령직속 지역발전위원회
문화복지 전문위원
새마을문고 서울시 강서구 회장
전) 팔팔컴퓨터 전산학원장
전) 강서구의회(도시건설위원장)
아주대학교 공공정책대학원 졸업
충남 논산 출생

책 『하루 5분, 나를 바꾸는 긍정훈련 - 행복에너지』는 '긍정훈련' 과정을 통해 삶을 업그레이드하고 행복을 찾아 나설 것을 독자에게 독려한다.

긍정훈련 과정은 [예행연습] [워밍업] [실전] [강화] [숨고르기] [마무리] 등 총 6단계로 나뉘어 각 단계별 사례를 바탕으로 독자 스스로가 느끼고 배운 것을 직접 실천할 수 있게 하는 데 그 목적을 두고 있다.

그동안 우리가 숱하게 '긍정하는 방법'에 대해 배워왔으면서도 정작 삶에 적용시키지 못했던 것은, 머리로만 이해하고 실천으로는 옮기지 않았기 때문이다. 이제 삶을 행복하고 아름답게 가꿀 긍정과의 여정, 그 시작을 책과 함께해 보자.

『하루 5분, 나를 바꾸는 긍정훈련 - 행복에너지』